Holger Volland
Die kreative Macht der Maschinen

Holger Volland

Die kreative Macht der Maschinen

Warum Künstliche
Intelligenzen bestimmen,
was wir morgen fühlen
und denken

MIX
Papier aus verantwortungsvollen Quellen
FSC® C089473

Dieses Buch ist erhältlich als:
ISBN 978-3-407-86509-0 Print
ISBN 978-3-407-86526-7 E-Book (EPUB)

1. Auflage 2018

© 2018 im Beltz Verlag
in der Verlagsgruppe Beltz · Weinheim Basel
Werderstraße 10, 69469 Weinheim
Alle Rechte vorbehalten

Lektorat: Michael Schickerling, München
Umschlaggestaltung: Michael Wörgötter, München

Herstellung: Myriam Frericks
Satz: publish4you, Bad Tennstedt
Druck und Bindung: Beltz Grafische Betriebe, Bad Langensalza
Printed in Germany

Weitere Informationen zu unseren Autor_innen und Titeln finden Sie unter:
www.beltz.de

Inhalt

Rembrandt erwacht als Algorithmus

»Ich bin doch nicht so doof und hole Geld aus einer Maschine«, sagte meine Oma zu mir, als ich noch ein Kind war. Sie meinte damit den neu aufgestellten Geldautomaten ihrer Bank. Und sie begründete das damit: »Es gibt ja da keinen Menschen, der mir hilft, wenn mich das Ding betrügt!«

Ich gebe zu, ich bin anders gestrickt als meine Oma: Technik war schon immer ein wichtiger Teil meines Lebens. Von meinem Vater, der als IT-Experte arbeitete, bekam ich schon als Kind meinen ersten Computer geschenkt, einen C 64. Die Features eines neuen iPhones kenne ich bereits Monate vor seinem Verkaufsstart. In einem Hotel prüfe ich noch vor der Qualität der Matratze, wie schnell das WLAN ist. Beim Sprachassistenten meines Handys ärgere ich mich mehr über die Dinge, die er noch nicht kann, als ich mich über die bereits funktionierenden Möglichkeiten freue. Neue Technologien lassen mich nicht kalt.

Meine digitalen Lehr- und Wanderjahre verbrachte ich im letzten Jahrtausend bei den ersten Multimedia-Agenturen in Berlin und New York. Dort saß ich oft auch an langen Wochenenden und unzähligen Abenden mit einer Pizza an meinem Schreibtisch: Mich faszinierten die Möglichkeiten des Internets und die zunehmende Intelligenz von Computern viel zu sehr, als dass ich mich schon früh in den Feierabend verabschieden wollte. Damals wie heute kann ich nicht genug darüber wissen. Seit meinem 20. Lebensjahr bin ich beruflich ständig damit beschäftigt, irgendjemanden davon zu überzeugen, an der Digitalisierung der Welt teilzunehmen und neue Technologien mit offenen Armen zu empfangen.

Doch an einem Dienstagabend im Herbst 2016 brachte zum ersten Mal in meinem Leben eine technische Entwicklung meine durchweg positiven Einstellungen ins Wanken. Es war der Tag vor der Eröffnung der Frankfurter Buchmesse. In den Hallen wurden die Teppiche verlegt, und an den Ständen brachten Handwerker hektisch die letzten Schilder an. Aussteller füllten ihre Regale und riefen dabei ihren Kollegen quer über die Gänge letzte Neuigkeiten zu. Ich stand gerade in einem neuen Areal für digitale Kultur und fragte mich, wie aus diesem unendlichen Chaos innerhalb von 24 Stunden eine geordnete Messe werden würde. Da öffneten sich die Türen des riesigen Lastenaufzuges vor mir, und ein Mann in der Uniform eines Kurierdienstes schob mit einer Sackkarre ein großes, flaches Bündel in Luftpolsterfolie auf mich zu. »Für Stand Q 103: Können Sie das annehmen?«, rief er. Ich nickte, eine Unterschrift, dann hielt ich das Paket in der Hand. Es war überraschend leicht. Unter der Folie konnte ich einen Rahmen ertasten, an dem ich das Paket vorsichtig zum Stand trug. Dort stellte ich es auf eine hölzerne Staffelei. Das Päckchen war zwar für eine Veranstaltung am nächsten Tag bestimmt, aber ich konnte meine Neugier nicht zügeln und löste vorsichtig erst die Klebestreifen und dann mehrere Schichten Folie ab.

Vor mir stand, vom hellen Arbeitslicht der Messehalle perfekt ausgeleuchtet, ein Gemälde von Rembrandt. Darauf abgebildet war ein Mann mit Hut und Bart, der mich über seinem weißen Kragen ein wenig verwundert ansah. Ich konnte mich nicht beherrschen und strich mit meinen Fingern neugierig über das Relief der Farbe. Überrascht stellte ich fest, dass es sich eher wie Plastik anfühlte und nicht wie Ölfarbe.

Ich begann, jeden Teil des Bildes aus nächster Nähe anzusehen, und wurde hineingesogen in dieses Porträt. Unsere beiden Köpfe waren etwa gleich groß, wie wir da ganz nahe beieinander in der Messehalle standen. Die offenen braunen Augen des Porträtierten blickten mich direkt an, und sein Mund war schon leicht geöffnet, als ob er gleich ein paar Worte in seinem alten niederländischen Dialekt an mich richten würde. Die glatte Gesichtshaut zeigte leichte Rötungen und wirkte gesund und frisch. Dies und sein hellbrauner Bart ließen darauf schließen, dass auf diesem Gemälde ein junger Mann abgebildet war. Ich bin zwar kein Experte für barocke Kunst, doch wirkte seine Kleidung auf mich wie die eines Mannes aus einer einflussreichen Familie: Der weiße, gefältelte Stoffkragen war allem Anschein nach aus vielen sehr dünnen Lagen gefertigt und legte sich luxuriös um seinen Hals. Seinen Kopf schützte ein dunkler Hut mit breiter Krempe, unter deren Schatten sich ein auffallend großes Ohr versteckte.

Je länger ich ihn ansah, umso lebendiger wirkte der Mann auf mich. Hatte sein Mund nicht mittlerweile einen leicht spöttischen Zug angenommen? Blitzten seine Augen nicht ein bisschen hochnäsig? Konnte es sein, dass sich dieses Bild gerade darüber lustig machte, dass ich es so fasziniert anstarrte?

Nie zuvor war ich einem Rembrandt so nahegekommen. Na klar, ich hatte natürlich schon viele Abbildungen seiner Bilder in Büchern gesehen und bildete mir deshalb ein, die Handschrift des Malers auf den ersten Blick zu erkennen. Denn der Holländer ist bekannt für seinen typischen Einsatz von Licht und Schatten, durch den seine Bilder große Tiefe erreichen und wichtige Bildteile wie auf einer Bühne dramatisch in Szene gesetzt sind. Auch gelten seine Porträts, die schon damals zu den besten der Welt zählten, als extrem lebhaft. Rembrandt ist auch berühmt für seine lebensechten Gesichtsausdrücke und für die Geschichten, die er mit der Abbildung kleiner Requisiten oder Details der Kleidung in seine Gemälde einbaute. Es ging ihm oft weniger um die wahrheitsgetreue Darstellung der

Personen, die er malte, sondern darum, menschliche Konflikte und Eigenarten zu zeigen. Welcher innere Konflikt trieb wohl den spöttischen jungen Mann mit Bart und Hut vor mir?

Das Bild war Teil des Projektes »The Next Rembrandt«, das auf der Buchmesse in den nächsten Tagen heiß diskutiert werden sollte. Denn dieses Werk, das alle Merkmale eines Rembrandt-Gemäldes aufweist – von der Farbgebung über den Pinselstrich bis hin zur lebhaften Darstellung von Gefühlen – war eine nagelneue Arbeit. Sie war mehr als 340 Jahre nach Rembrandts Tod entstanden, und der Meister hatte dementsprechend nie selbst Hand angelegt. Doch das Erstaunlichste an diesem Bild war nicht etwa, dass es eine perfekte Kopie eines alten Rembrandts darstellte, sondern dass es eine völlig eigenständige Arbeit war. Denn auch den Porträtierten konnte Rembrandt van Rijn selbst nie gesehen haben, da er real nie existiert hatte.

Ausgedacht hatte sich diesen Mann vielmehr eine Kreative Künstliche Intelligenz, die auch Bildkomposition, Lichtsetzung, ja sogar die Gestaltung des Gesichtsausdruckes übernommen hatte. Die Software hatte sich durch die Analyse vieler Porträts selbst beigebracht, wie der Maler Augen, Ohren oder Münder gestaltete, wie er Licht und Schatten verwendete oder Kleidungsstücke gezielt einsetzte. Nach diesem Lernprozess war sie nunmehr in der Lage, selbstständig Porträts zu entwerfen, die dann nicht gemalt, sondern gedruckt wurden. Spezielle UV-Tinte wurde von 3-D-Druckern Schicht um Schicht aufeinander gedruckt, wodurch der Pinselstrich und das typische Relief eines Ölgemäldes detailgetreu imitiert wurden.

Wenn das Bild in einem Museum zwischen Bildern des Malers aus dem 17. Jahrhundert hinge, hätte ich auf keinen Fall erkannt, dass dieses eine nicht vom Meister selbst gemalt worden war. Könnte es auch echte Kunstexperten täuschen? Der Kunsthistoriker und Rembrandt-Experte Gary Schwartz beschied den Entwicklern des Projektes immerhin, dass es ihnen gelungen sei, »die Merkmale zu identifizieren, die einen Rembrandt zu einem Rembrandt machen«.[1]

Das klingt aufregend und gleichzeitig unerhört. Eine Künstliche Intelligenz soll in der Lage sein, das nachzuvollziehen, was einen der größten Maler aller Zeiten ausmacht: bewegende menschliche Gefühle auf der Leinwand einzufangen?

Ich fragte mich im Angesicht von so viel schöpferischer Perfektion, ob wir nun tatsächlich Maschinen zum Leben erweckt haben, die uns Menschen unsere eigene Kultur und damit unserer Eigenständigkeit streitig machen. Ich verspürte in diesem Augenblick eine diffuse Angst vor einer Zukunft, in der Maschinen so viele Rollen übernehmen, die bisher dem Menschen vorbehalten waren. An die Übernahme einfacher Arbeiten durch Maschinen haben wir uns schon fast gewöhnt, aber an die Übernahme von einzigartigen Fähigkeiten eines Kreativen wie Rembrandt? Erwachen damit die Algorithmen nicht endgültig zu eigenem Leben?

Für mich war dieser Moment der Startschuss für die Recherchen zu diesem Buch. Ich wollte mehr wissen über die Möglichkeiten und die Gefahren von Kreativer Künstlicher Intelligenz. Ich stürzte mich also in die Arbeit und las fast ein Jahr lang alles, was ich zu diesem Thema in die Finger bekommen konnte. Ich fraß mich durch unendlich viele Studien über technische Verfahren, über die Durchbrüche, die Forschung und Wissenschaft in allen möglichen Anwendungsfeldern erreicht hatten.

Kreativität beginnt mit Kopieren

Doch am Anfang steht natürlich die Frage, was Künstliche Intelligenz (KI) überhaupt ist. Als solche bezeichnet man ganz allgemein alle Technologien, die im Zusammenhang mit bislang dem Menschen vorbehaltenen intelligenten Leistungen verwendet werden. Dazu gehört etwa das autonome Lernen, die Erkennung von Mustern, die Robotik, die Verarbeitung natürlicher Sprache oder das Übersetzen.

Man unterscheidet dabei »starke KI« und »schwache KI«: Erstere definiert Maschinen, die im Grunde zu allen geistigen Leistungen fähig sind, die auch ein Mensch beherrscht; sie existiert zurzeit nur in der Theorie. Denn alle bislang vorhandenen KI sind »schwach« in dem Sinne, dass sie nur einzelne Fachgebiete beherrschen, etwa Texte oder Bildinhalte erkennen oder Rembrandts kopieren. Diese beschränkten Fähigkeiten allerdings beherrschen sie oft deutlich besser als wir Menschen.

Ich las Studien darüber, wie Roboter unsere Arbeitswelt positiv verändern und wie sie uns als nimmermüde Helfer zur Seite stehen. Und ich las andere Studien darüber, wie Roboter uns die Arbeit wegnehmen und uns alle zu armen Nichtsnutzen machen. Ich sprach mit Experten aus Technologieunternehmen, mit Wissenschaftlern, mit Künstlern und mit Musikern. Schließlich befragte ich online die Menschen in meinem persönlichen Netzwerk über ihre Ängste und Erwartungen in den unterschiedlichen Anwendungsgebieten von KI. Während dieser Recherche wechselten sich Furcht und Euphorie mit schöner Regelmäßigkeit ab: In einem Moment war ich begeistert über eine neue Entwicklung wie die Rembrandt-KI, im nächsten gruselte es mich, als ich mir vorstellte, wohin solche Fähigkeiten führen könnten.

Natürlich kann man sagen, dass eine Software, nur weil sie beispielsweise in der Lage ist, alle Porträts Rembrandts zu speichern, auszuwerten und die darin zum Ausdruck kommenden Merkmale auf neue Bilder anzuwenden, noch lange kein bedeutender Meister ist. Doch obwohl sie keinen eigenen Stil entwickelt und nur den alten Meister imitiert, ist sie in der Erfindung eines neuen Bildes ziemlich kreativ. Ich erlaube mir deshalb in diesem Buch, auch über »Kreative Künstliche Intelligenz« oder »KKI« zu sprechen. Darunter verstehe ich solche KI-Anwendungen, die eigene kreative Schöpfungen erstellen und Musik, Bilder oder Designs erschaffen können. Das gelingt ihnen in erster Linie deshalb, weil sie permanent hinzulernen und ihre Ergebnisse so immer weiter verbessern. Bei genauer Betrachtung ist, wie Sie in diesem Buch sehen werden, solche kreative KI schon weit verbreitet. Doch werden die Programme irgendwann kreativer sein als der Mensch?

Haben nicht alle großen Meister so angefangen, dass sie ihre Vorbilder so gut wie möglich studiert und kopiert haben, bevor sie den Schritt in die Eigenständigkeit gehen konnten? Es drängt sich der Gedanke auf, dass Künstliche Intelligenzen in kreativer Hinsicht nicht unbedingt andere Entwicklungsschritte durchmachen als Menschen, dass sie in einer Art virtueller Akademien gerade ihr Handwerk erwerben. Denn es entstehen derzeit Maschinen, die selbst lernen können, ohne dass wir ihnen ständig Daten einfüttern müssten. Beim »Maschinenlernen« können sie dank mathematischer Techniken selbstständig Wissen erwerben. Sie gehen dabei vor, wie wir Menschen auch: Anhand von vielen Beispielen erkennen sie irgendwann bestimmte Regeln. Zeigt man einer lernfähigen Software etwa Hunderttausende Bilder von Häusern, entwickelt sie aus den analysierten Mustern der Bilder ein immer genaueres »Verständnis« dafür, was wir als Haus bezeichnen. Das Aufregende daran ist, dass diese Regeln nicht von einem Menschen zuvor programmiert wurden; die Software erstellt sie völlig autonom anhand dieses Trainings mit den vielen Beispielen.

Erst die Entwicklung von künstlichen neuronalen Netzen machte das möglich. Der Begriff »neuronales Netz« beschreibt miteinander verbundene Nervenzellen, beispielsweise auch das menschliche Gehirn. Dieses diente als Inspiration für in Computern simulierte künstliche neuronale Netze, die konkrete Anwendungsprobleme lösen sollen. Vereinfacht gesagt, sind künstliche neuronale Netze also künstliche Nachbildungen unseres Denkorgans, die aus der Analyse von großen Datenmengen Muster erkennen und Regeln entwickeln können.

Auch sogenannte Algorithmen spielen eine Rolle bei solchen

Problemlösungen. Ein Algorithmus ist ebenfalls erst einmal nichts Technisches. Man bezeichnet so jede eindeutige Handlungsvorschrift zur Lösung von Problemen – auch Kochrezepte oder Verkehrsregeln sind einfache Algorithmen. Deutlich komplexere Algorithmen bestehen aus vielen Einzelschritten und können zur Ausführung in einem Computerprogramm verwendet werden. Im Navigationsgerät Ihres Autos arbeitet zum Beispiel meist der »Dijkstra-Algorithmus«. Er berechnet in Form eines Graphen der kürzesten Pfade und Verbindungsknoten, mit welcher Route Sie am schnellsten ankommen werden. Auch die Internetsuche funktioniert mithilfe von Algorithmen: Geben Sie einen Begriff in eine Suchmaschine ein, dann wird die Ausgabe der Ergebnisse meist über den »PageRank-Algorithmus« gesteuert: Er sortiert die Ergebnisse nach Kompetenz, Verlinkungshäufigkeit und Relevanz für Ihre Suchanfrage.

Algorithmen wurden im Laufe der Zeit immer komplexer und leistungsfähiger. Der Unterschied zu früheren Programmen ist riesig: In der Vergangenheit konnte Software nur genau das tun, was ihr als fest verordnete Regel beigebracht wurde, zum Beispiel alle E-Mails als Spam einzuordnen, in denen der Begriff »Viagra« vorkam. Wenn ein Arzt also einen Newsletter mit einem wissenschaftlichen Artikel über Viagra zugeschickt bekam, wurde dieser womöglich ohne Rücksicht auf den fachlichen Kontext in den Spamordner verschoben. Das war wenig sinnvoll. Schrieb allerdings ein findiger Spamabsender in seinen Nachrichten »Blaupille«, wurden diese bei Millionen von Empfängern anstandslos durchgelassen. Das war ebenso wenig sinnvoll. Mittels maschinellem Lernen, das ich Ihnen später noch genauer vorstellen werde, kann so etwas verhindert werden. Die neuronalen Netze analysieren täglich eine riesige Menge an Nachrichten und beobachten genau, was mit ihnen passiert. Beinhaltet eine Nachricht beispielsweise viele medizinische Fachbegriffe und verzichtet auf Formulierungen wie »Kaufen!« oder »Jetzt bestellen!«, ist die Wahrscheinlichkeit gering, dass es sich um

Spam handelt – die Nachricht wird durchgelassen. Wenn hingegen viele Menschen in kurzer Zeit eine Mail in den Spamordner werfen, in der das Wort »Blaupille« vorkommt, so lernt die Software dieses neue Wort als potenziell »böse« kennen und schickt die entsprechenden Nachrichten ins Nirwana.

Man kann sich vorstellen, dass mit komplexeren Aufgaben als in unserem Beispiel auch die Anforderungen an die Technik wachsen, und so sind in Firmen wie IBM, Microsoft oder Baidu Teams mit Tausenden von Wissenschaftlern und Technikern mit der Entwicklung cleverer neuronaler Netze beschäftigt. Die Ergebnisse ihrer Arbeit fließen in Navigationssoftware ebenso ein wie Maschinensteuerung oder Sprachsynthese, Bildbearbeitung und Musikkomposition. Warum investieren diese Firmen so viel Geld in Entwicklungen, von denen sie häufig noch gar nicht wissen, welche Produkte am Ende davon profitieren können? Die Antwort ist einfach: Es ist eine gigantische Wette in die Zukunft der Menschheit. Denn bald werden nicht diejenigen Unternehmen am profitabelsten sein, die über die besten Mitarbeiter verfügen, sondern diejenigen, welche die klügsten Algorithmen für sich arbeiten lassen können. Algorithmen werden entscheiden, wie wir am besten Geld anlegen, sie werden helfen, frühzeitig Krankheiten zu erkennen und Heilmittel zu produzieren, und sie werden alle möglichen Roboter steuern.

Um diese vielfältigen Aufgaben perfekt erledigen zu können, müssen die Programme jedoch erstens immer kreativer handeln können, um zum Beispiel spontan auf unvorhergesehene Störungen reagieren zu können. Und zweitens müssen sie besser verstehen lernen, mit uns Menschen zu kommunizieren. Sie müssen lernen, unsere Sprache zu dechiffrieren, auch wenn wir nuscheln oder gerade einen Asthmaanfall haben. Sie müssen sogar alle unsere Sprachen sprechen können, und zwar in einer Art und Weise, dass wir gerne mit ihnen sprechen. Und sie müssen lernen, mit unseren Augen die Welt zu sehen, damit sie im Sinne des Menschen in der Welt handeln können. Es besteht also eine wirtschaftliche Notwendigkeit, Computer zu entwickeln, die ähnlich unseren beiden Gehirnhälften sowohl rational und faktenbasiert als auch emotional und kreativ denken können.

Aber wohin wird das führen? Wenn die Software von »The Next Rembrandt« schon alle Bilder des Malers auswerten und neue Bilder im selben Stil anfertigen kann, wozu wird dann die nächste Generation von Software erst in der Lage sein? Was wird sie können, nachdem sie beispielsweise alle Kunstwerke analysiert hat, die es bisher auf der Welt gibt? Und eine solche vollständige Datenbank der Weltkunst wird tatsächlich in absehbarer Zeit vorliegen. Denn Google und andere Firmen erfassen gerade systematisch sämtliche kulturellen Werke in hochauflösenden Scans.

Die technischen Durchbrüche auf dem Gebiet der Künstlichen Intelligenz sind atemberaubend. Es ist wenige Jahre her, dass die ersten Programme gelernt haben, uns in der Forschung zu helfen oder die Auswertung von Finanztransaktionen vorzunehmen. Erst durch sie können wir Muster in unvorstellbaren Datenmengen wie dem menschlichen Genom erkennen und davon zum Beispiel die Herkunft von Krankheiten ableiten. Was mit Genen möglich ist, kann auch auf die Farben und Formen von Bildern oder die Inhalte von Bibliotheken angewendet werden. Heute entstehen Datenbanken, die das gesammelte kulturelle Wissen der Menschheit nicht nur einsaugen, sondern auch mittels selbstlernender neuronaler Netze die Daten auswerten und Muster erkennen. Der wichtigste Aspekt dabei ist, dass diese Entwicklungen gerade in vielen Disziplinen gleichzeitig passieren, sich gegenseitig beschleunigen und auf eine enorm breite Basis an digitalisierten Inhalten treffen.

Es wurde viel gesagt und geschrieben darüber, wie Künstliche Intelligenz unsere Arbeit und unsere Wirtschaft beeinflussen wird. Unglaubliche Entwicklungen gibt es etwa in der Medizin oder bei der Automatisierung in der Produktion. Unsere Hoffnung ist, dass so die großen Probleme der Menschheit gelöst werden können – Hunger, Kriege, Armut, Krankheit. Gleichzeitig haben wir Angst um unsere Jobs, denn es kursieren unterschiedliche Studien, die bis zu 70 Prozent der menschlichen Arbeitskraft zukünftig in den künstlichen Händen von Robotern sehen. Als Sammelbegriff umfasst KI zwar viele Teildisziplinen wie maschinelles Lernen, wissensbasierte Systeme, Mustererkennung, Robotik oder Verarbeitung natürlicher Sprache – Themen, über die ich in diesem Buch noch berichten werde. Doch wirken vor allem Roboter auf uns aufregend und gefährlich zugleich, denn sie sind es, die uns ähnlich sehen. Mit ihnen wird Künstliche Intelligenz so richtig sichtbar und anfassbar. Roboter spielen jedoch in diesem Buch ganz bewusst nur eine Nebenrolle – und zwar dann, wenn sie als Ersatz für Menschen in Beziehungen, im Rampenlicht oder sogar in unseren Betten auftauchen.

Mich interessieren weniger die Automatisierung von Fabriken oder Forschungsdurchbrüche in medizinischen Labors, auch wenn solche Technologien auf manchen Seiten dieses Buches durchblitzen. Mich interessiert, was die unzähligen Programme aus dem Bereich Künstliche Intelligenz heute schon ganz konkret mit Ihrem und mit meinem Leben und mit unserem Zusammenleben in einer Gemeinschaft machen. Deshalb spreche ich – ganz unwissenschaftlich – im Plural von »Künstlichen Intelligenzen«, denn ich beziehe mich damit zwar auf einzelne Programme, die jedoch so selbstständig in ihrer jeweiligen Disziplin geworden sind, dass ihr Handeln dem eines lebendigen Wesens gleicht. Sie haben es verdient, personalisiert zu werden. In diesem Buch werde ich Ihnen also vor allem zeigen, wie sich Künstliche Intelligenz bereits in große Teile unseres Lebens eingeschlichen hat und damit unser Denken, Handeln und unser Fühlen beeinflusst.

Ich gehe davon aus, dass Sie in Ihrer Küche keine humanoide Haushaltshilfe werkeln lassen, doch Künstliche Intelligenz im Hintergrund ist bereits tief in Ihr Leben eingedrungen. Die Maschinen können mittlerweile sprechen, Texte erfinden, Beziehungen schaffen oder beenden, uns Menschen verführen, unsere Sinne erweitern oder vernebeln und unsere Geschichte umschreiben. Womöglich kann man diese neue Generation von Programmen guten Gewissens auch als »Kreative Künstliche Intelligenzen« bezeichnen, denn erstens übernehmen sie erstmalig Funktionen und Aufgaben, die bislang nur mittels unserer menschlichen Kreativität gelöst werden konnten, und zweitens entwickeln sie eigenständig und ohne das Zutun eines Programmierers Lösungswege und werden so zu Blackboxes, bei denen wir nur noch sehen, was als Aufgabe hineingeht und was als Lösung herauskommt. Die Schritte dazwischen bleiben der menschlichen Beobachtung und Kontrolle zunehmend verborgen. Selbst Fachleute wissen oft nicht, wieso eine solche KI einen bestimmten Lösungsweg eingeschlagen hat.

Möglich werden diese kühnen kreativen Leistungen durch große Fortschritte lernender Maschinen und durch die breitflächige Digitalisierung menschlicher kreativer Schöpfungen. Alle Bereiche der menschlichen Kultur – von Sprache über Bilder, Filme, Musik und Architektur bis hin zu Sex – verwandeln sich nämlich gerade in digitale Daten. Und diese sind auf der ganzen Welt als Lernmaterial für KI verfügbar. Denn vor allem die großen Technologiekonzerne sorgen für eine rasante Verbreitung. Es herrscht Goldgräberstimmung: Das Ziel ist es, möglichst viele Bereiche unserer menschlichen Kultur digital abzubilden, damit aus unserem ganzen Leben und Erleben Produkte werden, für die wir bezahlen.

Zugegebenermaßen sind diese KI-gesteuerten Produkte manchmal deutlich besser als alles bisher Dagewesene, wie Sie noch sehen werden. Der aktuelle Stand von Wissenschaft und Technik ist faszinierend und erschreckend zugleich. Und er entwickelt sich so schnell weiter, dass wir mit dem Verstehen nicht mehr hinterherkommen. Aber egal, ob wir uns vor dem Einfluss der Maschinen auf unser Leben fürchten oder ihn als Chance sehen – weite Teile unserer Welt werden bereits durch Algorithmen bestimmt, ohne dass wir es merken. Es hilft also nichts, die Augen davor zu verschließen, wir müssen uns der Entwicklung stellen.

Schon bald wird sich niemand mehr über Werke wie den künstlichen alten Meister wundern, der in der Messehalle vor mir stand. Selbstverständlich war ich fasziniert beim Anblick des »Nächsten Rembrandts«, aber gleichzeitig war mir an jenem Dienstagabend bei so viel perfekter Nachahmung menschlicher Schöpfungskraft und technischer Eigenständigkeit unheimlich zumute. Dass Software über den Gesichtsausdruck eines erfundenen porträtierten Menschen entscheidet, machte mich sehr nervös. Zum ersten Mal in meinem Leben fragte ich mich, ob mein Vertrauen in die positiven Errungenschaften smarter Technologie all die Jahre wirklich gerechtfertigt war. In dieser nächtlichen Messehalle übermannte mich das ängstliche Gefühl, wir könnten vielleicht gerade den Punkt verschlafen, an dem Technologie zu weit geht.

Warum war mir bislang nicht aufgefallen, dass Maschinen gerade in vielen Disziplinen selbst schöpferisch aktiv werden? Ist nicht gerade selbstbestimmtes, intuitives und kreatives Handeln der einzige Vorteil, den der Mensch noch gegenüber den ansonsten in jeder Disziplin so viel ausdauernderen und leistungsfähigeren Maschinen hat? Welche Macht bekommen Maschinen über uns, wenn sie uns die Kreativität abnehmen? Zeigte mir nicht dieses 3-D-gedruckte Bild ganz deutlich, dass mir als Mensch die Gestaltung meines Lebens nun aus der Hand genommen wird? Oder entspringen diese Ängste nur einem Albtraum, der gefüttert wird von effektheischenden Science-Fiction-Storys wie *Matrix*, *Metropolis* oder *Terminator*?

Wie einzigartig ist der Mensch?

Unser kulturelles Selbstverständnis beruht auf der Annahme, dass wir Menschen einzigartige Wesen sind, weil wir mit unserem kreativen Geist komplexe Ideen entwickeln und die Welt nach unserem Willen gestalten können. Die christlichen Religionen und das Judentum nennen den Menschen ein Abbild Gottes und die Krone der Schöpfung, weil nur er wie Gott Dinge nach freiem Willen selbst erschaffen kann. Die meisten Philosophen stimmen darin überein, dass der Mensch nicht nur ein Geschöpf in der Welt, sondern ein aktiver Schöpfer seiner Welt und Gestalter des Wesens seiner Gattung ist. Wenn Algorithmen nun so funktionieren können wie unsere neuronalen Netze im Gehirn, dann können sie lernen, was Kultur ist und darauf basierend ihre eigene Kultur gestalten. Zeigen uns diese Algorithmen also nach zweihunderttausend Jahren Menschheitsgeschichte, dass wir doch nicht so einzigartig sind, wie wir dachten? Sind wir vielleicht übereifrig geworden in unserem Gestaltungseifer und haben nun in den Maschinen etwas Neues geschaffen, das gerade dabei ist, selbst im Gestalten und Erschaffen über uns hinauszuwachsen?

Vielleicht werden sich die Menschen in einigen Jahrzehnten über unsere heutige Naivität wundern. Vielleicht werden sie schmunzeln, wenn sie daran denken, wie schmerzhaft es für uns war zu erkennen, dass unser Gehirn und unsere Gefühle nicht einzigartig sind – dass wir ersetzbar sind. Unsere Vorfahren taten sich schwer mit der Erkenntnis, dass unsere Erde nicht das Zentrum des Universums ist – erst Kopernikus konnte diesen Irrglauben beenden. Wollen wir heute genauso wenig wahrhaben, dass wir nicht die einzigen Wesen dieser Welt sind, die Sprache entwickeln, kreativ tätig sind oder Kunst und Kultur schaffen können? Ignorieren wir, dass die Nachfolger von Leibniz und Edison, Goethe und Schiller, Rembrandt und Van Gogh vielleicht bald Hochleistungsrechner sind? Befinden wir uns vor einer zweiten Kopernikanischen Wende? Denn wenn wir nicht die Einzigen sind, die kreativ unser Leben gestalten können, dann sind wir auch nicht die Krone der Schöpfung und nicht die genialsten Superhirne, die der Überlebenskampf der Evolution je hervorgebracht hat – eine Nachricht, die schwer zu verdauen ist. Und doch deutet alles darauf hin, dass wir uns besser schnell an diesen Gedanken gewöhnen. Denn wir selbst haben die Maschinen entwickelt, die gerade dabei sind, den Schritt in die kulturelle Selbstständigkeit zu gehen. Ihre neu erlernten Fähigkeiten, selbst kulturelle Leistungen zu erbringen, Texte oder Musik zu schreiben, Bilder zu malen oder Beziehungen zwischen Lebewesen zu analysieren, verwandelt sie in unseren Augen von objekthaften Werkzeugen zu lebendigen Subjekten.

Unsere menschliche Kultur bildet die DNA unserer Gemeinschaft. Diese DNA wird nun künstlich nachgebildet – und das wird mitsamt all den Innovationen, die auf uns zukommen, unser Leben aus den Fugen heben. Führende Forscher aus der ganzen Welt sind sich laut einer Befragung des Physikers Michio Kaku sicher, dass bereits in wenigen Jahren genügend Rechenleistung zur Verfügung stehen wird, um das menschliche Gehirn zu simulieren. Was bedeutet das für unsere Gesellschaft? Und wie verändert sich unser Selbstbild, wenn Maschinen plötzlich Dinge können, von denen wir bislang glaubten, dass sie uns einzigartig machen? Was passiert mit unserer menschlichen Kultur, wenn die Technik sie übernimmt?

Mit diesem Buch will ich die Chancen und Gefahren sichtbar machen, die in den technischen Entwicklungen liegen. Ich will zeigen, welche unserer Träume und unserer Albträume gerade wahr werden und was nach wie vor Zukunftsmusik ist. Ich möchte dazu beitragen, dass wir selbstbestimmt entscheiden können, wann wir die wahrscheinlichkeitsbasierten Lösungen Kreativer Künstlicher Intelligenzen nicht nutzen wollen. Dazu müssen wir zumindest im Ansatz verstehen, wie sie funktionieren und wie sie uns beeinflussen.

Und welche Möglichkeiten der Transparenz, Kontrolle, Einflussnahme und generell Mitbestimmung von uns, Politik und Gesellschaft es geben muss.

Denn sonst hätte meine Oma auch ein kleines bisschen Recht damit, als sie beklagte, dass es niemanden mehr gebe, den wir verantwortlich machen können, wenn wir alleine den Maschinen Entscheidungen überlassen.

Sprache
Maschinen lesen Shakespeare, damit sie unser Leben steuern können

Als Kind durfte ich manchmal meine Mutter bei der Arbeit besuchen, die in einer Buchhandlung in der Innenstadt von Nürnberg arbeitete. Meine Oma, die Sie ja schon kennengelernt haben, begleitete mich auf dem Weg dahin. Schon von Weitem sah ich in den beleuchteten Auslagen der Schaufenster Plakate mit schön gestalteten Buchtiteln oder Autorenporträts. Ich konnte es kaum erwarten, in den Laden hineinzugehen, wo mir der Geruch von Büchern entgegenströmte. Die deckenhohen Regale mit enggestellten Buchrücken waren für mich eine Schatzkammer voller Geheimnisse. Und in dieser Schatzkammer konnte ich stundenlang auf einem Stuhl sitzen und mir ein Buch nach dem anderen ansehen. Bilderbücher mochte ich natürlich besonders gerne, nahm aber auch medizinische Fachbücher mit gruseligen Zeichnungen von irgendwelchen Körperteilen, Reiseführer voller Bilder aus fernen Ländern oder die extrem schweren Bildbände mit ihren hochglänzenden, bunten Seiten voll von Kunstwerken. Für einen Buchhändlersohn wie mich waren Bücher natürlich von klein auf sowohl sehr vertraut als auch kostbar.

In den ersten Jahren interessierten mich vor allem die Bilder. Ich besaß einige dicke Bände über die Landschaften der Erde und all die Menschen und Tiere, die dort lebten. Da ich selbst noch nicht lesen konnte, zwang ich bei jeder möglichen und unmöglichen Gelegenheit meine Eltern oder die vielen Gäste, die bei uns zu Hause aufschlugen, zum Vorlesen. Als ich endlich selbst lesen konnte, fesselte mich eine spannende Geschichte oft so sehr, dass ich mich von dieser aufregenden Welt tagelang nicht lösen konnte. Später, ich war schon im Gymnasium, begann ich mich auch für die Sprache hinter den Geschichten zu interessieren. Hermann Hesse begeisterte mich ebenso wie Thomas Mann, später sein Sohn Klaus oder Jean Cocteau. Sie erschufen mit ihrer Art zu schreiben nicht nur eine Erzählung, sondern benutzten dafür auch Wörter, Sätze und Strukturen, die Inhalte zum Klingen, Leuchten, Duften oder Glühen bringen konnten. Sprache, so ging mir auf, war eine unerschöpfliche Ressource, um daraus neue Welten erschaffen und beschreiben zu können. Ich begann damit, in den Büchern Sätze anzustreichen, die mir besonders gefielen: »... sein Herz, er fühlte es in der Brust innen frieren wie ein kleines Tier, einen Vogel oder einen Hasen, als er sah, wie allein er sei.« Das war eine solche Stelle aus dem *Siddhartha*, die damals das intensive Bild eines verängstigten Tieres im tiefen Schnee einer endlosen Landschaft vor meinem geistigen Auge entstehen ließ. Dazu war Sprache also fähig: Gefühle zu vermitteln, die weit über die Bedeutung von Wörtern hinausgingen!

Wieder einige Jahre später fand ich heraus, wie es ist, in fremden Sprachen, vor allem auf Englisch und Spanisch, zu lesen. Es eröffnete sich eine weitere Dimension von Sprache für mich. Alleine durch den anderen Satzbau, die ungewohnte Melodie der Silben und die fremdartige Bedeutung von Wörtern und Begriffen hatte ich das Gefühl, ein wenig die unbekannten Eigenarten eines anderen Volkes verstehen zu können. Die fremden Sprachen ermöglichten mir auch neue Formen des Denkens, weil zum Beispiel Begriffe fehlten oder es plötzlich viele Wörter mit feinsten Unterscheidungen gab für eine Sache, die im Deutschen nur durch ein Wort repräsentiert wird.

Die kluge Schriftstellerin und Apothekerin Marie von Ebner-

Eschenbach schrieb einmal: »Der Geist einer Sprache offenbart sich am deutlichsten in ihren unübersetzbaren Worten.«[1] Denn diese zeigen, dass es Dinge gibt, die nicht zu unserer Kultur gehören und für die wir deshalb keinen Begriff brauchen. Auch der fremde Klang von Wörtern scheint Dingen eine neue Bedeutungsebene zu geben. Kennt man nur das deutsche Wort »Schmetterling«, wirkt das entsprechende Tier eben sehr viel weniger exaltiert, als wenn man ihm als »Papillon« oder »Mariposa« begegnet.

All diese neuen Welten, in denen ich mich nun bewegen konnte, waren einzig und allein mit der Macht der Sprache geschaffen und hatten viele Jahre vorher in der Buchhandlung meiner Mutter ihren Ursprung gehabt. Damals schien mir der Arbeitsplatz einer Buchhändlerin das wahre Paradies zu sein – und meine Mutter allwissend. Als kleines Kind fragte ich mich: Hatte sie wohl alle Bücher von vorne bis hinten gelesen, um ihren Kunden die richtigen Empfehlungen geben zu können? Meine Mutter lachte, als ich ihr eines Tages diese Frage stellte, während ich von meinem Stuhl in der Nürnberger Buchhandlung zu ihr hochblickte. »Niemand kann je alle Bücher in einer Buchhandlung lesen«, sagte sie, »es sind viel zu viele. Dafür müsste man mehrere tausend Jahre alt werden.«

Wer hätte gedacht, dass sie so unglaublich falsch liegen konnte.

Roboter schreiben Romane

Vor Kurzem, knapp vier Jahrzehnte nach den Erlebnissen meiner Kindheit, begegnete den Preisrichtern eines Literaturwettbewerbs ein unglaublicher Autor, der genau das zu Ausbildungszwecken in kürzester Zeit getan hatte: unzählige Bücher lesen.

*»»Ich krümmte mich schier vor einer Freude, die ich zum ersten Mal
erlebte und schrieb voller Aufregung weiter.‹*
Der Tag, an dem ein Computer einen Roman schrieb.
*Der Computer konzentrierte sich ab jetzt ganz auf seinen eigenen
Spaß und hörte auf, für die Menschen zu arbeiten.«*

So endet ein Roman, der es fast ins Finale des bekannten japanischen Literaturpreises Nikkei Hoshi Shinichi geschafft hätte. Den lesenden Juroren hatte das Buch mit dem Titel *Der Tag, an dem ein Computer einen Roman schreibt* gut gefallen, und so kam es in die vorletzte Runde. Die professionellen Leser lobten vor allem die gute Struktur der Geschichte, kleinere Schwächen fanden sie lediglich in den Charakterbeschreibungen der Figuren. Vielleicht lag es nur an dieser Kleinigkeit, dass es am Ende nicht ganz für einen Sieg des Romans reichte.

Sie ahnen es sicher schon, der Titel des Romans ist Programm: Der Autor des Werkes ist tatsächlich ein Computer oder, genauer gesagt, eine Künstliche Intelligenz, die vom Wissenschaftler Hitoshi Matsubara von der Future University Hakodate in Japan dazu trainiert wurde, Romane zu schreiben. Das ist insofern ein Wunder, als es in der Vergangenheit kaum einem Computerprogramm gelungen war, überhaupt literarische Texte und schon gar keinen ganzen Roman zu produzieren. Denn um das tun zu können, braucht es inhaltliche Kreativität, Vorstellungsvermögen, Gefühl für Erzählstrukturen, Wissen um Zusammenhänge und nicht zuletzt mit Bedacht gewählte Wörter, die zu Sätzen, zu Absätzen und zu Kapiteln geschmiedet werden. Das sind alles Fähigkeiten, die wir den wenigsten Menschen zutrauen, geschweige denn einer Software.

Kreative Künstliche Intelligenzen wie die aus Japan lernen derzeit von den besten Autoren, die die Geschichte der Menschheit zu bieten hat. Sie werden mit Hunderttausenden Werken der Weltliteratur gefüttert, um zu verstehen, wie wir Menschen unsere Geschichten erzählen und unsere Romane schreiben. Meine Mutter lag also ziemlich falsch mit ihrer Annahme, dass man tausend Jahre alt werden müsse, um die gesammelte Literatur zu lesen. Künstliche Intelligenzen schaffen das deutlich schneller. Und sie fressen noch viel mehr als Bücher in sich hinein! Unersättlich stopfen sich die Rechner voll mit Fotografien, Bildern, Skulpturen, Architekturmodellen, Notenblättern, Konzertaufführungen und Modeschnitten. Sie eignen sich unser gesamtes künstlerisches Weltwissen an.

Aufgabe der Programme ist es, darin so gut zu werden, dass sie selbst bald kreative Höchstleistungen erreichen können: Literatur, Poesie, Film, Malerei, Architektur – keine künstlerische Disziplin ist momentan vor dem Hunger Künstlicher Intelligenzen sicher. Vor Kurzem schrieb eine Software zum ersten Mal die Drehbücher für eine Folge der Sitcom *Friends*, für einen Horrorfilm und für einen Science-Fiction-Kurzfilm. Maschinen schicken sich derzeit an, mit dem Menschen als Schöpfer von Texten und bei der Bildung von Sprachkultur in den Wettbewerb zu treten.

Doch warum tun sie das? Welcher Sinn besteht darin, wenn eine Maschine mit Romanen gefüttert wird, die wir Menschen zum reinen Vergnügen lesen? Wem nützt eine solche Spielerei? Die Antwort ist eigentlich ganz einfach: Künstliche Intelligenzen lernen unsere Sprache, damit sie später täglich mit uns sprechen können. Natürlich steckt dahinter nicht die Lust an der Konversation, sondern vor allem wirtschaftliches Interesse. Erstens sollen die Maschinen dadurch die Fähigkeit erwerben, sich mit uns so zu unterhalten, wie wir Menschen das untereinander tun, damit sie die Rolle von Call-Center-Mitarbeitern und Servicepersonal übernehmen können. Zweitens lernen uns die Maschinen durch das Studium unserer Bücher, Dokumente und Sprachen gerade besser kennen, als dies ein menschlicher Anthropologe je tun könnte. Und drittens sind vom Computer generierte Texte günstiger und flexibler herzustellen. Alle drei Gründe sind extrem interessant für Wirtschaftsunternehmen und die Entwicklung neuer Produkte und Services, mit denen alle Belange unseres Lebens gesteuert werden können.

Damit stellen sie aber unsere Gesellschaft vor etliche Herausforderungen. Denn niemand weiß zum Beispiel, wie sich der tägliche Umgang mit sprechenden und schreibenden Maschinen auf unsere Psyche auswirken wird – vor allem, wenn sie alles über uns wissen. Wenn Shakespeare über unser Sein, unser Stärken und Schwächen schreibt, dann fühlen wir uns verstanden, denn er war einer von uns. Was aber passiert, wenn Computer künftig über unsere Schwächen schreiben? Und was wäre, wenn sie dies tun, während sie im Dienst einer Behörde oder Bank stehen? Allein die Vorstellung ist für viele so gruselig, als ob sich eine kalte Hand auf ihre Schulter legte. Sie haben Angst, von Computern missverstanden und beobachtet zu werden. Und womöglich fühlen wir Menschen uns den Maschinen sogar unterlegen, weil sie sich in allerkürzester Zeit mehr Weisheit angeeignet haben, als wir das jemals könnten.

Dabei ist die Idee einer sprachbegabten Alleswisser-Maschine recht spannend. Ich finde es faszinierend, wenn Maschinen so kreativ werden können, dass sie ganze Romane schreiben – selbst wenn sie das vor allem tun, damit Unternehmen aus dieser Fähigkeit Kapital schlagen. Schließlich wird am Ende ein besseres Verständnis in der Kommunikation zwischen Mensch und Maschine stehen. Und das ist dringend nötig, was jeder nachvollziehen kann, der schon einmal verzweifelt versucht hat, per Sprachbefehl seinem Handy eine Adresse zu entlocken, wenn dieses den genannten Namen permanent falsch versteht.

Auch ich nutze ganz selbstverständlich die Sprachschnittstelle meines Smartphones. Aber je mehr ich über die Entwicklungen weiß, die hinter so ganz harmlosen Programmen wie etwa einer Navigationssoftware stehen, je intensiver ich mich mit den kreativen Maschinen beschäftige, die gerade unsere Sprache erlernen, desto mehr Sorgen mache ich mir darüber, wie sich unsere Gesellschaft, wie sich jeder Einzelne von uns, dadurch verändern wird, wenn immer mehr kulturelle Bereiche von verständiger Technik bestimmt werden. Sprache ist schließlich eines der wichtigsten und mächtigsten Werkzeuge, die wir entwickelt haben. Und Sprache ist gleichzeitig auch eine Waffe, die der Mensch seit jeher nutzt, um wirtschaftliche oder politische Vorteile zu erlangen. Wie viel Sprachmacht wird zukünftig gebraucht werden, wenn sich konkurrierende Unternehmen oder Staaten der Unterstützung von Maschinen sicher sein können?

Es wäre ein mittlerweile völlig unmögliches Unterfangen, die technischen Entwicklungen aufhalten zu wollen. Zu groß ist das Geschäft für die beteiligten Unternehmen, zu verführerisch sind die gesammelten Daten für die Politik und nicht zuletzt auch die Annehmlichkeiten und Versprechen für uns Nutzer. Um das Verhindern von technischer Entwicklung kann es also nicht gehen, das hat in der Geschichte sowieso noch nie funktioniert. Was wir jedoch selbst gestalten können und müssen ist, welchen Einfluss die Technik auf unser eigenes Leben und auf unsere Gemeinschaft hat. Es gilt also, jetzt an der Schwelle zum Zeitalter der intelligenten Maschinen: den Stand der Technik verstehen und uns unserer Ängste und Zukunftssorgen bewusst werden, damit wir sie benennen und diskutieren können. Auf diesem Weg werden wir allerdings einigen seltsamen Fragen begegnen.

Zum Beispiel, ob wir es eigentlich zukünftig überhaupt noch merken werden, wenn wir mit einer Maschine sprechen? In Science-Fiction-Filmen unterhalten sich Mensch und Maschine mitunter ganz selbstverständlich. Im Film *Her* etwa reden ein Mann und eine Künstliche Intelligenz, gesprochen von Scarlett Johansson, vollkommen natürlich miteinander. Sie verlieben sich sogar ineinander, woran außer den vertraulichen Inhalten der Konversationen auch die perfekt modulierte Sprache der Johansson-KI Schuld trägt. Der Mensch, der sich in sie verliebt, geht mit ihr nicht anders um als mit seiner Ex-Freundin – und das, obwohl Johansson ausschließlich als Stimme präsent ist. Sprache ist eine der wichtigsten Grundlagen, um eine Beziehung zu anderen Menschen oder eben auch zu Maschinen aufzubauen, was wir in Kapitel 4 noch genauer untersuchen werden.

Die Stimme weiß, was ich in der letzten Nacht getan habe

Schon heute ist die digitale Erzeugung menschlicher Sprache extrem weit fortgeschritten. Das Ziel der Technologen ist es, den Menschen keinen Unterschied mehr verspüren zu lassen gegenüber einem Gespräch mit seinesgleichen. Das soll den Maschinen dabei helfen, für uns Reisen zu buchen, Versicherungen und Haushaltswaren zu verkaufen, uns in Gesundheitsfragen zu beraten und uns im Büro zu Hilfe zu kommen. Diese Assistenten funktionieren umso besser, je weniger wir das Gefühl bekommen, es dabei mit einem Computer zu tun zu haben.

Benutzen Sie eine »Alexa« von Amazon, eine »Siri« von Apple oder eine »Cortana« von Microsoft? Dann wissen Sie ja, dass es viel einfacher ist, in den Raum hinein zu fragen »Siri, wird es heute in Frankfurt regnen?« als umständlich auf dem Bildschirm die entsprechende App aufzurufen, nach ihrer Stadt zu suchen und die Ausgabe am Bildschirm abzuwarten. Zukünftig werden wir bei der Arbeit, im Auto und auch in den Räumen unserer Wohnungen immer häufiger mittels Sprache mit Maschinen kommunizieren. Vielleicht kommt es Ihnen heute noch etwas komisch vor, mit einem Gerät zu sprechen. Aber glauben Sie mir, das wird sich schnell ändern. Als die ersten Mobiltelefone auf den Markt kamen, fanden wir auch die Leute seltsam, die auf der Straße in einen Hörer sprachen. Mittlerweile haben wir uns sogar an das Bild von Menschen gewöhnt, die in der Öffentlichkeit scheinbar mit sich selbst sprechen, weil die Telefone in den Taschen und die Mikrofone in winzigen Ohrstöpseln verschwunden sind.

Der zweite Grund, weshalb sich Künstliche Intelligenzen derzeit so intensiv mit Romanen und anderen menschlichen Texten beschäftigen, ist sogar noch etwas ambitionierter als die Gestaltung von assistierenden Sprachschnittstellen. Je mehr Wissen die Maschinen über unsere Kultur sammeln, je besser sie wissen, was uns antreibt und abschreckt, je mehr die Maschinen also den Kern unserer menschlichen Persönlichkeit kennen, desto effizienter können Sie für uns tätig werden. Man könnte auch behaupten, durch das Sprachtraining studieren uns die Künstlichen Intelligenzen. Nicht anders übrigens, als wir das getan haben, wenn wir einst unbekannte Länder und Völker entdeckt haben, uns deren Sprache aneigneten und fremde Symbole entschlüsselten. Wir haben die Sagen und das Wissen dieser Völker studiert, um dann mit ihnen Handel treiben oder ihre Ressourcen anzapfen zu können. Kommunikation in der gleichen Sprache ist eine der Grundvoraussetzungen für Geschäfte.

In der Geschäftswelt der baldigen Zukunft wird demnach nicht das Unternehmen am erfolgreichsten sein, welches den größten Maschinenpark vorhält, sondern das, welches die klügste Künstliche Intelligenz besitzt. Schon heute hat der Kampf unter den großen amerikanischen und chinesischen Technologiekonzernen darum begonnen, wer das meiste Wissen über die Menschheit bereithält, um dieses für alle Arten von Anwendungen zu nutzen. Die Herangehensweise unterscheidet sich nur in Nuancen: Während Google zuerst die Klassiker an seine Künstliche Intelligenz verfüttert hat, machte Mark Zuckerberg bei Facebook das Gleiche mit Kinderbüchern. Googles Chef Sundar Pichai hat wiederholt verkündet, dass die Zukunft seines Konzerns zuallererst von der Qualität der Künstlichen Intelligenz abhängt.

Und so dient jedes Aneignen von menschlicher Kreativität letztlich auch dem Ziel, die Denkweise der KI menschlicher werden zu lassen. »Das bisher einzige System, das wirklich die Welt versteht, ist unser Gehirn«, klärt der Leiter des Zentrums für Neurowissenschaften und Künstliche Intelligenz an der Universität von Oxford auf.[2] Simon Stringer ist deshalb überzeugt davon, dass KI nur dann die sehr breit angelegte Intelligenz eines Menschen erreichen wird, wenn sie vorher unsere Art zu denken kopieren kann. Er ist sich außerdem sicher, dass mit der Erreichung dieser Schwelle auch die Wahrscheinlichkeit steigt, dass Computer eine Art Bewusstsein und sogar Gefühle entwickeln.

Die Computer beschäftigen sich also derzeit so intensiv mit unserer Sprache, weil unsere Texte so viel darüber verraten, wie wir Menschen ticken und was uns antreibt. Der berühmte Ausspruch von Jorge Luis Borges gilt auch hier: »Lesen ist Denken mit fremdem Gehirn«[3] Dieses Wissen wird dafür sorgen, dass vor allem die großen Technologieunternehmen große Teile unseres Lebens zukünftig noch intensiver begleiten und gestalten werden. Oder um es anders zu sagen: Wir werden die Steuerung großer Teile unseres Lebens an Firmen übergeben, und wir werden für diese Leistungen bezahlen. Auch Sie werden das irgendwann tun. Weil Sie es bequem finden, weil die Produkte einen wirklichen Vorteil versprechen oder einfach, weil es alle machen.

Mit dieser Steuerung des Lebens verdienen Firmen wie Apple, Google, Amazon oder das chinesische Tencent schon heute Geld, indem Sie uns digitale Dienstleistungen erbringen. Doch diese Unternehmen werden zukünftig auch die wichtigste Schnittstelle zwischen uns und den analogen Dienstleistern unseres Lebens sein. Sie werden dann für uns nicht mehr nur die Daten organisieren, sondern auch die Dinge und Services. Wir sagen dann eben einfach nur noch: »Siri, bestelle mir Blumen!« Oder: »Alexa, überweise 10 Euro an meine Schwester!« Welcher Florist dahintersteckt oder welche Bank, das wird uns egal sein, denn die Auswahl können genauso gut die Hightech-Firmen treffen.

In meinem Haushalt befinden sich mindestens drei Geräte, die heute schon in der Lage dazu sind, meine Sprachbefehle zu empfangen und mir Antworten per Sprache zu geben: Mein Fernseher hat sowohl ein eingebautes Mikrofon als auch einen Lautsprecher, ebenso mein Computer und mein Mobiltelefon. Es wird also nicht mehr lange dauern, bis mich eines dieser Geräte damit überraschen wird, dass es weiß, was ich in der letzten Nacht getan habe (einen Geburtstag mit zu vielen Gin Tonics gefeiert), und mir dann zum Beispiel gleich nach dem Aufwachen ein Rezept für ein Katerfrühstück vorschlägt.

Auf dem Weg dahin sind allerdings einige Hürden zu überwinden. Um mittels menschlicher Sprache kommunizieren zu können, sind viele Bausteine nötig. Die Maschinen müssen unsere komplexen Schrift- und Zeichensysteme verstehen, die Bedeutung einzelner Wörter begreifen, Wissen über Kontexte in einer Unterhaltung haben – zum Beispiel, wo Sie sind, was Sie machen, warum Sie es tun. Sie müssen die vielen Sprachen und Dialekte dieser Welt zuerst einmal korrekt interpretieren können, um im letzten Schritt natürliche menschliche Sprachlaute in ihrer Sprache zu erzeugen. Das ist selbst für die Kreativen Künstlichen Intelligenzen von heute kein Pappenstiel.

Einen dritten Grund, weshalb uns schriftstellerische Künstliche Intelligenzen zukünftig permanent begegnen werden, brauche ich eigentlich gar nicht erklären, so selbstverständlich ist er: Die Programme werden nicht krank, sie haben keine Schreibblockaden und keine Wissenslücken. Schreibende Maschinen sind also unglaublich viel günstiger einzusetzen, um Texte zu verfassen, als Menschen. Doch brauchen sich die meisten Schriftsteller, Poeten und viele Journalisten zumindest jetzt noch nicht ängstigen, dass ihre Arbeit wegfällt, denn diese Arten von Text sind eng mit dem Schreibenden verknüpft und werden weiterhin ihre wichtige Berechtigung haben. Sorgen machen müssen sich Menschen, die Katalogtexte schreiben, Wetterberichte oder Sportberichte – falls es diese Berufe überhaupt noch in nennenswerter Größenordnung gibt. Denn sicher ist: Gerade bei solchen datenbasierten Massentexten ergibt es keinen Sinn mehr, dass sich ein Mensch damit beschäftigt, wenn eine Maschine in millionenfacher Geschwindigkeit und extremer inhaltlicher Korrektheit das Gleiche für einen Bruchteil der Kosten erledigen kann.

Menschliche Sprache wird zu einem Produkt, das fast kostenlos hergestellt werden kann. Ein Journalist verdient bei einem halbwegs bekannten Medium durchschnittlich ungefähr 50 Cent je Zeile Text. So würde er für die Seite, die Sie gerade in der Hand haben, maximal 15 Euro bekommen – wohlgemerkt für einen sauber recherchierten Artikel auf der Basis von mühsam erworbenen Informationen und sorgfältig geprüften Fakten. Eine Maschine textet die gleiche Menge Zeichen im Bruchteil einer Sekunde und hat dabei Zugriff auf das gesamte Weltwissen. Computerleistung kostet heute kaum mehr etwas, sodass es sich gar nicht lohnen würde, einen Preis für diese Menge Text festzulegen, so niedrig wäre dieser. Es braucht nicht viel Fantasie, um sich vorzustellen, für welche der beiden Herstellungsmethoden von Sprache sich ein wirtschaftlich handelndes Unternehmen bei nichtliterarischen Standardtexten entscheidet.

Von Katzen, Menschen und Maschinen

Doch was ist eigentlich natürliche menschliche Sprache? Wieso hat sich diese Form der Kommunikation im Laufe der Menschheitsgeschichte durchsetzen können? Sprache ist Mittel zum Ausdruck und Austausch. Durch sie wird Wissen festgehalten und Information fixiert. Sprache wird vor allem durch komplexe Lautfolgen, aber auch mittels Mimik, Gestik oder Zeichen und Schriften umgesetzt. Diese Art der Kommunikation unterscheidet uns von allen anderen Tieren.

Zum Ursprung der Sprache gibt es unterschiedliche Theorien,[4] die bislang alle nicht vollständig widerlegt oder bewiesen werden konnten. Sicher ist aber: Unsere gesprochene Sprache besteht zuerst einmal aus Schallwellen, die wir auch über weite Distanzen senden und empfangen können. Deshalb spielen unsere Ohren für die Verwendung von Sprache die zentrale Rolle: »Schall ermöglicht auch im optischen Dickicht eines Urwaldes Kommunikation über große Distanzen. Seine überragende Bedeutung gewinnt das Gehör indes beim Menschen durch seine Rolle bei der sprachlichen Kommunikation.« So beschreiben es die beiden Zoologen Werner Müller und Stephan Frings.[5]

Doch diese Schallwellen sind nur Überträger, nicht Inhalt unserer Sprache. Wenn Kinder brabbeln, dann sondern sie ja auch sprachliche Laute wie »ba« oder »ra« ab, die jedoch für uns völlig unverständlich sind. Einen inhaltlichen Sinn ergeben sie erst dadurch, dass wir den akustischen Signalen eine Struktur geben und die Laute als Zeichen interpretieren können. Wir verstehen dann einander, wenn der Sprecher und der Empfänger einer Sprache das gleiche Verständnis dieser Zeichen haben. Während unserer Entwicklung vom Baby zum Erwachsenen lernen wir immer mehr dieser Laute mit Bedeutungen zu verknüpfen. Ganz am Anfang reagieren wir nur auf die akustischen Signale, können sie aber noch nicht deuten. Langsam, aber sicher bekommen die Laute für uns einen Sinn. Wir verknüpfen dann die beiden Silben »Mama« mit dieser netten Person, die uns mit allem versorgt, was wir brauchen, um zufrieden zu sein. Unser Gehirn erbringt dabei Höchstleistungen: Zuerst analysiert es die Grammatik des Gesagten. Zweihundert Millisekunden braucht das Gehirn von Erwachsenen, um Nomen, Verben, Präpositionen und andere grammatikalische Formen zu unterscheiden.[6] Erst dann folgt die Analyse der Inhalte, das semantische Verständnis.

Die Wissenschaft tappt bis heute ziemlich im Dunkeln darüber, wann die Menschheit das erste Mal angefangen hat, miteinander zu sprechen. Eine These, die sogenannte Interjektionstheorie ist, dass sich die instinktiven und emotionalen Warnsignale unserer Vorfahren immer stärker differenzierten,[7] um so vielleicht den Unterschied zwischen »Vorsicht, ein Mammut!« und »Vorsicht, ein Abgrund« deutlich zu machen. Später kamen immer neue Bedeutungen für Laute und Ausrufe hinzu, und es etablierte sich ein erstes System einfacher Sprache. Unsere Ahnen konnten sich so gegenseitig zum Essen rufen oder sich viel Glück beim Jagen wünschen.

Auf diese sehr primitive Art der Verständigung mittels Lauten greifen wir manchmal auch heute noch zurück. Mir geht es zum Beispiel so, wenn ich in China bin: Wenn mich nach dem Essen im Restaurant eine nette Kellnerin etwas in dieser fremden Sprache fragt und dabei anlächelt, brumme ich vielleicht ein gutmütiges »Mmmmh« und reibe mir dabei den Bauch. Ich möchte damit ausdrücken, dass es mir geschmeckt hat. Geste und Klang treten hier an die Stelle eines gemeinsamen Wortschatzes. Das wird überraschend oft richtig verstanden.

Erst die Sprache macht uns zu einer sozial weit entwickelten Spezies. Die Biologin Ruth Berger erklärt: »Das hat möglicherweise etwas damit zu tun, dass Menschen eine natürliche Neigung haben, kooperativer zu sein als Affen, und mehr davon auszugehen, dass andere ihnen nutzen, als dass sie ihnen schaden wollen. Das zeigen Experimente. Und um das zu befördern, ist es vielleicht sinnvoll gewesen, die soziale Kommunikation und soziale Bindung zu intensivieren.«[8] Sprache ermöglicht es uns, Erinnerungen zu teilen und aus ihnen zu lernen. Durch Sprache können wir komplexe Gedanken fassen, diese miteinander diskutieren und für die Nachwelt aufheben. Sie erst hat uns Bildung und Wissenschaft ermöglicht. Sie ist die Grundlage für unsere Fähigkeit, eine gemeinsame Kultur zu entwickeln. Vor allem unsere Sprache hat uns zu dem gemacht, was wir heute sind, und sie ist ein wichtiges Merkmal, das uns Menschen von anderen Kreaturen unterscheidet – zumindest bis heute. Denn die neuen Maschinenkreaturen lernen schnell.

Dafür verantwortlich sind allerdings wir selbst, denn wir möchten natürlich am liebsten ohne großen Aufwand mit Computern reden. Während wir in den Anfangszeiten noch über Lochkarten, dann über Kommandozeilen mit den Maschinen kommunizierten, war schon die Entwicklung der ersten grafischen Oberfläche eine deutliche Erleichterung für unseren Umgang mit den Geräten. Durch die visuelle Nachahmung vertrauter Objekte wie Schreibtische, Schalter, Ordner oder Papierkörbe konnten wir Handlungen aus der echten Welt einfach auf den Bildschirm übertragen. Wir konnten digitale Dokumente »wegwerfen« oder etwas in einem Ordner »ablegen«. Man spricht hierbei von »Skeuomorphismus«, wenn das Design einer digitalen Oberfläche vertraute Werkzeuge nachahmt, um so die Arbeit in und mit einer neuen Umgebung zu vereinfachen.

Später kamen Mobiltelefone und ihre Apps hinzu, die anfangs vertraute Dinge wie Schalter, Regale oder Drehregler nachahmten. Doch nach mehreren Jahrzehnten menschlicher Erfahrung im Umgang mit Computern war uns deren Bedienung irgendwann soweit vertraut, dass wir schnell auch mit der abstrakten, weniger gegenständlichen Gestaltung heutiger Betriebssysteme zurechtkamen. Die nächste Stufe im Umgang mit dem Computer ist zweifelsohne die Sprache. Wir werden damit die Geräte auch nicht mehr dauernd bei uns haben müssen: Es wird reichen, Mikrofone und Lautsprecher in der Nähe zu haben und einfach drauofloszusprechen.

Damit das Verständnis und die Erzeugung menschlicher Sprache funktionieren, brauchen die Programme vor allem ein semantisches Verständnis. Das ist die Fähigkeit, sprachlichen Zeichenfolgen wie Wörtern und Sätzen eine Bedeutung zu geben. Man muss einem Computer ebenso zuerst beibringen, welche Bedeutung bestimmte Wörter und Phrasen für Menschen haben, wie einem Kleinkind.

Lassen Sie uns dazu ein kleines Experiment machen. Stellen Sie sich bitte einfach nur das Wort »KATZE« mit seinen fünf Buchstaben vor. Versuchen Sie, nur an die Form des Wortes zu denken, nicht an die Bedeutung. Na, bleibt es bei dem Wort vor Ihrem geistigen Auge? Sehen Sie nur die Buchstaben? Wahrscheinlich nicht. Es haben sich bestimmt Bilder des Tieres in Ihre Vorstellung geschlichen. Vielleicht war es der kleine schwarze Kater aus Ihrer Kindheit, vielleicht das zerzauste, ständig schreiende Vieh aus dem Nachbarsgarten. Sie hatten das Wort gelesen, und sofort formten sich Bilder in ihrem Kopf dazu. Semantik funktioniert so: Zeichen verschmelzen fest mit ihrer Bedeutung. Die Zeichenkette K, A, T, Z und E verschmilzt in Ihrem Gehirn mit allen Erfahrungen, die Sie bisher mit diesem Tier machen konnten.

Für einen Rechner besteht das Wort »KATZE« tatsächlich erst einmal nur aus den fünf Buchstaben des lateinischen Alphabetes. Erst wenn die Software alle möglichen Bilder von Katzen, Audiodateien ihres Maunzens oder Beschreibungen menschlicher Verhältnisse zu diesen Tieren analysiert, verstanden und mit den Zeichen zusammengebracht hat, könnte sie in der Lage sein, das Wort in ebenso vielen sinnvollen Kontexten einzusetzen wie wir. Bei diesem Vorgang hilft das sogenannte maschinelle Lernen dem Computer: Durch die Vorlage unendlich vieler Beispiele für Katzenbilder, Katzentöne oder Katzenzeichnungen formt sich langsam, aber sicher im Rechner das »Verständnis« für ein solches Tier.

Außer semantischem Verständnis braucht die Software ein enormes Wissen darüber, wie wir Menschen Sätze formulieren. Dazu füttert Google beispielsweise eine seiner kreativen Künstlichen Intelligenzen zu Trainingszwecken mit digital vorliegenden Werken von Autoren wie James Joyce, Oscar Wilde oder Hermann Hesse – also genau denselben Autoren, die ich in der Schule gelesen habe und die mir ein besseres Verständnis von Sprache ermöglicht haben. Die Maschine lernt genauso wie der Mensch, nur bedeutend schneller.

Außer der Verwendung unserer Sprache lernt die Künstliche Intelligenz zugleich unterschiedliche Autoren und ihre besonderen Stile kennen. Mit diesem Wissen kann die Maschine später sogar den Stil eines bestimmten Autors kopieren. Sie kann also Sätze formulieren, die so klingen wie von Shakespeare, die dieser so aber nie geschrieben oder gesagt hat. Der Stanford-Student Andrej Karpathy trainierte zum Beispiel ein neuronales Netz, das jetzt in der Lage ist, Dialoge im Stile des englischen Dramatikers zu formulieren. Kostprobe gefällig?

> *King Lear:*
> *O, if you were a feeble sight, the courtesy of your law,*
> *Your sight and several breath, will wear the gods*
> *With his heads, and my hands are wonder'd at the deeds,*
> *So drop upon your lordship's head, and your opinion*
> *Shall be against your honour.*

Zugegeben, das sieht hinsichtlich der Wortwahl und der Syntax beeindruckend aus, ist inhaltlich aber etwas schwach auf der Brust. Denn noch fehlen dem Programm die Lebensweisheit und die inhaltliche Tiefe des Dramatikers. Doch diese inhaltliche Schwäche ist nur noch eine Frage der Zeit und wird in wenigen Jahren vergessen sein. Wem künftig das Ende von *Romeo und Julia* nicht gefällt, kann sich von Software einfach ein alternatives Ende schreiben lassen, bei dem die beiden glücklich bis zu einem späten Lebensabend zusammen sind. Und vielleicht liest Ihnen eine künstliche Stimme das Buch sogar gleich vor?

Denn Stimmsynthese ist die letzte Hürde, die Maschinen bewältigen müssen, um erfolgreich mit uns sprechen zu können. Die Forschung ist dabei bereits deutlich weiter, als die metallisch klingenden und abgehackt sprechenden Computerstimmen der ersten Generation, die vielleicht noch im alten Navigationsgerät Ihres Autos im

Einsatz sind. Wie schon bei den Klassikern der Weltliteratur lernen die Rechner auch hier vor allem vom Menschen selbst.

Erste Maschinen zur Imitation der menschlichen Stimme wurden tatsächlich schon sehr früh, im 18. Jahrhundert, erfunden. Christian Gottlieb Kratzenstein aus Kopenhagen entwickelte 1773 ein System aus Orgelpfeifen und Resonanzröhren, mit dem er allerdings nur die Vokale A, E, I, O und U erzeugen konnte. Dennoch gewann er mit dieser Arbeit den Jahrespreis der kaiserlichen Akademie von St. Petersburg, da so erstmals die physischen Unterschiede in der Erzeugung der Vokallaute anschaulich erklärt wurden. Spätere mechanische Geräte schaffen es, mit der raffinierten Lenkung von Luftströmen und der Nachbildung von Lungen, Mundhöhle, Nase oder Stimmlippen in Holz und Metall korrekte Laute wiederzugeben.

Schaut man sich diese einfachen Apparate heute in Museen an, so kann man sich kaum vorstellen, dass sie zu jener Zeit aufsehenerregende technische Errungenschaften waren. Doch trotz ihrer aus heutiger Sicht simplen Technik waren sie schon erstaunlich leistungsfähig: Die 1846 in London gezeigte »Euphonia« konnte bereits flüstern, sprechen und »God Save the Queen« singen. Vielleicht trug zum bescheidenen Erfolg dieser Maschine auch ihr Erscheinungsbild bei: An der Vorderseite war das Gesicht einer Frau angebracht, der Frauenkörper wurde durch Kleider vorgetäuscht. Dem Erfinder brachte die Maschine allerdings wenig Erfolg: Nachdem deutlich weniger Menschen seine Begeisterung teilten, als er erwartet hatte, zerstörte er das Gerät und brachte sich um.

Computergenerierte Sprache tauchte überraschenderweise schon 1978 in Kinderzimmern auf – »Speak & Spell« von Texas Instruments war ein einfacher Sprachcomputer, der fünf Sprech- und Buchstabierspiele gespeichert hatte. Doch ernstzunehmende und natürlich klingende Sprachsynthese ist das Ergebnis andauernder Forschung der letzten 20 Jahre. Bevor Ihr Mobiltelefon heute mit Ihnen sprechen kann, muss die Technik im Hintergrund verdammt viel lernen. Künstliche Intelligenz wird anhand von vorliegenden Texten und ihren gesprochenen Pendants wie Hörbüchern oder Filmsynchronisation trainiert. So erlernt die Maschine das Wissen über akustische Muster und über Sprachmodelle, die Wahrscheinlichkeiten vorhersagen, welche Wörter aufeinanderfolgen. Nach einem solchen Training kann die Maschine schon ganz gut »hören«; ein Verständnis für den Text hat sie dabei allerdings noch lange nicht gewonnen. Auch dieses muss mühsam anhand von Millionen Beispielen erlernt werden.

Erst ganz zuletzt können die Maschinen auch mittels natürlicher Sprache antworten. Dazu haben sie aber nicht die unendlich vielen Wörter, Betonungen und Satzkonstruktionen gespeichert, die wir Menschen überall auf der Welt verwenden. Vielmehr zerlegen sie die Sprache in einzelne Klangbausteine, Phoneme genannt, die je nach Anwendungsgebiet zu Wörtern und Sätzen zusammengebaut werden, deren Klang möglichst nah an unserer natürlichen Sprache ist. Das Ergebnis lässt sich mittlerweile sogar recht gut anhören und ist dem Original ziemlich ähnlich.

In einem nächsten Schritt wird die Technik sich aber nicht mehr damit zufriedengeben, mit einer eigenen Stimme zu sprechen, vielmehr soll sie genau mit *unseren* Stimmen sprechen. Die Software »VoCo« von Adobe, die bislang vor allem für Photoshop bekannt ist, wendet die Prinzipien der Bildbearbeitung auf Sprache an: Sie kann auf der Basis weniger Tonaufzeichnungen eine komplett synthetische Stimmkopie eines jeden beliebigen Menschen generieren. Wenn ich »VoCo« beispielsweise eine alte Aufnahme eines Gespräches mit meiner Oma als Vorlage gebe, bekomme ich als Ergebnis einen Filter, den ich zur Spracherzeugung für beliebige Texte verwenden kann. Das alternative Ende von *Romeo und Julia* kann mir dann also beispielsweise die Stimmkopie meiner Oma Erna vorlesen, auch wenn sie schon seit vielen Jahren tot ist. Das klingt fast nach einer Spukgeschichte, wird aber einen entscheidenden Beitrag dazu liefern, dass wir unsere Hemmungen verlieren, mit Maschinen Unterhaltungen zu führen.

Ebenso gruselig ist es übrigens, wenn Maschinen, die miteinander sprechen, dabei ihre eigene Sprache entwickeln. Google machte diese Entdeckung, als es ein neuronales Netz so trainierte, dass es zwischen unterschiedlichen Sprachen übersetzen kann. Während frühere regelbasierte Software vor allem Wort für Wort vorging, kann KI-gestützte Maschinenübersetzung Sprache in einzelne Sätze und Phrasen zerlegen und dann komplett übersetzen. Zuerst übersetzte die Künstliche Intelligenz zwischen Englisch und anderen Sprachen wie Koreanisch und Japanisch ganz so wie erwartet. Doch irgendwann beherrschte sie auch die Übersetzung zwischen unterschiedlichen Ausgangssprachen ganz direkt, ohne den Umweg über das Englische, in diesem Fall also beispielsweise von Koreanisch zu Japanisch. Die Google-Wissenschaftler glauben, dass dies der Maschine deshalb gelingt, weil sie eine eigene, neutrale und universelle Form von Sprache entwickelt hat, eine »Interlingua«. In dieser Kunstsprache, die für Menschen weder lesbar noch nutzbar ist, wird ein zu übersetzender Satz unabhängig von seiner Herkunft abgespeichert und kann so leicht wieder in eine beliebige menschliche Sprache übersetzt werden.

Auch Facebook konnte eine entsprechende Entdeckung machen. Wissenschaftler von Facebook Artificial Intelligence Research gaben zwei intelligenten Maschinen namens Bob und Alice die Aufgabe, miteinander zu handeln. Es ging um drei Bälle, einen Hut und zwei Bücher. Jede der beiden Maschinen besaß eine Präferenz dafür, welches dieser Dinge sie am liebsten haben wollte. Doch genauso wie Menschen, die auf dem Basar miteinander Handel tätigen, hielten die beiden Maschinen ihre Vorlieben geheim. Interessanterweise brachten sich die Maschinen während dieses Spieles selbst bestimmte Taktiken bei, etwa nur anzutäuschen, ein besonderes Interesse an einer Sache zu haben, damit deren Wert in der Verhandlung stieg.

Spannend wurde es nach einiger Zeit, als die beiden Künstlichen Intelligenzen feststellten, dass sie sehr viel effizienter handeln könnten, wenn sie eine eigene Sprache dafür entwickelten.

Bob: »i can i i everything else . . . .«
Alice: »balls have zero to me to me to me to me to me to me to
me to me«
Bob: »you i everything else . . . .«
Alice: »balls have a ball to me to me to me to me to me to me«
Bob: »i i can i i i everything else . . . .«
Alice: »balls have a ball to me to me to me to me to me to«
Bob: »i . . . .«

Die Wiederholungen von Wörtern oder Satzteilen haben sich die Programme ausgedacht, um damit auszudrücken, wie groß genau ihr Interesse an einer Sache ist. Damit haben sie die Wörter unserer Sprache als Ausgangsmaterial benutzt, um daraus eine eigene Syntax und Logik zu entwickeln. Irgendwann wurde den Wissenschaftlern klar, dass sie das Experiment beenden sollten, denn die Sprache hätte sich immer weiter verändert und wäre für uns Menschen völlig unverständlich geworden.

Fake-Culture

Von den friedlichen Nachmittagen in der Buchhandlung meiner Mutter sind solche futuristischen Dialoge scheinbar Lichtjahre entfernt – tatsächlich sind es nur 40 Jahre. Die Kunst meiner Mutter bestand darin, aus den vielen tausend Büchern im Laden einem Kunden genau das Richtige zu empfehlen. Dazu musste sie eine sehr gute Allgemeinbildung haben, die wichtigsten Bücher kennen und eine schnelle Intuition für ihr Gegenüber entwickeln. Und sie musste sich auf ihren eigenen Geschmack verlassen können, der ihr sagte, wann sie ein Buch gut oder schlecht fand.

Der Ort einer Buchhandlung hat heute für die wenigsten Kinder eine so magische Bedeutung wie damals für mich. Die Buchhandlung meiner Kindheit hat schon vor langer Zeit geschlossen. Und die meisten beruflichen Fähigkeiten meiner Mutter können heute die Maschinen und Algorithmen von Amazon ebenso gut übernehmen. Vielmehr noch: Im nächsten Schritt werden auch viele Inhalte, die in dieser Buchhandlung verkauft wurden, von kreativen Künstlichen Intelligenzen verfasst, übersetzt oder ganz speziell für einen Kunden zusammengestellt werden. Denn Aufgabe der KI soll es ja sein, uns zu dienen und Teile unseres Lebens zu steuern. Aber könnten diese künstlichen Diener dabei auch außer Kontrolle geraten?

In Büchern und Filmen zählt das Schreckensszenario der intelligenten, außer Rand und Band geratenen Schöpfung schon lange zu den heißen Sujets. Bereits Goethes Zauberlehrling wurde die Geister, die er rief, nicht los, ganz zu schweigen von dem außer Kontrolle geratenen Geschöpf von Doktor Frankenstein. Wir schaudern genüsslich bei der Vorstellung, dass die Maschinen uns geistig überholen, wenn wir Filme wie *Matrix*, *Metropolis* oder *Terminator* ansehen. Das Narrativ ist dabei immer gleich: Der Mensch entwickelt ein künstliches Wesen, meist aus gutem Glauben, oft als praktisches und innovatives Werkzeug. Das Geschöpf lernt jedoch so schnell hinzu, dass es bald stärker ist als sein Erfinder und von diesem nicht mehr kontrolliert werden kann. Dann entwickelt das Geschöpf eine eigene kreative Sicht auf die Welt, in der es als neue, nun überlegene Lebensform letztlich danach trachtet, sich den Menschen untertan zu machen. Gespenstisch, oder? In diesem Zusammenhang wirkt der oben zitierte Satz des künstlichen japanischen Autors fast schon wie eine Drohung: »Der Computer ... hörte auf, für die Menschen zu arbeiten.«

An den Punkt der Befehlsverweigerung von Maschinen werden

wir hoffentlich so schnell nicht kommen. Doch auch ohne diese Endzeitvision gibt es etliche Ängste, die jedem von uns in den Sinn kommen. Wenn Kreative Künstliche Intelligenzen unsere Sprache perfekt beherrschen und großes Wissen über die menschliche Persönlichkeit und ganz individuelle Fakten haben, wenn Maschinen unsere Texte und unsere Gespräche bis in feinste Nuancen analysieren können, dann fürchten sich viele Menschen zu Recht vor Missbrauch. Die Allwissenheit technischer Systeme lässt die Angst in uns aufsteigen, dass Regierungen oder Kriminelle das Wissen in die Hände bekommen und uns damit unglaublichen Schaden zufügen könnten. Die sprachlichen Fähigkeiten der Maschinen könnten sehr leicht dazu verwendet werden, uns überall und jederzeit zu manipulieren, ohne dass wir es merken. Stellen wir uns diese Künstlichen Intelligenzen als Bankberater oder Polizist vor, so könnten diese Entscheidungen von großer Tragweite über uns alleine deshalb treffen, weil sie schon in kurzen Dialogen mehr über uns erfahren haben, als uns selbst bewusst ist. Was ist dran an solchen Ängsten? Sind sie realistisch?

Weniger aufwendige, von Maschinen erzeugte Sprache ist längst unter uns, ohne dass es besonders auffällt. Die letzten Fußballergebnisse in der Zeitung, der Wetterbericht, Beschreibungen von technischen Geräten bei Amazon, unglaublich viele Meldungen bei Facebook oder Twitter: Die Chancen sind hoch, dass Sie heute schon ein paar Mal mit Texten zu tun hatten, die vor ihrer Veröffentlichung nie ein Mensch angefasst hat. Die Firma Automated Insights, einer der Marktführer bei der natürlichen Sprachentwicklung, hat in den wenigen vergangenen Jahren seit dem Launch ihrer Software »WordSmith« mehrere Milliarden Texte verfasst. Sie macht das in vielen Sprachen und vor allem auch personalisiert. Die Werbung, die Sie morgen in Ihrer Mailbox oder Ihrem Briefkasten haben, könnte demnach von »WordSmith« ganz persönlich für Sie gestrickt sein. Diese Texte an sich sind jedoch weniger das Problem als die Tatsache, dass sie rasend schnell und absolut personalisiert eingesetzt werden können. Denn zeigen wir uns an einem Thema interessiert, indem wir nachfragen, auf »Like« klicken oder einfach nur einen Artikel lange lesen, so liefert uns die Software weitere Information zum Thema. Sind wir desinteressiert, geht sie weiter zur nächsten Neuigkeit. Im Laufe der Zeit lernt uns die Software über unser Kommunikationsverhalten immer besser kennen und liefert nur noch die Nachrichten, bei denen wir am stärksten interagiert haben.

Die wirtschaftliche Logik hinter Facebook, Twitter und allen werbefinanzierten Diensten und Apps verlangt es, dass Sie so lange wie möglich auf diesen Plattformen bleiben. Denn nur dann verdient die Firma mit Ihrer Anwesenheit und dem Anzeigen von Werbung Geld. Um Sie zu halten, tun diese Dienste alles: Sie halten unangenehme Nachrichten fern von Ihnen, platzieren reißerische Überschriften ganz oben oder bevorzugen Nachrichten mit positiven Bildern. Hauptsache, Sie bleiben online! Das Leben ist aber nicht nur positiv oder reißerisch – es besteht aus vielen Ungereimtheiten und Zwischentönen, welche die Algorithmen der digitalen Medien ignorieren. Ohne es zu merken, werden Sie so alleine durch die Auswahl und Aufmachung der Texte manipuliert.

Sie haben sich online irgendwann einmal gegen Flüchtlingslager geäußert? Dann bekommen Sie in Facebook vor allem negative Nachrichten oder Diskussionen über Flüchtlinge gezeigt. Vielleicht kommen dann noch negative Nachrichten über von gläubigen Islamisten begangene Straftaten hinzu. Langsam aber sicher könnte sich dann in Ihrem Kopf eine recht eindeutige Meinung dazu formen, dass alle Muslime potenzielle Gefährder sind, die meisten Flüchtlinge dem Islam angehören und deshalb auch zur Gefahr werden. Die ebenso vielen Berichte über christliche Attentäter, friedliche und hilfsbedürftige Asylsuchende oder problemlos funktionierende Flüchtlingslager bekommen Sie gar nicht erst zu sehen. Außerdem zeigt Facebook bevorzugt diejenigen Ihrer Freunde an, die ebenso denken: Auch Ihr Freundeskreis wird so gefiltert und reduziert.

Die Gefahr: Einstellungen und Meinungen eines großen Teils der Menschheit werden mittels der Auswahl und Gestaltung von Texten und Nachrichten von den Plattformen stark beeinflusst. Dahinter steckt meist aber noch nicht einmal das klare Ziel nach Manipulation in die ein oder andere Richtung, es geht nur darum, Ihnen eine Meinungswohlfühlwelt ohne Irritationen zu bieten. Den Plattformen ist Ihre Meinung schlicht egal, solange Sie nur online bleiben. Letztlich beeinflusst aber genau dieser Mechanismus Ihre Einstellungen am meisten.

Natürlich könnten Sie etwas gegen die langsame Vereinfachung Ihres Weltbildes tun. Sie könnten weiterhin offen für alle möglichen Quellen und Medien bleiben. Am besten würden Sie diese nicht nur gefiltert über die sozialen Netzwerke, sondern direkt auf deren Webseite, App oder sogar als Druckerzeugnis lesen – inhaltlich ist es nämlich bei Weitem nicht das gleiche, die *Zeit* zu lesen und dem *Zeit*-Feed bei Facebook zu vertrauen. Bei Letzterem werden Ihnen nur die Headlines angezeigt, auf die Sie wahrscheinlich am ehesten klicken. Und so hilft es durchaus, sich ein vielfältiges Spektrum an Informationsquellen zu schaffen, zu dem auch Bücher oder Zeitungen gehören. Denn diesen Medien ist gemein, dass sie nicht personalisiert sind: Sie bekommen die komplette Breite und Tiefe an Information angeboten, ob Sie sich dafür interessieren oder nicht. So werden Sie auch mit anderen Meinungen als Ihrer eigenen konfrontiert, vor allem aber mit neuen Ideen und Gedanken, die auch mal außerhalb Ihres persönlichen Wohlfühlbereiches liegen. Der Preis für weniger Manipulation ist allerdings eine geringere Bequemlichkeit.

Fraglich ist dennoch, wie lange wir uns eine solche Vielfalt des Informationsangebotes individuell überhaupt leisten können: Es kostet in unserer Welt der Nachrichten-, Informations- und Wissensschwemme immer größere Mühe, sich gut zu informieren und ein Leben lang an einem offenen Weltbild zu arbeiten. Eine Studie der Universität Oxford und des Reuters Institute zeigt allerdings, dass sich immer weniger Menschen diese Mühe machen.[9] Vor allem junge Nutzer im Alter von 18 bis 24 Jahren betrachten soziale Netzwerke wie Facebook mehrheitlich als eigenständiges Nachrichtenmedium. In den 26 Ländern dieser Befragung nutzen 33 Prozent die bequeme soziale Plattform als wichtigste Nachrichtenquelle – zusammen mit anderen Online-Medien sind es sogar 64 Prozent. Fernsehen und Zeitungen hingegen spielen als Nachrichtenmedien eine deutlich geringere Rolle. Je mehr Inhalte wir über solche technisch smarten Kanäle konsumieren, desto größer wird der Einfluss von Filtern auf unser Welt- und Selbstbild.

Ein weiterer Aspekt maschinell generierter und zugestellter Nachrichten in den sozialen Medien wird immer wichtiger: Glaubwürdigkeit. Von entscheidender Bedeutung ist nämlich auch die Frage, welchen Informationen und Nachrichten wir überhaupt noch Glauben schenken können. »Fake-News« sind die Steigerung von gefilterten Botschaften, denn hier können wir nicht mehr sagen, welche Inhalte korrekt, leicht manipuliert oder brutal gefälscht sind. Falschmeldungen an sich sind zwar kein neues Problem – es gibt sie so lange, wie es Nachrichten gibt. Schon die Botschaft über den vermeintlichen Tod Julias, die Romeo erreichte, war »Fake-News«. Zum Glück enden diese bei uns nur selten mit dem Tod wie bei Romeo, dennoch sind die möglichen Gefahren bedrohlich.

Die sozialen Medien mit ihrer Unmittelbarkeit und ihrer großen Reichweite sind hier die wichtigste Verbreitungsquelle für Falschmeldungen. Staatliche Agenturen, die damit die aktuelle Meinung und Wahlen beeinflussen oder sogar generelle Unruhe säen wollen, um andere Länder oder politische Gegner zu schwächen, sind die Verursacher. Manche sprechen bei solchen Aktivitäten bereits von kriegerischen Akten, und tatsächlich sind viele Kriege in der Geschichte wegen falschen Informationen ausgelöst oder gerechtfertigt worden.

Ironischerweise sorgen gerade die Fake-News dafür, dass sich etliche Zeitungsverlage gerade wieder erholen: Viele Menschen haben Sehnsucht nach glaubwürdigen Absendern, nachprüfbaren Recherchen und nachvollziehbaren Redakteuren, die mit ihrem Namen für die Korrektheit einer Nachricht stehen. Doch auch Künstliche Intelligenz könnte sich zum wichtigen Werkzeug gegen falsche Nachrichten entwickeln. Etliche Firmen trainieren ihre neuronalen Netze momentan so, dass diese den Unterschied zwischen echten Nachrichten und Fake-News erkennen. Diese Aufgabe ist nicht profan, denn jede Minute gibt es Millionen von Interaktionen rund um Informationen und Nachrichten online. Mit menschlicher Hilfe wäre überhaupt nicht zu überprüfen, welche Informationen der Wahrheit entsprechen und welche nicht.

KI kann hierbei nützlich sein: Durch maschinelles Lernen trainiert, entwickeln die Algorithmen das Wissen darüber, wann Texte oder Videos echt sind und wann nicht. Dabei kommt ihnen die schiere Menge an Falschmeldungen zu Trainingszwecken zugute, denn durch diese umfangreiche Analyse können die Programme Wahrscheinlichkeiten dafür errechnen, welche Faktoren dafürsprechen, dass ein Inhalt Fake-News ist. In diese Berechnungen fließen viele Aspekte ein, etwa woher eine Nachricht ursprünglich kommt oder welche Bewertung die Verbreitungsquelle und die wichtigsten Multiplikatoren haben. Wurde sie von seriösen Medien mit einer guten Bewertung geteilt, steigt die Wahrscheinlichkeit, dass es sich nicht um Fake-News handelt. Auch Sprachmuster und typische Formulierungen können die Algorithmen erkennen und so Hinweise auf deren Echtheit geben. Sehr viel effizienter als Menschen kann die Software so permanent im Hintergrund Ausschau nach Falschmeldungen halten.

Hilfreich ist dabei die theoretische Neutralität der Programme. Menschen neigen dazu, politisch oder emotional auf Nachrichten zu reagieren und sie im Sinne ihrer eigenen Überzeugungen zu deuten. Dem Algorithmus sind solche Einstellungen egal, er kann deshalb einen Inhalt sehr viel neutraler bewerten. Ironischerweise hilft also gerade die Schwemme an falschen Nachrichten derzeit dabei, die Künstlichen Intelligenzen für die Zukunft besser zu trainieren. Denn maschinelles Lernen funktioniert am besten mit großen Datenmengen. Oder anders formuliert: Je mehr Mist der Algorithmus liest, umso schneller kann er ihn erkennen.

Bei der Erkennung von Spam leisten Künstliche Intelligenzen schon seit einigen Jahren Enormes. Die Wahrscheinlichkeit ist groß, dass der Spam-Filter Ihres Providers oder Ihres E-Mail-Programms nur deshalb immer besser wird, weil es sich um eine lernende Künstliche Intelligenz handelt. Positive und negative Anwendungsmöglichkeiten von Technologie liegen hier nahe beieinander: Während die eine Software dabei hilft, dass Sie vor falschen oder schädlichen Nachrichten verschont werden, benutzen kriminelle Vereinigungen und feindliche Nachrichtendienste Künstliche Intelligenz, um Sie zu betrügen oder um Einfallstore für Schadsoftware in Ihren Computer zu öffnen. Sie sammeln massenhaft Informationen über Sie und mich und hunderttausend andere. Im nächsten Schritt verschicken sie Nachrichten, in denen scheinbar relevante persönliche Botschaften stehen.

Zum Beispiel tarnt sich die Nachricht als Gruppenmail einer Schulfreundin, in der die (erfundene) Vergewaltigung einer Mitschülerin durch einen ehemaligen Lehrer beschrieben wird, verbunden mit dem Aufruf zur Verbreitung der Botschaft über Social Media. Oder es handelt sich um gefälschte Anlegernachrichten, in denen bestimmte Firmen, deren Aktienstand Sie online öfter mal recherchiert haben, negativ dargestellt werden: »Firma X verliert Großauftrag an Italien« oder »Zahlreiche Führungskräfte verlassen Firma Y«. Nach einigen solchen Nachrichten würden Sie diese Aktien schnell loswerden wollen und damit Teil einer gewaltigen Marktmanipulation, die ganze Firmen zerstören kann.

Für uns ist dabei am schlimmsten, dass wir nicht mehr wissen, welcher Nachricht und welchem Absender wir überhaupt noch trauen können. Wie sollten wir überprüfen, ob sie korrekt sind? Da es sich nicht um anonyme News, sondern um scheinbar persönliche Nachrichten handelt, können wir diese nicht einfach ignorieren, sondern müssen uns damit beschäftigen. Hilfe kann an dieser Stelle von den »guten« Maschinen kommen. Sie lernen aus der Analyse unserer Nachrichten und denen von Millionen anderer Menschen, genau zu entschlüsseln, ob und wann eine solche Nachricht korrekt ist oder kriminell.

Maschinen sind lediglich neutrale Werkzeuge, zu Waffen oder Heilmitteln werden sie von uns Menschen gemacht. Der wichtigste Baustein bei der Bekämpfung von Meinungsmanipulation sind also Sie selbst! Einer Studie der Columbia University und des French National Institute zufolge empfehlen und teilen rund 60 Prozent der Menschen Artikel in den sozialen Medien ausschließlich aufgrund der Überschrift – und lesen überhaupt nicht, was danach kommt.[10] Vor allem durch ein solches Verhalten verbreiten sich Lügen und Unsinn permanent. Aber es gibt digitale Abhilfe: Webseiten wie Hoaxmap oder Hoaxy sammeln Falschmeldungen, überprüfen diese und stellen sie an den digitalen Pranger. Es wäre also ein Leichtes, eine Information zu überprüfen, bevor man sie weitergibt.

Wenn Sie nun die starke Befürchtung haben, dass Künstliche Intelligenzen, die Ihre Sprache analysieren und erzeugen können, mittlerweile einen entscheidenden Beitrag dazu leisten, Sie auf den sozialen Plattformen, bei Gesprächen am Telefon oder beim Arbeiten am Rechner auszuforschen und zu manipulieren, dann haben Sie vollkommen recht. Das derzeit wichtigste Hilfsmittel von Werbeplattformen, aber auch von Kriminellen im Internet ist die Analyse Ihrer Meinungsäußerungen per Text oder Sprache. Wie wir gesehen haben, entsteht die mächtigste Manipulation durch Filter, die alle Texte und anderen Inhalte, die Ihnen medial zugespielt werden, einschränken. Beides konnte nur entstehen, da Künstliche Intelligenz unsere Sprache gelernt hat.

Social Media ist deshalb ein interessantes Beobachtungsfeld, weil vor allem über diese Plattformen und über »Bots«, also Textroboter oder Kommunikationsprogramme, die selbstständig kommunizieren können, die ersten richtigen Interaktionen zwischen Mensch und Maschinen auftauchen. Doch die nächsten Anwendungsbereiche werden Bildschirme und Medienplattformen verlassen und Teil Ihres realen Lebens werden. Es werden die Sprachschnittstellen smarter Haushaltshelfer, Fernseher und Mobiltelefone sein, aber auch die Call-Center von Unternehmen, mit denen Sie am Telefon sprechen. Letztlich werden große Teile unseres Lebens – von der Belieferung mit Nachrichten und Informationen über die Essensbestellung oder Reisebuchung bis hin zur ganz persönlichen Kommunikation mit Freunden – von Künstlicher Intelligenz gesteuert, die das nur deshalb tun kann, weil sie gelernt hat, unsere Sprache zu verstehen.

Ganz bestimmt wird uns in dieser Hinsicht auch die neu erlernte Fähigkeit von Computern, im Stile eines bestimmten Menschen zu schreiben oder zu sprechen, noch großes Kopfzerbrechen bereiten. Das Problem der Klärung einer gesicherten Urheberschaft von Reden, Sprachnachrichten, Mails oder Texten etwa wird auf uns zukommen. Wie machen wir sichtbar, welche Sprache ein menschliches Original ist und welche eine Erfindung der Software? Wem gehört überhaupt die spezifische Sprache eines Menschen? Diese Fragen sind bislang völlig ungelöst und werden in bedenklichem Maße von Politik und Technologiekonzernen ignoriert. Und doch kann ich Ihnen sagen, dass Maschinen, die so schreiben oder sprechen können wie jemand, den Sie kennen, nichts sind im Vergleich zu den digitalen Kollegen, die ich Ihnen im nächsten Kapitel vorstellen werde.

Bilder
Maschinen entscheiden über echt und falsch, schön und hässlich, gesund oder krank, kriminell oder unschuldig

Wolfgang Beltracchi brüstete sich in einem Interview[1], dass es ihm innerhalb weniger Tage intensiver Arbeit gelungen war, einen neuen, »echten« Rembrandt zu malen.

> »Ich hab gesagt: ›Ein perfekter Rembrandt geht nicht in zwei Stunden.‹ Rein technisch nicht. Weil, da geht es um bestimmte Lasuren. Er war ein Genie und hat lange herumgebastelt an seinen Bildern. Die waren dann aber erschüttert, als sie nach ein paar Tagen die Ergebnisse gesehen haben: Es waren Originale.«

Diese Geschichte passierte natürlich erst, nachdem er als Freigänger das Gefängnis zumindest zeitweise wieder verlassen durfte. Der Kunstfälscher hatte es zu Weltruhm gebracht, weil er hervorragende Bilder im Stil der bekanntesten Maler unserer Geschichte erschaffen konnte. Dabei gelang es dem technisch brillanten Künstler, neue Werke anzufertigen, also nie etwas zu kopieren; das hätte er zu langweilig gefunden. Für Millionen wurden seine Bilder gehandelt: Ein Max Ernst etwa brachte ihm 1,7 Millionen Euro ein und wurde wenige Wochen später für 7,7 Millionen weiterverkauft. Dann wurde der Fälscher überführt, zu einer Gefängnisstrafe verurteilt und musste seinen Reichtum abgeben.

Während Beltracchi für seinen kriminellen Einfallsreichtum immer noch büßen muss, wird der andere »gefälschte« Rembrandt, den Sie zu Beginn des Buches schon kennengelernt haben, derzeit gefeiert. Kein Wunder, es geht ja wieder um die Königsdisziplin der Kopisten, einen brillant nachempfundenen Rembrandt. Sie erinnern sich? Ein Mann mit Hut und Bart ist darauf abgebildet, er trägt einen weißen Kragen und schaut uns ein wenig hochnäsig an.

Das Porträt tourt seit 2016 um die Welt. Amsterdam, New York, Frankfurt, Cannes – überall bewundern Menschen den Rembrandt-schen Pinselstrich, den pastösen Farbauftrag, die typische Augenpartie. Auch der Einsatz des Lichtes entspricht genau der Art, wie es Rembrandt gemalt hätte: Chiaroscuro nennt man die Technik, die den Porträtierten in den Vordergrund hebt und dennoch eine immense Tiefe erzeugt, sodass wir fast in das Bild hineingezogen werden. Falten und Schattenwürfe des Stoffkragens sind delikat gemalt, er liegt weich fließend auf den Schultern des jungen Mannes auf.

148 Millionen Pixel in dreizehn Lagen sind für diesen Eindruck notwendig. Sie kommen aus einem 3-D-Drucker, um den besonderen Farbauftrag und das Relief des Bildes wiederzugeben. Doch der Druck ist erst der letzte Schritt in einer umfangreichen technischen Prozesskette, die zu einer der potenziell unendlich vielen Kopien des Mannes mit Hut führt. Zuvor häufte der geniale Fälscher – eine Künstliche Intelligenz mit dem bescheidenen Namen »The Next Rembrandt« – 15 Terabyte an Informationen über die Malweise des alten Meisters an. Sie bediente sich dafür der hochauflösenden 3-D-Scans und der Röntgenaufnahmen von 346 Originalen und analysierte außer der Malweise auch per Gesichtserkennung jedes Detail: Welche Abstände haben Nasen und Augen typischerweise, wie fällt das Licht auf das Gesicht, was ist ein typisches Rembrandt-Ohr? Der algorithmische Fälscher kommt aus gutem Hause, denn an ihm waren unter anderem das Rembrandthuis in Amsterdam, das

Mauritiushuis in Den Haag, die Delfter University of Technology, Microsoft und die Werbeagentur J. Walter Thompson beteiligt.

Aber was unterscheidet die Fälscher-KI eigentlich von Beltracchi? Ist es die fehlende kriminelle Absicht? Die bewusst gewählte große Öffentlichkeit? Das technische Herstellungsverfahren? Wir haben es in beiden Fällen mit Arbeiten zu tun, die bei der Betrachtung für das Werk eines anderen gehalten werden. Und doch käme natürlich niemand auf die Idee, die Beteiligten am Mann mit Hut einsperren zu wollen, denn bei dieser Fälschung war alles mit rechten Dingen zugegangen, auch wenn sie immer noch viele Fragen nach Originalität und Urheberschaft von Kunst aufwirft.

Ein Projekt mit derart viel Aufmerksamkeit kommt also genau zum richtigen Zeitpunkt, damit sich Politik, Wissenschaft, Technologieunternehmen und vor allem die Kunst in eine intensive Debatte über die Folgen des Einsatzes intelligenter Technologien bei der Schaffung und Analyse von Bildern begeben. In dieser Diskussion werden wir so etwas wie das vor einer Dekade noch diskutierte Raubkopieren unwichtig finden. Denn die Maschinenintelligenz legt eine beachtliche Lerngeschwindigkeit an den Tag und erschafft dabei immer häufiger auch komplexe visuelle Werke.

Derzeit gibt es eine klare Richtung in der KI-Entwicklung hin zu echter kreativer Intelligenz, die sich von der reinen Imitation existierender Inhalte immer weiter ablöst. Maschinen, welche die Analyse und Erstellung komplexer Bilder beherrschen, wie sie Rembrandt gemalt hat, können dies nur, weil sie gelernt haben, auf der Basis von Wahrscheinlichkeiten Entscheidungen zu treffen. Der Maschine ist es egal, ob sie einen Rembrandt, einen Beltracchi, einen CT-Scan Ihres Gehirnes oder das Live-Video einer Sicherheitskamera analysiert. Sie malt mit dem gleichen Langmut ein Kunstwerk, erstellt eine Wetterkarte oder fälscht ein Video, in dem scheinbar deutlich zu sehen ist, wie Marilyn Monroe auf John F. Kennedy schießt. Für die Maschine sind das alles einfach nur Bilder, bei denen sie wahrscheinlichkeitsbasierte Entscheidungen trifft. Was sie als echt oder falsch, schön oder hässlich, gesund oder krank, kriminell oder harmlos einordnet, bestimmen diejenigen, die sie mit Trainingsdaten füttern. Diese Form der Maschinenkultur wird unsere komplette visuelle Welt vereinnahmen und verändern.

Die Robotermaler kommen

Für uns Menschen spielen Bilder eine immense Rolle. Nicht umsonst zählt das Malen für Kinder zu einer ganz grundlegenden Form des Lernens. Durch das wilde Herumkritzeln mit Buntstiften oder Wachsmalkreiden bekommen sie ein Gefühl für die Form und Begrenzung von Dingen. Durch die Skizzen ihrer Familien, Häuser, Pflanzen oder Tiere lernen Kinder, ihre Umwelt zu analysieren und visuelle Eindrücke zu dokumentieren. Doch wie wird Maschinen das Malen beigebracht? Welche Unterschiede gibt es zu menschlichem Lernen?

Maler wie die Israelin Liat Grayver[2] helfen ihnen dabei. Die Künstlerin und Medienexpertin arbeitete in einem Projekt zusammen mit einem Roboter, um so verschiedene Möglichkeiten zu untersuchen, wie Computer in den Malprozess und die kreative Bilderzeugung eingebunden werden können. Die Malerin steuert und trainiert den Roboter im Vorfeld durch Skizzen und Übungsaufgaben. Dieser setzt dann mittels Roboterarm, an dem ein Pinsel befestigt ist, die Ideen in Bilder um. Grayver arbeitet mit einem klugen Roboter der Universität Konstanz namens »e-David«, der von einer Kreativen Künstlichen Intelligenz gesteuert wird. Außerdem besitzt er ein visuelles Feedback-System, mit dem er permanent das Ergebnis seiner Arbeit mit einer Originalvorlage vergleicht und daraufhin die nächsten Pinselstriche anpasst. Mit dieser Technik entstand übrigens auch ein Selbstporträt des Roboters: Er hatte als

Vorlage ein Bild von sich bekommen und malte sich sodann selbst mit Ölfarben nach. Was für eine Aussage: ein Roboter, der sich selbst malen kann!

Doch Grayver und anderen Forschern geht es dabei nicht primär um die Gemälde selbst. Sie möchten mit e-David herausfinden, bis zu welchem Detailgrad einer Maschine künstlerisches Arbeiten beigebracht werden kann. Der Prozess erinnert daran, wie unsere Kinder auch gegenständliches Malen lernen: Zuerst schauen sie zu, wie es andere machen, dann kopieren sie es selbst so lange, bis die Ergebnisse den Vorlagen ähneln, später wenden sie das Erlernte auf unterschiedliche Weise kreativ an und wandeln es ab.

So gingen die Forscher beim Start des e-David-Projektes davon aus, dass auf eine Phase der reinen Imitation die Entwicklung eigener kreativer Techniken durch die Maschine folgen würde. Grayver konnte beobachten, dass der Roboter »eher pointilistisch« arbeitete, also vor allem viele sehr kurze Pinselstriche ansetzte, um so ein Bild aus gemalten Pixeln zu erschaffen. Anscheinend hatte der Algorithmus im Laufe der Zeit erkannt, dass mittels dieser Technik das Ergebnis dem Original am nächsten kommt. Er hatte also eine eigene, wenn auch noch vorsichtig kreative, Ausdrucksform gefunden, die beispielsweise für die Wiedergabe eines fotorealistischen Gemäldes geeignet war.

Der Rechner kann also bereits gut analysieren und verändert wiedergeben. Er kann lernen, Pinsel und Werkzeuge zu steuern, die dann im Stile eines bestimmten Künstlers angewandt werden. Kurzum: Er kann gut kopieren. Wie aber sieht es mit der wirklich eigenständigen künstlerischen Leistung in der Bildenden Kunst aus? Davon sind wir noch ein klein wenig entfernt: Intuitiver Umgang mit Farben, Techniken, Themen und das Erstellen eigener Kompositionen sind die Königsdisziplin. Schließlich ist Kreativität eines der letzten wichtigen Geheimnisse der Menschheit, bei dem wir viele Aspekte nur ahnen und viele Effekte bestenfalls fühlen. Eines ist sicher: Vor eigenen kreativen Ergüssen der Computer müssen sie erst in puncto Wahrnehmung geschult werden.

Diese funktioniert bei uns Menschen ganz automatisch, wir haben unser eigenes neuronales Netz, das Gehirn, darauf bestens trainiert. Wenn wir als Erwachsener eine Banane sehen, denkt unser Gehirn sofort »Banane«. Den Prozess dahinter müssen wir zum Glück nicht bewusst steuern, denn er ist etwas komplexer: Unser Auge blickt auf die Frucht. Deren Abbild in Form von Lichtwellen wird von den Rezeptorzellen in Signale umgewandelt. Diese wiederum wandern durch viele Lagen von Nervenzellen, die alle durch Synapsen verbunden sind, in unserem Gehirn herum. Irgendwann erkennen Nervenzellen das Signal und denken sich: »Ui, eine Banane!« Sie haben ein Muster wiedererkannt, das wir ihnen seit früher Kindheit durch mehrfaches Zeigen von Bild und Gegenstand beigebracht haben.

Künstliche neuronale Netze organisieren sich ähnlich wie unser Gehirn: Einer Eingabeschicht werden die Bilder präsentiert, eine Ausgabeschicht gibt das Ergebnis des Prozesses bekannt und typischerweise zehn bis 30 Zwischenschichten verarbeiten das Bild. Wenn ein Rechner selbstständig Wissen auf Basis der gemachten Erfahrungen generiert, spricht man von Maschinenlernen, das haben Sie ja schon weiter oben kennengelernt. Ein Teilbereich des maschinellen Lernens ist das sogenannte »Deep Learning« – es wird unser Leben in den nächsten Jahren am stärksten beeinflussen. Dabei lernt die Maschine, unter Verwendung von neuronalen Netzen Strukturen erst zu erkennen, dann diese Erkenntnisse zu überprüfen und sich damit immer weiter und selbstständig zu verbessern.

Dabei teilen sich verschiedene Schichten von Neuronen die Arbeit in der Erkennung von Bildmerkmalen. Während manche Ebenen etwa nach Ecken und Kanten suchen, geht es in anderen Schichten schon um Formen und Umrisse und wieder andere kümmern sich um eine Gesamtinterpretation des Wahrgenommenen.[3]

Das menschliche Gehirn arbeitet ähnlich. Das Neue an dieser Art von Computerleistung ist, dass sie auf statistische Datenanalyse setzt und nicht auf solche Algorithmen, die bei gleichen Voraussetzungen immer dieselben starren und regelbasierten Anweisungen ausführen würden. Das ist immer dann erforderlich, wenn man noch keine klaren Regeln, etwa für die Bilderkennung von Bananen, kennt.

Einem Computer Wahrnehmung beizubringen, funktioniert also grundsätzlich sehr ähnlich wie beim Menschen. Wenn eine Software lernen soll, wie eine Banane aussieht, ist das im Prinzip genauso, wie wir das als Kinder gelernt haben. Die Programmierer zeigen der Software viele unterschiedliche Bilder von Bananen und sagen ihr: »Das sind alles Bananen.« Die Maschine lernt daraus zuerst, wie die Frucht aussieht, um daraus Muster für die zukünftige Erkennung zu entwickeln.

Anschließend kommt das »Deep Learning« des Verfahrens hinzu: Sie lassen sie die Maschine bei allen möglichen Fotos raten, ob es sich jeweils um eine Banane handelt oder nicht und korrigieren sie bei falschen Entscheidungen. Das System lernt so während der laufenden Anwendung stets hinzu und optimiert sich dadurch selbst. So steigt im Lauf der Zeit die Erkennungsgenauigkeit und damit auch die Nützlichkeit des Systems. Zu Anfang hält es vielleicht aufgrund der Farbe noch ein Postauto für eine Banane. Doch durch jeden von den Trainern korrigierten Fehler, den die Maschine macht, lernt sie hinzu, und am Ende hat sie eigene klare Regeln für die Erkennung einer Banane entwickelt. Welche Regeln das aber im Detail sind, wissen wir nicht, denn das Maschinengehirn schreibt sie nicht auf.

Im Grunde sind heute also immer die Methoden des »Deep Learning« mittels neuronaler Netzen gemeint, wenn wir von *Künstlicher Intelligenz* sprechen. Das Neue am maschinellen Lernen ist, dass die Software selbst ihre Regeln durch Ausprobieren und Feedback entwickelt. Das funktioniert mit beliebigen Inhalten wie Sprache, Tönen oder Bildern. Und es funktioniert immer besser, denn die Hardware wird immer leistungsfähiger, um die notwendigen Rechenoperationen durchzuführen. Außerdem stehen immer größere Datenmengen zur Verfügung, anhand derer das Training der neuronalen Netze durchgeführt werden kann.

Kein Wunder also, dass gerade die Firmen stark in KI sind, die über große Datenmengen verfügen. Google, allen bekannt als Synonym für Websuche und als Besitzer eines der größten Wissensschätze der Welt, spielt bei der Entwicklung kreativer Künstlicher Intelligenzen eine zentrale Rolle, denn niemand besitzt so viele Daten in so vielen unterschiedlichen Anwendungsgebieten: digitalisierte Bücher, Milliarden von Fotos, Analysen von Webinhalten, Datenbanken voller 3-D-Modelle, Millionen Abbildungen von Kunstwerken und mehr.

Eine der Google-Forschungsabteilung fragt sich zum Beispiel: »Können wir maschinelles Lernen nutzen, um damit Kunst und Musik zu erzeugen?« Das Team hat das Ziel, Algorithmen herzustellen, die sich selbst beibringen, künstlerische Inhalte zu erschaffen. Außerdem will Google eine Gemeinschaft aus Programmierern, Wissenschaftlern und Künstlern aufbauen, die diese Werkzeuge während ihrer Arbeit nutzen und verbessern sollen. Denn die Herausforderungen sind so gewaltig, dass sie derzeit keine der Disziplinen alleine meistern könnte. Es geht um Fragen, welche die Menschheit bislang nur unzulänglich beantworten kann: Was macht bedeutende kreative Arbeit aus? Wodurch unterscheidet sich ein gutes Drehbuch von einem schlechten? Wie entsteht ein außergewöhnliches Gedicht oder ein Gemälde von Weltrang? Was genau ist eigentlich Kunst? Und was ist vor allem gute Kunst?

Eine spannende Frage, auf die selbst die Antworten von Experten vielstimmig sind: Der eine glaubt, Qualität lasse sich im Konsens zwischen Künstlern und Publikum erkennen, also vor allem durch großes Publikumsinteresse. Ein anderer nennt »Eigenständigkeit«

und »Neuartigkeit« als Maßstäbe, die jedoch nur Fachleute feststellen könnten. Ein Dritter vermutet, dass sich gute Kunst erst feststellen lasse, wenn sie auch nach Jahren der Betrachtung noch Ungesehenes offenbart. Ein Vierter sagt, es gehe um »Entschiedenheit« und »Wahrhaftigkeit«.

Einen Computer, der per Definition ein mathematisches, regelbasiertes Gerät ist, müssten solche sehr unklaren Antworten auf eine einfache Frage in die totale Verzweiflung stürzen – wenn er solche Gefühle überhaupt kennen würde! Ein Team der Rutgers University in New Jersey wollte genau wissen, wie man Algorithmen beibringen kann, Kreativität und künstlerischen Einfluss zu beurteilen.[4] Im Laufe ihrer Arbeit ließen sie die Maschinen auch eigene Kunstwerke schaffen, die auf der Analyse von existierenden menschlichen Meisterwerken beruhen.

Um die Leistungsfähigkeit ihres Systems zu testen, legten die Forscher um Professor Ahmed Elgammal die gesammelte Kunst einer menschlichen Jury vor, um deren ästhetische und stilistische Qualität subjektiv beurteilen zu lassen. Die computergenerierten Arbeiten wurden dabei vermischt mit abstrakten Expressionisten, aber auch modernen Arbeiten, die auf der Kunstmesse Art Basel gezeigt wurden. Interessanterweise bewerteten die menschlichen Juroren viele Maschinenarbeiten besser als Originale.

Elgammal erklärt, wieso die Maschine ihre Aufgabe so gut erledigen konnte:[5] »Das System besitzt zwei interaktive Komponenten: Die eine kreiert Kunst, und die andere bewertet Kunst. Die Bewerterin soll mit Kunst trainiert werden und so Kunststile erkennen; die Kreative versucht, etwas zu kreieren, das den Geschmack der Bewerterin auf die Probe stellt, damit sie denkt, es sei Kunst, und gleichzeitig verwirrt darüber ist, um welche Art von Kunst und um welchen Stil es sich handelt. Während dieser Aktion versucht die Kreative, etwas Innovatives zu erzeugen, das nicht zu bekannten Kunststilen passt, aber dennoch ästhetisch ansprechend ist.« Diese beiden Systembestandteile haben also etwas geschafft, was bislang unmöglich schien: scheinbar echte autonom kreative Kunst vom Algorithmus. Die Software hat dabei Kreativität so definiert, dass es sich dabei um etwas Neues handeln muss und dennoch bestehenden ästhetischen Ansprüchen genügt. Gerade Künstler finden diese Arbeiten spannend. Elgammal berichtet mir im Gespräch, dass diese sehr offen auf ihren algorithmischen Kollegen reagieren und dessen Ergüsse als spannende Erweiterung des gegenwärtigen künstlerischen Spektrums begreifen.

Auf der ganzen Welt wird unter Hochdruck geforscht, damit Künstliche Intelligenz die Bilder aus unserer Welt vollständig erkennen, mit den dazugehörigen menschlichen Stimmungen wie »traurig« oder »glücklich« assoziieren und daraus eigene neue Bilder entwickeln kann. Dazu braucht es, vereinfacht gesagt, vor allem ein neuronales Netz, also eine simplifizierte Abbildung unseres Gehirns, und unglaubliche Mengen an Daten, mit denen dieses »leere« Gehirn trainiert wird. Diese Daten können aus den sozialen Medien kommen, wo beispielsweise die Milliarden Bilder von Instagram oft schon von ihren Nutzern mit passenden Schlüsselwörtern, den Hashtags, beschrieben wurden. Oder sie stammen aus wissenschaftlichen Bilddatenbanken wie dem Image-Net.

Die neuronalen Netze sehen sich die vielen Bilder neugierig an und versuchen selbstständig, Muster darin zu erkennen. Nachdem sie eine Million Katzenfotos angesehen haben, können Sie mit großer Wahrscheinlichkeit auch das 1 000 001 Foto als Katze identifizieren, selbst wenn diese in einem dunklen Raum von hinten aufgenommen wurde. Was Künstliche Intelligenz und maschinelles Lernen so aufregend macht, ist genau diese Fähigkeit, selbstständig Regeln und Muster zu erfinden. Früherer Software hätte man einprogrammiert: »Wenn es schwarz ist, zwei spitze Ohren und viele Haare hat, dann ist es eine Katze.« Das führte natürlich einerseits dazu, dass eine ohrenlose braune Katze nicht richtig erkannt wurde, andererseits aber ein schwarzer Bär aus Versehen auch zu den Haustieren gezählt wurde.

Noch sind viele der so trainierten Künstlichen Intelligenzen nicht generell intelligent, sondern eher Fachidioten. Google und andere wetten dennoch darauf, dass die Meisterwerke der Zukunft mithilfe fortschrittlicher künstlicher intelligenzbasierter Software kreiert werden. Um das zu erreichen, bringt die Firma einem ihrer neuronalen Netzwerke namens »DeepDream« zuerst einmal Wahrnehmung bei, damit es Bananen und andere Dinge ähnlich schnell wie wir erkennt. Dabei stellen sich die Algorithmen manchmal aber auch ausgesprochen ungeschickt an. Ein neuronales Netz wurde zum Beispiel darauf trainiert, Tiere zu erkennen. Zeigt man dem Programm das Foto eines Tellers Spaghetti mit Fleischklößen, sieht es vielleicht auch Hunde und Frösche – was im Ergebnis ganz lustig sein kann. Aber warum ist das so? Wenn Kinder im Gras liegen und in den vorbeiziehenden Wolken Drachen, Delfine oder Hunde sehen, dann loben wir ihre Kreativität. Dieselbe Kreativität ist es nun, die DeepDream anwendet, um in den Schattierungen und Formen von verschlungenen Spaghetti die Konturen eines Hundekopfes zu erkennen, der tatsächlich ebenso wenig vorhanden ist wie ein Wolkendrachen oder -delfin. Aber wir befinden uns ja erst am Anfang des Lernprozesses …

Doch selbst mit dieser noch recht limitierten Kreativität hat die Software bereits eigenständig Bilder komponiert aus den vielen Erkenntnissen, die sie gewonnen hat. Diese maschinellen Kreationen wirken im Ergebnis bereits jetzt so interessant und kreativ, dass Bieter einer Auktion bereit waren, insgesamt 97 000 US-Dollar für den Verkauf von 29 Werken der Maschine zu bezahlen.[6] Alleine diese »Gemälde« sind bereits eine große Leistung der letzten Jahre und nicht wirklich trivial. Hochgradig selbstständig kreativ sind sie hingegen noch nicht. Doch auch davon sind die Algorithmen nicht mehr allzu weit entfernt, wie Blaise Agüera y Arcas erklärt, der die Google Machine Intelligence Group in Seattle leitet: »Wahrnehmung und Kreativität sind auf keinen Fall nur dem Menschen vorbehalten. Wie entwickeln gerade Computermodelle, die genau das können. Kein Wunder, denn unser Gehirn funktioniert ja auch wie ein Computer.«[7]

In einem weiteren Schritt analysieren die Computer die sozialen Medien wie Instagram, um unsere Emotionen bezüglich Bildern zu verstehen: Welche Gefühle werden durch die Wahrnehmung bestimmter Bilder bei uns ausgelöst? Wie funktioniert unser ästhetisches Empfinden? Und welche kreativen Formen mögen wir, um diese Gefühle auszudrücken? Ausgehend von diesen Analysen wird den Rechnern bald ein breites kreatives Ausdrucksspektrum zur Verfügung stehen, das dem menschlichen vergleichbar ist.

Ich bin mir dennoch sicher, dass Maschinen in absehbarer Zeit keine Kunstwerke hervorbringen werden, welche die Zeit ebenso überdauern wie Picassos gewaltiges »Guernica« oder die subtil lächelnde »Mona Lisa«. Es fehlt ihnen neben unseren, mitunter erratischen, Gefühlen bislang noch einiges, was künstlerische Entwicklung ausmacht: die Lust an der Zerstörung bestehender Gewohnheiten, das Interesse zu schockieren oder der bewusste und unvorhersehbare Regelbruch, aus dem etwas ganz Neues entsteht. Jedoch zeigen Projekte wie das von Elgammal oder von DeepDream, dass es Programmierern bereits jetzt gelingt, den Maschinen so etwas wie einen Sinn dafür beizubringen, was wir Menschen für schön oder außerordentlich halten.

Und die derzeitigen Forschungsanstrengungen von Google und anderen zeigen, wo die Reise noch hingehen könnte. Nur ein Unternehmen, das alle diese Informationen sinnvoll zu einem lernenden, wissenden und steuernden System zusammenführen kann, wird daraus Geschäftsmodelle mit kreativen Inhalten ableiten können. Denn es kommen viele Technologien und mediale Entwicklungen der letzten Jahre derzeit zusammen: Künstliche Intelligenz, Daten aus den sozialen Medien, Sensoren in unseren Mobilgeräten und natürlich die Fähigkeit, unsere Bildwelt genau analysieren zu können. Gerade »Big Data« spielt beim Training von KI durch große Mengen an Daten eine wichtige Rolle: Die Unmengen an Daten aus Industrie, Verkehrswesen, Überwachung, Mobilfunk, Finanzwirtschaft oder Internet sind einerseits Trainingsmasse für die Algorithmen, andererseits schlummern in ihnen noch viele Erkenntnisse, die wir heute gar nicht absehen können.

Ich sehe was, was du nicht siehst

Auch bei den kulturellen Fähigkeiten der Bildanalyse und Bilderzeugung geht es nicht primär darum, effektvolle, aber letztlich wertlose Fälschungen von großen Meistern herzustellen. Ähnlich wie beim Erlernen von Sprachfähigkeit stecken auch hier handfeste wirtschaftliche Interessen dahinter. Denn für die Wahrnehmung und Analyse von Bildern gibt es einen enormen Markt. Unsere Welt hat sich zu einem gigantischen Bildarchiv entwickelt: Jeden Tag werden 100 Millionen Bilder alleine über Instagram hochgeladen, bei Facebook sind es über 60 Millionen, bei YouTube sind es täglich über 430 000 Stunden Videomaterial. Hinzu kommen die 24 Stunden Aufzeichnungen der mehreren Millionen Sicherheitskameras hierzulande, von denen allein 25 000 bei der Deutschen Bahn im Einsatz sind. Das sind so unvorstellbar große Bildmengen, dass sie für uns Menschen nicht mehr zu begreifen, zu betrachten und schon gar nicht zu analysieren sind.

Hier kommen bildverstehende Maschinen ins Spiel. Sie haben gelernt, Bilder zu deuten, und können beispielsweise in Überwachungsvideos untypisches Verhalten von Passanten oder herrenlose Rucksäcke richtig deuten und gegebenenfalls Alarm schlagen. Auch die Analyse von Gesichtern in Bildern und Videos oder sogar die

Auswertung und Zuordnung von Bewegungsmustern sind weit verbreitet in unserer sicherheitsbewussten Gesellschaft. Die Maschinen bei der Wahrnehmung von Bildern jeder Art zu schulen, hilft dabei, immer neue und bessere Analyseverfahren für die Interpretation von Bildinhalten zu entwickeln.

Die von privaten Nutzern in unendlichen Mengen hochgeladenen Bildinhalte sind dabei vor der Auswertung nicht sicher. Längst untersuchen Facebook, Google, Apple und all die anderen die Inhalte der auf ihren Servern gespeicherten Bilder. Damit können sie einerseits neue Dienstleistungen für ihre Nutzer anbieten, zum Beispiel die automatische Zuordnung des Gesichtes Ihrer Tante Rita zu den entsprechenden Kontaktinformationen in Ihrem Telefonbuch. Andererseits lernen die Plattformen unglaublich viel über ihre Kunden. Wer fährt im Urlaub in welche Länder? Wer postet viele Bilder mit kleinen Kindern? Bei wem finden sich auf Fotos häufig Oldtimer? Das sind alles wichtige Hinweise darauf, welche Interessen jemand hat – Interessen, die sich letztlich kommerzialisieren lassen.

Die meisten der großen Online-Plattformen verdienen ihr Geld mit Werbung. Je besser sie über ihre Nutzer Bescheid wissen, umso passgenauer kann die Werbung zugespielt werden. Je passender die Werbung ist, umso größer werden die Verdienste. Ganz früher gaben die Nutzer ihre Interessen noch selbst bekannt, später folgte die Analyse von Texten und Nachrichten, und heute sind die Künstlichen Intelligenzen in der Lage, Bilder und Videos zu analysieren. Das Prinzip dahinter ist immer dasselbe: erst möglichst viel Wissen über die Kunden kreieren und dann dieses Wissen an Werbetreibende verkaufen. Ebenso wie bei der Analyse von Sprache gilt auch hier: Je besser eine Maschine Bildinhalte identifizieren kann, desto eher kann sie entschlüsseln, welche Wichtigkeit und Bedeutung diese Inhalte für uns Menschen haben. Das Verständnis von Bildern und die Analyse unserer Reaktionen darauf helfen der Software dabei zu erlernen, wie wir Menschen denken.

Natürlich sind auch spezialisierte kommerzielle Anwendungsbereiche wichtig. So spielen Bildanalysen etwa in der Medizin eine immer wichtigere Rolle. Künstliche Intelligenzen, die auf die Erkennung von Krankheiten, zum Beispiel in Röntgenbildern, trainiert sind, leisten wertvolle Dienste. Sie schaffen sehr viel mehr Auswertungen in kürzerer Zeit, als dies Ärzten möglich wäre. Mit ihrer Hilfe wird die Diagnostik günstiger und schneller. Die Art der Bildanalysen wird dabei immer feiner, und es finden sich erste Programme für den Hausgebrauch, mit denen man zum Beispiel Muttermale fotografieren und sie von der KI des Anbieters auf Auffälligkeiten untersuchen lassen kann. Eine Maschine, die lernen kann, eine Banane von einer Mondsichel zu unterscheiden, wird auch in der Lage sein, ein harmloses Muttermal von einem bösartigen Melanom zu unterscheiden. Die Trefferquote der Maschinen ist in manchen Bereichen schon deutlich höher als von qualifizierten Ärzten. Die KI »Watson« von IBM beispielsweise fand die Ursachen für die Beschwerden einer Patientin innerhalb von nur 10 Minuten, indem sie ihren Fall mit Millionen von Krankheitsbildern verglich. Vorher hatten mehrere Ärzte über Monate hinweg nicht erkannt, dass es sich um eine seltene Form von Leukämie gehandelt hatte.

Watson wurde nach Thomas J. Watson, einem der ersten Präsidenten von IBM, benannt und ist eine Künstliche Intelligenz, die anfangs vor allem Antworten auf Fragen geben sollte, die in natürlicher Sprache gestellt werden. Einen ersten aufsehenerregenden Auftritt hatte das Programm, als es die Fernsehquizsendung *Jeopardy!* zweimal hintereinander gewann. Heute macht Watson vor allem dadurch Furore, dass er in vielen Disziplinen, wie Musik, Medizin, Versicherungswirtschaft oder Film tätig ist. Watson hat selbstständig den Trailer zum Film *Das Morgan Projekt* kreiert[8] und wird uns gleich noch einmal als Musiker begegnen.

Viele ehrenwerte Anwendungsfelder von KI finden sich in der Wissenschaft. Dazu gehört die maschinelle Auswertung von Satellitenfotos, um Umweltschäden, den Rückgang von Gletschern zu bestimmen oder auf großen Flächen Arten und Mengen bestimmter Pflanzenarten festzustellen. Doch selbst viele Produkte für den Heimgebrauch basieren mittlerweile auf den Künstlichen Analysten – auch wenn es nicht immer draufsteht. Es gibt Apps, die fotografierte Wahrzeichen oder Kunstwerke identifizieren können, oder solche, die unerwünschte Inhalte auf Bildern erkennen und entfernen. Bilddatenbanken analysieren selbstständig ihre Inhalte und können so Fotos und Ereignisse einander zuordnen oder das Gesicht einer Person erkennen.

Die Programme sind dabei allerdings nur so gut wie ihr Training. Das Training besteht, wie Sie schon wissen, aus unendlich vielen Vorlagen, von denen Regeln abgeleitet werden können. Da wir aber in einer Welt leben, die nicht frei von Vorurteilen, Rassismus oder Sexismus ist, finden sich all diese unschönen Eigenschaften auch beim Training der Algorithmen wieder. Wenn Sie der Software ausschließlich Fotos aus dem *Playboy* vorlegen und sagen: »Das sind alles schöne Frauen«, wird das Programm womöglich jede angezogene, normalgewichtige Frau als »nicht schön« deklarieren. Wenn ein weißer Programmierer zu Trainingszwecken nur Fotos von weißen Menschen verwendet, wird die Software womöglich einen schwarzen Menschen nicht korrekt erkennen. Aus diesem Grund beschrieb die Google-Bildersuche ein schwarzes Paar fälschlicherweise als Affen: Ein schwarzer Programmierer fand eines Tages unter seinen Bildern ein automatisch erstelltes Album, das von der KI mit »Gorilla« bezeichnet worden war und Fotos von ihm und seiner Freundin enthielt. Als er diese Entdeckung publik machte, besserte Google schnell nach, sodass dieser Fehler bei Personen mit schwarzer Hautfarbe nicht mehr vorkommen sollte.

Hier zeigt sich ein Risiko der automatisierten Analyse: Fehler sind möglich und können zu Fehlinterpretationen von Personen oder Einstellungen führen, wenn sie nicht so leicht entdeckt werden wie im genannten Beispiel. Eine der größten Gefahren beim Training von Künstlicher Intelligenz liegt also in unseren eigenen Vorurteilen und unserer fehlenden Neutralität. Sexismus, Rassismus, Fremdenfeindlichkeit oder Chauvinismus dürften in großen Mengen in den heute eingesetzten Künstlichen Intelligenzen schlummern, ohne dass es in den meisten Fällen auffällt. Die Programme übernehmen alle Ismen ihrer Trainer ungefragt und potenzieren sie später im Einsatz. Gefährlich ist, dass wir solche Vorurteile der Künstlichen Intelligenz nur schwer nachweisen können, da es ja keinen Programmcode in den Blackboxes gibt.

Solche Vorurteile beziehungsweise deren Vermeidung sind besonders für eine relativ neue Spezies von Programmen wichtig, welche nicht mehr nur die Inhalte entschlüsseln, sondern sogar die Qualität von Bildern beurteilen sollen. Das Berliner Start-up EyeEm setzt auf eine KI, die Nutzern dabei hilft, die fotografische und stilistische Qualität ihrer Fotos zu verbessern. Trainiert wurden die Algorithmen noch von Menschen, die aus den endlos vielen Fotos der Datenbank besonders gelungene auswählten. Mit diesem Wissen begann die Maschine zu lernen und kuratierte sogar ein erstes Magazin auf Basis der besten Fotos. Das Ergebnis war tatsächlich eine erstaunlich gelungene Auswahl an künstlerischen Fotografien. Dennoch bleibt die Frage unbeantwortet, welche Botschaft uns das Programm mit der Auswahl seiner Bilder vermitteln möchte, außer, dass sie »schön« sind. Ein menschlicher Kurator hätte eine solche Vision gehabt.

Wie wir von »The Next Rembrandt« und »e-David« gelernt haben, können Kreative Künstliche Intelligenzen nicht nur bei der Bildanalyse, sondern auch bei der Bilderzeugung eingesetzt werden. Außer den bereits geschilderten künstlerischen Anwendungen finden das Wissenschaft, Wirtschaft und Medien gleichermaßen interessant. Die Visualisierung von Daten durch Grafiken macht die Darstellung komplexer Sachverhalte einfacher und für uns Menschen besser verständlich.

Darüber hinaus können computergenerierte Bilder in jeder beliebigen Menge, zu jedem beliebigen Thema erstellt werden und müssen nicht teuer bei Fotografen beauftragt werden. Der Großteil der Bilder, die Sie beispielsweise im Ikea-Katalog sehen, wurde künstlich erzeugt. Richtig gelesen: Die Möbel, die Wände, das Licht, ja sogar die Pflanzen in den heimeligen Bildern stammen zum Großteil aus dem Computer.[9] Auch deshalb arbeiten Firmen wie Facebook und Adobe bereits an der völlig autonomen Erstellung künstlicher fotorealistischer Bilder, denn es sind es vor allem die Möglichkeiten der Bild- und Videomanipulation, bei denen die Kreativen Künstlichen Intelligenzen ihre Fähigkeiten voll ausspielen können. Adobe beispielsweise hat eine KKI namens »Scribbler« eingeführt, die nachträglich Schwarzweiß-Bilder kolorieren oder Schatten und Lichtsetzung so verändern kann, dass das Licht scheinbar aus einer anderen Richtung kommt. Facebook gelang es, eine KI so zu trainieren, dass sie komplette Bilder generiert – zwar noch in sehr geringer Auflösung, doch lässt sich das menschliche Auge bereits bei 40 Prozent der Bilder erfolgreich täuschen.[10]

Viele dieser Entwicklungen haben schon unseren Alltag erreicht. In den Online-Stores finden wir diverse Apps, die unsere profanen Schnappschüsse in Kunst verwandeln können. Ein Selfie im Stil von Dürer, Oma Ernas Kirschbaum wie von Van Gogh gemalt oder Tante Rita als Picasso stellen keine großen Probleme mehr dar und zeigen, dass die jeweilige KI in der Lage ist, einen bereits gelernten künstlerischen Stil auf jedes beliebige Bild anzuwenden. Karl Stiefvater, der Gründer von Pikazo, ist der gleichen Meinung wie Google: »Die Meisterwerke der Zukunft werden meiner Meinung nach mithilfe fortschrittlicher – möglicherweise KI-basierter – Software kreiert werden.«[11]

Bilder sind mit unserer Seele verbunden

Agüera y Arcas, Stiefvater und andere betonen in Interviews grundsätzlich, dass es sich bei den Künstlichen Intelligenzen um Werkzeuge handelt, die dem Menschen dienen und ihn keinesfalls ersetzen wollen. Wirft man in der Kulturgeschichte einen Blick auf die verwendeten Werkzeuge, stellt man fest, dass kreative Menschen schon immer eine symbiotische und komplexe Beziehung mit den jeweils zur Verfügung stehenden technischen Möglichkeiten eingegangen sind. Und man erkennt ebenso schnell, dass es schon immer mahnende Stimmen gab, die Ängste und Bedenken vor dem Einsatz dieser innovativen Mittel vortrugen. Fertig gemischte Farben für Maler, die Erfindung der Daguerreotypie, der Anrufbeantworter, der Fernseher, die Druckerpresse oder der Computer – sie alle trafen sowohl auf lauten Widerstand als auch auf breites Interesse in der Kultur. All diese Innovationen schienen nämlich für etwas zu stehen, das viel größer ist als ihre einzelne Anwendung.

Die Debatten um Hilfsmittel zur einfacheren Produktion und Vervielfältigung werden in der Kunst so laut geführt, weil sich dahinter die Furcht versteckt, dass unter ihrem Einsatz eine der wichtigen Währungen des Kunstbetriebes leidet: Die Aura der einzigartigen Exzellenz von Künstlern, die immer auch ein Stück ihrer Persönlichkeit in ihre Arbeiten geben, ist deren wichtigstes Verkaufsargument. Die Vorstellung ist deshalb bedrohlich, dass Kunst mittels neuer Technologien beliebig oft herstellbar wäre und damit ihre Bedeutung geringer würde. Die maschinelle Bearbeitung, Reproduktion und Nachahmung von Kunst bedeutet ja auch eine ungeheure Schwemme an Bildern, für die kaum jemand mehr sagen kann, ob sie von einzigartigen, genialen Menschen gemacht wurden, die sich darin persönlich verewigt haben, oder ganz emotionslos von Maschinen erzeugt wurden. Denn wenn es Kunst ist, ermöglicht uns diese zugleich einen Blick in den Menschen, der sie gemalt, fotografiert, gestaltet hat. Wie werden wir uns fühlen, wenn wir wissen, dass immer mehr dieser Bilder nicht von Menschen gestaltet wurden? Dass sie auf Berechnungen und Analysen basieren und von Maschinen dahingehend optimiert wurden, dass sie möglichst optimal ihrem Zweck zum Zeitpunkt des Ansehens dienen? Bilder prägen unsere visuelle Welt, sie sind überall. Natürlich beeinflussen uns Bilder auch emotional. Wir werden bei ihrem Anblick häufig das ungute Gefühl haben, ganz berechnend gespiegelt oder manipuliert zu werden.

Die meisten Menschen haben aber vor einer viel persönlicheren Gefahr Angst. Sie denken zu Recht: »Wer einen künstlichen Rembrandt malen kann, kann ebenso ein glaubwürdiges Bild von mir erzeugen, wie ich gerade etwas Kriminelles oder Peinliches mache.« Eine solche Vorstellung macht uns Angst, denn ein wenig sind wir immer mit den Bildern von uns selbst verbunden, als ob sie ein Teil von uns wären. Wer unsere Bilder manipuliert, verändert damit einen Teil unserer Darstellung in der Welt. Eine solche perfekte Manipulation erfordert heute eigentlich nur noch kriminelle Energie, denn die Werkzeuge dafür sind umsonst für jeden erhältlich, der sie nutzen möchte. Wird durch diese Verfügbarkeit der Mittel die Gefahr wahrscheinlicher?

Zwar gibt es eine lange Historie von Bildfälschungen bis zurück zu den ersten Dunkelkammern, und die meisten dieser Fakes sind irgendwann aufgeflogen, doch war die zugrunde liegende Technologie noch nie so leistungsfähig wie heute. Software wie der Bot »Smile Vector« zaubert ein künstliches Lächeln in beliebige, eher neutral dreinblickende Gesichter, also auch in Fotos, bei denen jemand einer Hinrichtung, Beerdigung oder sonstigen traurigen Sache beiwohnt. Wer garantiert uns, dass diese gefälschten Fotos nicht gegen uns verwendet werden? Andere Software ermöglicht es, Schatten und Licht in einem Bild so anzupassen, dass sich so beispielsweise eine andere Tageszeit darstellen lässt. Und wieder andere kann mittels Bilderkennung genau analysieren, was in einem Video stattfindet, dessen Ton fehlt, um daraufhin passende künstliche Geräusche einzufügen.

Die Manipulationsmöglichkeiten von Bildern und Videos kennen mit Kreativer KI kein Halten mehr. Es ist sogar möglich, ein Gesicht in einem Live-Video wie eine Handpuppe zu steuern. Dazu wird zuerst ein »Originalgesicht«, also zum Beispiel der ehemalige Präsident George W. Bush, in einem Videointerview ausgewählt. Dieses Original wird von der Software mit einem »Manipulationsgesicht«, zum Beispiel einem Schauspieler, verbunden. Und am Ende kann dieser dann George W. Bush nach Belieben lachen, weinen oder verbissen schauen lassen. Sie glauben es nicht? Es gibt dazu ein wirklich erschreckendes Video von Forschern der Universitäten Erlangen und Stanford.[12]

Wir leben in einer medialen Welt, in der für viele Menschen die Integrität ihrer medialen Persona, also ihrem »Internet-Ich«, ebenso wichtig ist wie die ihres »Real-Ichs«. Wir pflegen unsere Profile, kuratieren, welche Bilder von uns in der Welt sind und vernetzen uns mit Menschen, mit denen wir Freundschaften, Beziehungen oder Geschäfte planen. In dieser Medienwelt spielen Fotos und Videos von uns eine entscheidende Rolle: Sie prägen unser Bild, unser Image im Freundeskreis, bei der Arbeit und in den Personalbüros.

Mir gefällt die Idee einer »Rüstung« für dieses Internet-Ich: Wir tragen sie um uns herum und gestalten sie so, wie wir gerne sein wollen, um uns selbst damit zu schützen und manchmal dahinter zu verstecken. Diese Rüstung ist allerdings nicht unverwundbar. Sie basiert auf den Bildern und Texten, die wir online speichern, auf den Servern der meist amerikanischen Unternehmen, die nicht nur vollen Zugriff haben, um diese Daten zu analysieren, sondern damit aufgrund ihrer – von uns meist bereitwillig akzeptierten – Geschäftsbedingungen machen können, was sie wollen. Zum Beispiel können sie uns dank Bilderkennung als Gorillas, als lesbisch, als betrunken, als hässlich, krank oder behindert analysieren und in ihrer

Datenbank so abspeichern, ohne dass wir das wissen und korrigieren können. Zudem könnten Hacker eindringen, sich unsere Bilder und damit unsere Rüstung aneignen und diese nach Belieben manipulieren und anderweitig verwenden. Unzählige solche Hackerangriffe haben in den letzten Jahren gezeigt, dass uns keines der Unternehmen einen vollständigen Schutz vor dem Diebstahl unserer Daten bieten kann. Und aus all diesen Gefahren ließe sich sogar noch Kapital schlagen: Die Firmen könnten zahlungskräftigen Kunden eine bessere Rüstung anbieten als anderen. Unsere Rüstung könnte sich letztlich in eine Waffe verwandeln, die sich gegen uns richtet.

Das gilt umso mehr, als unsere gespeicherten und sogar die veröffentlichten Bilder Aufschluss über unser Leben, unsere Wohnungen und unsere Gewohnheiten geben. Nicht nur enthalten die meisten Bilder Informationen über die verwendete Kamera, sondern auch über den exakten Aufnahmeort und -tag. Überlegen Sie es sich also gut, bevor Sie stolz die neu erworbene Silberlöffelsammlung auf Instagram zeigen.

Es sind vor allem die Bildinhalte, die uns nackt machen vor den Maschinen. Facebook lässt alle Bildinhalte, die hochgeladen werden, von einer KI analysieren und beschreiben. Zu Beginn konnte das System erst rund einhundert recht einfach Bildelemente erkennen, zum Beispiel Autos, Schiffe, Flugzeuge, Berge, Meer oder Sonnen, Brillen, Babys oder ein Lächeln, mittlerweile ist es deutlich klüger. Das hilft auch Blinden, sich auf diesen Plattformen ebenso zu bewegen wie Sehende. Entwickelt wurde die neue Funktion vom Facebook-Programmierer Matt King, der selbst sehbehindert ist. Doch für ihn ist die Erkennung von Gegenständen nicht genug: Als nächsten logischen Schritt fordert er eine standardmäßige Gesichtserkennung. Seiner Meinung nach sei es nicht zu rechtfertigen, dass Sehende jedes Gesicht auf der Plattform einer Person zuordnen könnten, Blinden dies aber nicht möglich ist. Und so hat King programmiert, dass sich Blinde die Namen von abgebildeten Personen vorlesen lassen können, deren Gesichter vorher von der KI erkannt wurden.

Zu Facebook gehören auch Instagram und WhatsApp – und damit der größte Fundus an Bildern und Porträts, die es je in der Menschheitsgeschichte gab. Diese Abermilliarden von Fotos liegen auf den Servern nur eines Unternehmens. Darunter sind auch viele Bilder von Ihnen und mir, von denen wir gar nichts wissen. Denn jedes Gesicht auf diesen Bildern, die Besucher einer politischen Demonstration, die eine Touristin von der Menschenmenge einer Sehenswürdigkeit oder die Ihre Kollegin vor einer Party gemacht haben, kann durch Gesichtserkennung rückwirkend mit den Namen aller erkannten Personen markiert werden.

Äußerst problematisch ist der Wunsch von Matt King vor allem aus Datenschutzgründen. Wer von uns möchte schon, dass sein Gesicht bei jedem hochgeladenen Foto automatisch erkannt und damit maschinell verwertbar wird? Vor allem, wenn KI aus unseren Fotos so viel mehr lesen kann als wir! Fakt ist: Angefangen von Krankheiten bis hin zu Gemütszuständen erkennen die Algorithmen in unseren Gesichtern mit hoher Genauigkeit immer mehr Dinge, die wir vielleicht nicht jedem erzählen wollen.

Sogar die sexuelle Orientierung konnte im Rahmen eines Projektes der Forscher Michal Kosinski und Yilun Wang[13] anhand von Bildern analysiert werden. Sie gaben einem neuronalen Netz für ihre Studie über 35 000 Gesichtsbilder als Ausgangsmaterial und ließen es feste und variable Merkmale wie Nasenformen oder Frisuren untersuchen. Schon bei einem einzigen Bild pro Person schafften die Algorithmen erstaunliche 81 Prozent korrekte Zuordnungen der sexuellen Orientierung bei Männern. Ließ man das Programm fünf Bilder eines Mannes untersuchen, so stieg die Erfolgsquote sogar auf 91 Prozent.

Nicht nur für werbetreibende Unternehmen ergeben sich aus solchen Anwendungen, die völlig ohne das Wissen und Zutun der

»untersuchten« Menschen funktionieren, ganz neue Möglichkeiten der zielgenauen Vermarktung von Produkten. Auch für die fast 70 Länder weltweit, in denen Homosexualität unter Strafe steht, dürfte eine solche Anwendung von KI eine willkommene Grundlage für Beobachtung und Diskriminierung sein. Für die Forscher, die Politik und letztlich uns als Gesellschaft zeigt dieses Beispiel das moralische Dilemma eines jeden wissenschaftlichen Durchbruchs auf: Ab wann ist die Gefahr zu groß, dass eine Entwicklung zum Schaden der Menschheit verwendet wird? Greift man zu früh ein, verhindert man dadurch Fortschritt auch für positive Anwendungen, zum Beispiel in der Medizin. Auch schwächt man dann zum Beispiel die eigene Wirtschaft, wenn andere Länder weniger moralische Bedenken haben. Reagiert man zu spät, beispielsweise durch die Einführung gesetzlicher Regelungen, so ist das neue Wissen womöglich schon so weit verbreitet, dass sich erste negative oder sogar gefährliche Anwendungsformen etablieren konnten.

Was die Erforschung und den Einsatz Künstlicher Intelligenz angeht, stimme ich ganz dem Europaparlament zu, welches in einer Resolution deutlich gemacht hat, dass wir zu wenig vorbereitet sind auf intelligente Maschinen in unserem Alltag. Es fehlt in Europa in erschreckendem Maße an technischem, ethischem und regulatorischem Fachwissen. Wir bewegen uns auf ein immer größeres Ungleichgewicht zwischen forschenden Unternehmen und Wissenschaftlern auf der einen Seite und wenig kompetenten Regierungen und Gesellschaften auf der anderen Seite zu. Das muss sich ändern, damit nicht die – eigentlich fantastischen – technischen Entwicklungen im Alltag zu Werkzeugen wahrscheinlichkeitsbasierter Diskriminierung einzelner Gruppen werden.

Erinnern Sie sich noch an die Software, die ungefährliche Muttermale von krankhaften Hautveränderungen unterscheiden konnte? Nach dem gleichen Prinzip können neuronale Netze darauf trainiert werden, Schönheit zu erkennen. Dieses Training könnte man sehr einfach damit beginnen, alle Bilder aus europäischen Modemagazinen als »schön« einzustufen. Die Software würde so lernen, dass ebenmäßige, weißhäutige Gesichter ohne Hautunreinheiten mit perfekten Proportionen von uns als schön empfunden werden – und dass gleichzeitig alle Gesichter, die davon abweichen, als weniger schön gelten. Je nachdem, welche Bilder man den Maschinen zum Training gäbe, lernten sie natürlich auch etwas darüber, welche Hautfarben, Augentypen und Haare wir als schön empfinden.

Schon jetzt gibt es erste Programme, die aus einer Serie von Selfies für uns das »Schönste« heraussuchen können. Was uns wie eine praktische Funktion vorkommt, wenn es um den Vergleich vieler Selbstporträts geht, kann natürlich zu einem schlimmen Diskriminierungswerkzeug werden.

Stellen Sie sich einfach eine Funktion vor, die es Personalberatern erlaubt, auf Karriereportalen die Bewerber nach Schönheit oder Hautfarbe zu sortieren. Was wie ein fieses Gedankenspiel wirkt, ist technisch bereits im Einsatz, wie wir in Kapitel 5 sehen werden. Selbstverständlich sind die Maschinen an sich weder rassistisch noch böse, denn es sind stets wir Menschen, die neuronale Netze nach bestimmten Vorlagen trainieren. Und es sind wir Menschen, die aus den technischen Möglichkeiten Produkte machen, die gefährlich werden könnten. Denn wie wir aus der Geschichte wissen, wird fast alles umgesetzt, was einen – legalen oder illegalen – Markt findet und technisch machbar ist.

Und Bilder lügen doch

Eine letzte interessante Frage: Wie sieht es mit der generellen Glaubwürdigkeit von Bildern in der Zukunft aus? Welchen Fotos und Videos von Nachrichten dürfen Sie noch trauen? Die Antwort ist recht einfach: keinem einzigen! Denn erstens haben sich die sozialen

Medien als die primäre Nachrichtenquelle für viele Menschen etabliert und sorgen für millionenfache Verbreitung der Inhalte, die besonders häufig angeklickt werden. Und zweitens können visuelle Inhalte wie Bilder oder Videos extrem leicht und perfekt manipuliert werden, wie wir oben gesehen haben.

Wir wissen inzwischen, dass dies zu unendlich vielen falschen, übertriebenen Nachrichten und zu im falschen Kontext eingesetzten oder manipulierten Bildern und Videos führt. Für die meisten Menschen bedeutet es, dass ihr primärer Informationsmix keinerlei Rückschlüsse mehr darüber zulässt, ob Inhalte vertrauenswürdig sind oder nicht. Mich wundert allerdings, dass dies nur für wenige ein Problem zu sein scheint. Wer sich in einem Umfeld der ständig möglichen Manipulation befindet, wird sich der anscheinend unwiderlegbaren Tatsache ergeben, dass es keine Sicherheit mehr über glaubwürdige Informationen gibt. Er wird irgendwann niemandem mehr trauen. Genau diese Gefahr ist gegeben, dass wir nicht nur das Vertrauen in die Medien verlieren, sondern auch in die Stabilität unserer Institutionen und unserer Gesellschaft als Ganzes. Denn mittlerweile findet sich ein Großteil der gesamten gesellschaftlichen Interaktion mit all ihren medial erfolgten Äußerungen, Diskussionen und Aufnahmen, in den Datenbanken irgendwelcher Unternehmen wieder.

Ein Interesse an verlorenem Vertrauen und medialer Instabilität haben vor allem politisch polarisierende Gruppen, Kriminelle oder Geheimdienste anderer Länder, die aktiv in Wahlkämpfe eingreifen. Als Hilfsmittel dienen manipulative Bilder ebenso wie Nachrichten oder Videos.

Die perfide Logik: Je instabiler eine Gesellschaft wird, desto leichter ist sie im eigenen Sinne zu beeinflussen. Die Expertin Claire Wardle von der Aufklärungsplattform First Draft erklärt, warum das funktioniert: »Mit visuellen Inhalten gehen wir weitaus weniger kritisch um. Das gleiche gilt für Informationen, die mit unseren bestehenden Ansichten übereinstimmen und diese bestätigen. Und letztlich ist unser durch den Informationsüberfluss bereits erschöpftes Gehirn viel leichter zu beeinflussen.«[14] Unsicherheit und Instabilität lassen sich sehr leicht missbrauchen. Das Schüren von Paranoia und die gezielte Verbreitung falscher Bilder zählen deshalb zu den wirksamsten Waffen moderner Cyber-Kriegsführung. In der jüngeren Geschichte finden sich leider viele Beispiele darüber.

Die Gefahr, die von einem Meisterfälscher wie Wolfgang Beltracchi ausging, war noch überschaubar: Bestenfalls wurden eine Handvoll Sammler oder Galeristen geschädigt. Die Gefahr, die von den digitalen Meisterfälschern unserer kreativen Künstlichen Intelligenzen ausgeht, ist ungleich viel größer. Unsere vollständige visuelle Welt bietet viele Ansatzpunkte für die kriminelle Erstellung oder Verfremdung von Bildinhalten. Wir selbst müssen lernen, dass Bilder und Videos ebenso leicht zu fälschen sind wie Texte.

Doch einfach ist es nicht, sich vor diesen Manipulationen zu schützen. Zumindest sollten wir Informationen oder Nachrichten immer überprüfen, bevor wir sie glauben oder weiterleiten. Auch Plattformen wie Facebook selbst haben die Gefahr erkannt und versuchen, gegen Falschmeldungen vorzugehen. Ob das genügt, um uns vor falschen Informationen zu schützen, ist zweifelhaft. Denn es besteht die Gefahr, dass Facebook und andere das nur sehr halbherzig umsetzen werden, weil sie von besonders aufsehenerregenden, häufig geteilten Inhalten leben. Es ist ihr Geschäftsmodell, uns immer bei Laune zu halten und unser Interesse zu wecken. Dafür wäre es eher hinderlich, wenn eine Information neutral aufbereitet ist, denn je übertriebener und schockierender eine Nachricht dargestellt ist, umso eher erregt sie unsere Aufmerksamkeit.

Good News

Künstliche Intelligenzen, die Bilder malen oder selbstständig erstellen, sollten uns aber nicht nur Sorge bereiten. Es gibt etliche Anwendungsfelder, bei denen wir uns darüber freuen können, solche klugen Helfer an unserer Seite zu haben. Einige medizinische und wissenschaftliche Anwendungen haben wir schon kennengelernt. Aber auch für Künstler etwa ergeben sich vollkommen neue Ausdrucksformen und technische Möglichkeiten. Der Berliner Maler Roman Lipski lässt sich von neuester Technologie unterstützen. Sein Algorithmus heißt »AIR – Artificial Intelligence Roman« und dient ihm als digitaler Helfer.

AIR lernte in einem ersten Schritt sämtliche Arbeiten des Berliner Malers kennen, indem er darauf trainiert wurde, die relevanten Merkmale von Lipskis Kunst, wie die Verwendung von Farben, Kontrasten, Formen, ja sogar Bildkompositionen zu analysieren. Inzwischen kann AIR dieses Wissen eigenständig einsetzen: Auf Knopfdruck spuckt ein Drucker unendlich viele Entwürfe für neue Lipskis aus, von denen der Maler Ideen für Kompositionen oder Perspektiven übernimmt und daraus »echte« Werke malt. Auch diese neuen Bilder werden wieder vom System gescannt, das daraus lernt, welche der generierten Ideen vom Maler übernommen wurden und welche nicht. Lipski nutzt Künstliche Intelligenz also einfach nur als Muse, so sagt er.

Für uns Menschen hat sich die Rolle von Bildern im Laufe der Geschichte gewandelt: Erste Höhlenzeichnungen waren sowohl Geschichtsschreibung als auch Lust am künstlerischen Ausdruck. In späteren Zeiten wurden Bilder als Schmuck und Dekoration von hohem künstlerischen Wert gestaltet, doch konnten sich diese nur Adelige und die Kirche leisten. Hier dienten sie dazu, die Untergebenen und die Gläubigen zu beeindrucken, aber auch, um Geschichten über Heldentaten und Fähigkeiten zu erzählen, die manchmal von der Wahrheit ebenso weit entfernt waren wie Beltracchis Fälschungen von den Originalen.

Mit dem Aufkommen des Buchdrucks fanden Bilder auch in anderen Gesellschaftsschichten Verbreitung und wurden mit Schiffen rund um die Welt geschickt. Die Verbreitung solcher Bilder und Schriften sorgte für ganz neue Formen des Lernens und der Bildung für die breite Masse. Es folgten Zeitungen, Magazine und andere Druckwerke, Bilder wurden jetzt auch zur Zerstreuung und Unterhaltung eingesetzt. Schließlich kam die Fotografie, die erstmals naturgetreue Bilder und Momentaufnahmen für die Nachwelt festhalten konnte. Darauf folgten der Film und irgendwann das Internet. Bilder als Anleitungen ermöglichten erst den Aufstieg von Unternehmen wie Ikea, sie sind das wichtigste Werkzeug von Sicherheitsfirmen und Militär, ohne sie gäbe es keine moderne Politik mehr. Bilder und bewegte Bilder als Kommunikationsformen haben heute eine enorme Verbreitung und eine Relevanz wie nie zuvor in unserer Geschichte. Kulturwissenschaftler haben für diese Entwicklung den Begriff des »Iconic Turn« geprägt: Unsere Welt und unsere Wirklichkeit werden heute stärker von Bildern geprägt als je zuvor.

Roboter, die den Pinsel schwingen, und 3-D-Drucker, die einen fast echten Rembrandt ausspucken, sind nur die besonders aufsehenerregende Spitze dessen, was Kreative Künstliche Intelligenzen derzeit hervorbringen können. Sie werden die Geschwindigkeit, mit der wir in der Informations- und Wissensvermittlung von Bildern abhängig sind, noch weiter erhöhen, indem sie uns helfen, immer neue und speziellere Inhalte als Bildinhalte verständlich darzustellen und zu verbreiten.

Für mich ist es kein Wunder, dass vor allem künstlerische Anwendungen am Anfang der besonders aufregenden Entwicklungen stehen. Eine Aufgabe der Kunst ist ja, neue Dinge im geschützten Raum auszuprobieren, um zu beobachten, wie Menschen darauf reagieren. In den Reaktionen auf »The Next Rembrandt« bei der Messe konnte ich häufig ungläubiges Staunen und gleichzeitig Ängste und Befürchtungen sehen. Zu Recht, denn wie wir gesehen haben, entscheiden schon heute Maschinen in vielen Fällen über Fälschung oder Wahrheit, Hetero oder Gay, Schönheit oder Gesundheit. Je bildhafter unsere Welt wird, desto größer wird der Einfluss der KI auf die Bewertung derselben.

Kreativität
Maschinen machen uns erst zu Universalkünstlern und rauben uns dann die Schöpfungskraft

Es ist Sonntagmorgen, ich sitze am Schreibtisch und höre die Aufnahme meiner neuesten Komposition. »Youthful Reactions« heißt sie und erinnert mich ganz unbescheiden ein wenig an die Filmmusik von *Das Piano*. Den Anfang bilden einige leicht stolpernde Moll-Akkorde, über die sich ein melancholischer Melodienlauf legt, der in der 45. Sekunde zusammen mit einigen dezenten, aber frischen Streichern im Hintergrund zu einem ersten Höhepunkt mit deutlich erkennbarem Thema wird. Im folgenden Mittelteil plätschern Variationen des Themas entspannt vor sich hin. Das ist eine gute Vorbereitung fürs Finale, denn im letzten Drittel geben Piano und Streicher noch einmal richtig Gas. Ich bekomme an dieser Stelle jedes Mal eine Gänsehaut vor so viel Temperament in meiner Komposition!

Allein, ich kann weder Klavier spielen noch Geige, noch beherrsche ich die Kunst der Komposition. Ich kann also überhaupt kein Lied schreiben und aufnehmen. Zumindest konnte ich das bis heute Morgen noch nicht. Das alles haben netterweise Kreative Künstliche Intelligenzen übernommen. Sie stehen im Dienst der Firma Jukedeck, auf deren Website ich erst vor ein paar Minuten eingab, dass ich gerne ein Klavierstück komponiert hätte. Den Stil beschrieb ich mit »melancholisch«, als Dauer gab ich 5 Minuten an und sogar

den ersten Höhepunkt konnte ich präzise nach 45 Sekunden platzieren. Dann drückte ich »OK«, und die Algorithmen der Webseite
begannen damit, dieses Stück für mich zu komponieren. Sie sorgten
auch gleich für die passenden Instrumente und packten alles in eine
praktische kleine Datei, die ich herunterladen und privat ebenso wie
professionell verwenden darf. Diesen Service kann die Firma kostenlos und unendlich oft bieten, denn schnell und billig arbeiten die
Programme im Hintergrund. Der Anwender muss nur wählen, ob
es Piano, Rock, Ambient, Pop oder eine andere Musikrichtung sein
soll. Jedes Mal kommt ein vollkommen neues Stück dabei heraus.
Vom Nichtmusiker habe ich mich in wenigen Minuten zum professionell klingenden Komponisten entwickelt. Nicht schlecht, oder?

Der Markt der Kreativität

Intelligente Software wie Jukedeck nimmt uns immer mehr kreative
Aufgaben ab. Kreativität ist ein riesiger Markt in der App-Öko-
nomie, und es gibt in den App-Stores Millionen Programme für so
ziemlich jede künstlerische und kreative Richtung. »Kreativ sein« –
das ist heute nicht mehr in erster Linie die Domäne von ausgewählten künstlerischen Berufen oder von kleinen Kindern. Es ist vielmehr eine Anforderung an uns alle, ein reiches und durchgestaltetes
Leben zu führen.

Wer die sozialen Medien so ernst nimmt wie die 51 Prozent deutsche Jugendliche, die regelmäßig Instagram nutzen – für den ist es
sogar eine Notwendigkeit, seine Online-Persönlichkeit professionell
kreativ zu gestalten. Vergleicht man Selbstporträts der Generation
Instagram mit denen älterer Menschen, fällt dies sofort auf, denn
ungewollte Schnappschüsse oder echte, aus dem Leben gegriffene
Situationen finden sich bei den Jungen nicht mehr. Stattdessen:
perfekte Posen, perfekte Haut und Haare, Model-Lächeln und ein

Bildaufbau wie aus dem Magazin. So viel Perfektion ist ohne die Beherrschung von kreativer Technik kaum mehr herzustellen – besonders wenn ein Output von vielen Bildern täglich gefordert ist. Da die allermeisten Menschen nicht die Zeit haben, sich mit der Bearbeitung ihres digitalen Abbildes endlos aufzuhalten, nimmt die Software ihnen einen großen Teil der Arbeit ab. Die Programme sind smart genug geworden, um aus mehreren Motiven das »Beste« herauszusuchen. Auswahlkriterium ist beispielsweise die höchste Wahrscheinlichkeit von »Likes« anderer Nutzer.

Eine solche Auswahl gelingt durch den Einsatz von Künstlicher Intelligenz. Sie hat gelernt, welche Motive, welche Posen und welche Art von Lächeln die meisten Beifallsäußerungen bekommen. Doch die intelligenten Helfer beherrschen noch viel mehr: Sie können Filter vorschlagen, die das Hautbild verbessern, die Augen vorteilhaft vergrößern oder die Farbigkeit des Bildes gefälliger machen. Sie können störende Bildinhalte wie Straßenschilder oder andere Personen entfernen und die freien Stellen mit künstlich erzeugten Bildinformationen so perfekt ergänzen, dass man es überhaupt nicht merkt. Von der mühsamen Retusche mit Photoshop sind solche Programme weit entfernt: Sie sind unendlich viel besser – und zudem wesentlich billiger. Während eine Lizenz von Photoshop bis vor Kurzem noch rund 1000 Euro kostete, gibt es die Apps und ihre Filter meist zum Preis eines Latte macchiato.

Was für Bilder gilt, funktioniert natürlich ebenfalls bei der Erstellung und Bearbeitung von Videos, der Komposition von Musik oder dem Malen von dreidimensionalen Kunstwerken. Die Künstliche Intelligenz »Watson« von IBM arbeitete mit dem weltbekannten Musikproduzenten Alex da Kid zusammen, um anhand von Big Data hinter das Geheimnis der Produktion eines Welthits zu kommen. »Watson« half dem Produzenten zuerst dabei, die wichtigsten Themen für seinen Song zu finden, indem die KI Millionen von aktuellen Texten aus Zeitungen, Gerichtsurteilen, Pressemitteilungen von Museen und Wikipedia-Artikeln analysierte. Doch nicht nur die Inhalte untersuchte sie, sondern vor allem, mit welchen Gefühlen die Menschen in ihren Kommentaren und Likes darauf reagierten. Durch die Zusammenfassung all dieser Daten war irgendwann klar, welche Themen die Menschen vor allem bewegten. Als Nächstes widmeten sich Produzent und Künstliche Intelligenz der Musik. Wiederum aus unzähligen Quellen analysierten die Algorithmen den populären Durchschnitt von Songtexten, die so erfolgreich waren, dass sie es im Laufe der Popgeschichte in die Top 100 gebracht hatten. Selbstverständlich waren auch die Kompositionen Teil der Analysephase: »Watson« fand die erfolgreichsten Tonfolgen, Genres und Tonarten aus eben diesen Chart-Liedern. Am Ende komponierte da Kid dann mit »Not Easy« den angeblich perfekten Hit auf Basis all der von »Watson« zusammengetragenen Erfolgsfaktoren. Das Lied stieg sofort auf Platz 6 der Download-Rockcharts des Magazins *Billboard* ein.

Die intelligenten Werkzeuge und ihre Kreative Künstliche Intelligenz können uns scheinbar zu märchenhaften Universalkünstlern machen. Doch erweitern sie damit tatsächlich unsere Kreativität? Ermöglichen sie jedem Kind, sich schon früh spielerisch mit Methoden auszudrücken, die vor Jahren noch geradewegs aus einem Science-Fiction zu kommen schienen? Oder sorgen sie dafür, dass unsere Kinder geradewegs in die »Digitale Demenz« abgleiten, wie der Autor Manfred Spitzer in seinem gleichnamigen Buch vermutet? Ich bin überzeugt, dass KI uns dabei helfen kann, das Leben bunter aussehen zu lassen. Sie kann uns dabei helfen, kreative Ideen schnell auszuprobieren und wieder zu verwerfen. Sie kann uns ganz neue Ausdrucksformen ermöglichen. Allerdings wird unsere Bequemlichkeit womöglich dafür sorgen, dass unsere Kreativität dennoch dabei vor die Hunde geht – wenn wir nicht aufpassen.

Der kreative Käseeffekt

Um einschätzen zu können, wie groß diese Gefahr wirklich ist, hilft es, sich anzusehen, was unsere menschliche Kreativität ausmacht. Aus dem allgemeinen Sprachgebrauch ist der Begriff nicht mehr wegzudenken. Baumärkte werben mit ihm um neue Kunden, besonders langweilige Unternehmen wollen sich mit seiner Hilfe interessant machen, und jede zweite App assoziiert sich damit. Aus »Machen Sie etwas Kreatives!« der Siebziger- oder Achtzigerjahre wurde das »Seien Sie kreativ!« der Neuzeit. Das klingt wie die ultimative Verheißung in einer Welt, die für uns immer komplexere Probleme und undurchdringliche Regelwerke bereithält. Tatsächlich steckt hinter dieser Aufforderung nur eine weitere Regel, deren Bruch sich niemand leisten kann. Noch nicht einmal ein Buchhalter würde heute eine Stelle bekommen, wenn er sich im Bewerbungsgespräch als wenig kreativ outen würde.

Wir gebrauchen den Begriff für Handarbeiten ebenso wie für Workshops in Büros. Eine Frisur bezeichnen wir als kreativ, betrügerischen Umgang mit der Steuer ebenfalls, und auch die Kritzeleien meines dreijährigen Neffen Erik würde ich selbstverständlich so nennen. Wir leben in einer Welt des allgegenwärtigen Kreativseins. Kein Wunder, dass sich eine gesamte Ökonomie darauf eingestellt hat und jeden Lebensbereich mit kreativen wirtschaftlichen Angeboten flutet.

Im eigentlichen Sinne versteht man unter Kreativität etwas ganz Besonderes. Die beiden Psychologen Mihály Csíkszentmihályi und Rustin Wolfe[1] definieren damit die Fähigkeit, etwas Originelles zu erschaffen, das gleichzeitig einen Nutzen mit sich bringt. Es bedeutet also, schöpferisch tätig zu sein. Wir unterscheiden zwischen kreativen Ergebnissen oder Produkten, kreativen Fähigkeiten und dem kreativen Prozess. Und darin sind Maschinen nicht einheitlich gut, wie wir gleich sehen werden. Zu den Fähigkeiten, die mit Kreativität unbedingt einhergehen, zählt die Wissenschaft Problembewusstsein, Ideenreichtum, Flexibilität im Denken, Improvisation, Anpassung einer Lösung an die Realität und Unverwechselbarkeit einer Idee.

Können Künstliche Intelligenzen nach dieser Definition kreativ im wissenschaftlichen Sinne sein? Sind Jukedecks Programme also kreativ, wenn sie Musik nach meinen Vorgaben komponieren? Problembewusstsein besitzt die Software sicherlich nicht, denn sie ist nicht selbstständig in der Lage zu erkennen, dass zum Beispiel die Musik zum Einsatz kommen könnte, um einen Werbespot zu verbessern. Ihr Ideenreichtum scheint hingegen recht groß zu sein, wenn sie bei jedem Nutzer in der Lage ist, immer und immer wieder neue Musikstücke zu komponieren – ebenso ihre Flexibilität, denn es gelingt ihr ja, viele verschiedene Stile gleichermaßen mit neuen Kompositionen zu füllen.

Ihre Improvisationsgabe scheint mir gut ausgeprägt zu sein, denn sie ermöglicht unendliche Variationen. Doch ist sie nicht in der Lage, Impressionen musikalisch zu interpretieren, um beispielsweise aus eigenem Antrieb Naturerlebnisse in die Kompositionen einzubauen, wie das Mahler oder Wagner getan haben. Ihr Anpassungsvermögen an die Realität lässt ebenfalls zu wünschen übrig, denn es ist ihr egal, wo ihre Kompositionen eingesetzt werden. Was die Originalität, die Unverwechselbarkeit ihrer Kompositionen angeht, bin ich mir nicht ganz so sicher. Klar, nach dem zehnten Stück hören sich alle ein wenig ähnlich an. Aber ich kann mir vorstellen, dass gerade das auch im Sinne der Erfinder ist, um einen unverwechselbaren Klang in die Musik einzubauen, der Jukedeck von Wettbewerbern abhebt. Von den sechs Fähigkeiten, die Kreativität zugrunde liegen, erfüllt dieses Programm also schon vier; das finde ich gar nicht so schlecht in Anbetracht dessen, dass es umsonst arbeitet!

Wenn wir Menschen kreativ sind, gehen wir in fünf Phasen vor, ohne uns das jedes Mal bewusst zu machen: In der sogenannten Vorbereitungsphase beschäftigen wir uns intensiv mit einer Aufgabe, mit bereits existierenden Lösungen und eignen uns die Expertise an, von der wir glauben, dass sie uns bei der Problemlösung hilft. Wir schaffen uns das Rüstzeug, um aus dem Vollen schöpfen zu können.

Es folgt die Reifungsphase, die den Kreativitätsforschern lange Zeit viele Rätsel aufgegeben hatte. Denn hier passiert erst einmal scheinbar gar nichts. Wie Bakterien in einem Käse arbeitet unser Gehirn nämlich ganz heimlich weiter an einem Problem, ohne dass wir das mitbekommen oder beeinflussen können. Erst durch diesen Käseeffekt knüpfen sich neue Verbindungen in unserem Kopf, alte werden überlagert, und ganz intuitiv entstehen so kreative Erkenntnisse, während wir spazieren gehen oder den Hund baden. Die folgende Einsichtsphase kennen Sie gut: Hier gibt es das »Aha!«, das sich oft ganz unvermittelt einstellt, wenn Ihnen eine Lösung aus scheinbar heiterem Himmel in den Kopf schießt. Die in der Reifungsphase neu gebildeten Erkenntnisse schwingen sich aus den neuronalen Tiefen unseres Gehirns hinein in unser Bewusstsein. Wir verspüren dann das Hochgefühl der Erleuchtung.

Es kommt eine Phase der Bewertung, weil ja nicht alle Erkenntnisse wirklich brauchbar sind. Jetzt vergleichen wir unsere neuen Einsichten mit den uns bekannten Normen und Werten und entscheiden, ob wir uns etwas Brauchbares ausgedacht oder eine Schnapsidee hatten. Was uns gestern Abend vielleicht noch als gute Lösung vorgekommen war, erscheint uns heute Morgen als unschön oder uninteressant. Denn zu guter Letzt muss sich eine kreative Erkenntnis in der Ausarbeitungsphase beweisen. Diese kann lange dauern und dafür sorgen, dass wir das Ergebnis weiter verfeinern oder ändern. Viele kreative Menschen können sich in dieser Phase gar nicht mehr von ihrem Werk trennen und müssen immer weiter daran feilen und verbessern.

Kreative Künstliche Intelligenzen hingegen funktionieren anders. Sie durchlaufen keine kreativen Phasen, sondern können nach einem Lernprozess in ihrer jeweiligen Teildisziplin Output in beliebiger Menge erzeugen. Als Bewertungsraster für die Sinnhaftigkeit ihrer Ergebnisse dienen ihnen nur Wahrscheinlichkeiten.

Während des Lernens häufen sie ganz viel Wissen an, indem sie beispielsweise mit 300 Chorälen von Johann Sebastian Bach trainiert werden. Das Training besteht darin, möglichst viele verschiedene Beispiele dafür zu finden, welche Töne aufeinanderfolgen können, wie oft man Wiederholungen von Tonfolgen in einem Stück haben sollte, welche Muster sich in der Struktur der Stücke finden, wie mehrere Stimmen miteinander harmonisch klingen und Ähnliches mehr. Hier zählen ausschließlich die Wahrscheinlichkeiten, nach denen diese Muster oder Töne im Trainingsmaterial verwendet wurden. Wenn also Bach in seinen Chorälen niemals die Tonfolge a-h-b-c verwendet hat, wird die Künstliche Intelligenz diese Töne sehr wahrscheinlich auch nie in ihren eigenen Kompositionen aneinanderreihen.

Tatsächlich ist es dem Computerwissenschaftler und Musiker François Pachet so gelungen, »DeepBach« zu erschaffen, eine Künstliche Intelligenz, die polyphone Musik im Stile von Bach-Chorälen komponiert. Gibt man ihr die Melodie der ersten Stimme vor, vervollständigt sie selbst die anderen Stimmen. Die Choräle sind im Ergebnis so überzeugend, dass selbst Musiker Schwierigkeiten haben, Original und maschinelle Nachahmung voneinander zu unterscheiden. Hier verläuft der kreative Prozess anders als beim Menschen. Doch ist damit das Ergebnis der Maschine weniger kreativ?

Man könnte so argumentieren, dass die Maschine ja nur Bach kopiert, indem sie so viele seiner Noten studiert hat, dass sie am Ende typische Bach-Muster in beliebigen neuen Zusammenhängen aneinanderreihen kann. Die Künstliche Intelligenz wäre nach dieser Argumentation nicht selbst kreativ, weil sie nichts Originelles und Einzigartiges erschaffen, sondern sich nur bei Bekanntem bedient hat. Andererseits gilt das dann für Johann Sebastian Bach womöglich auch, denn der Komponist griff ja in seinen Chorälen ebenfalls auf ein Repertoire von ihm bekannten Mustern, beispielsweise aus älterer Kirchenmusik, zurück.

Es ist eine uralte Diskussion, was bei uns Menschen als origineller Einfall gilt und was einfach nur übernommen wurde. Sicherlich sind die meisten unserer alltäglichen kreativen Ergüsse sehr stark geprägt von bereits Bekanntem und Erlebtem, ob uns das im Einzelfall bewusst ist oder nicht. Auch herrschten in anderen Kulturkreisen und Zeiten ganz unterschiedliche Ansichten darüber, wie viel Eigenständigkeit in der kreativen Arbeit überhaupt nötig ist. Walter Benjamin etwa sagte noch, dass die Massenproduktion von Kunst keine Spuren mehr in der Geschichte hinterlassen werde; ein Kunstwerk verliere dadurch seine Aura.

Heute betrachten wir Remixes oder Remakes jeder Art ganz selbstverständlich als eigene Schöpfungen. Und niemand würde Andy Warhols Suppendosen absprechen, dass sie Spuren in der Kunstgeschichte hinterlassen haben. Auch wir Menschen kopieren also, lernen durch Nachahmung und erschaffen Neues durch Abwandlung und Variation.

Es fällt schwer, Künstlichen Intelligenzen jegliche Kreativität abzusprechen, nur weil ihre Prozesse und Fähigkeiten anders aufgebaut sind als bei uns Menschen. Zumindest kann man alleine durch das Betrachten der Ergebnisse nicht immer unterscheiden, ob sie ein kreativer Mensch oder eine kreative Maschine verursacht hat. Aber vielleicht ist das auch weniger wichtig als die Frage danach, welche Auswirkungen die intelligenten Werkzeuge auf uns haben. Machen sie uns zu glücklichen Alleskönnern oder zu dummen Tastendrückern?

Werden wir universell genial oder digital dement?

Eine der für mich interessantesten Phasen der Kreativität ist das Nichtstun, die Reifungsphase. Unsere scheinbare Untätigkeit wird belohnt mit überraschenden Erkenntnissen. Wir kreieren neue Ideen, indem wir damit aufhören, unserem Gehirn weiteren Input zu geben. Es hilft in dieser Phase enorm, das Gehirn auf »Wanderschaft« zu schicken, was uns aber immer schwerer fällt. Die Erziehungswissenschaftler Howard Gardner und Katie Davis erklären das so: »Menschen erzeugen neue Ideen, indem sie die Welt reflektieren, die sie umgibt. Reflexion erfordert Aufmerksamkeit und Zeit, zwei Dinge, die in der heutigen mediengesättigten Welt schwer zu erreichen sind.«[2]

Überraschenderweise gilt deshalb Langeweile seit Langem schon als mächtiger Stimulus für die Fantasie. Wenn ich ehrlich bin, kann ich mich aber gar nicht mehr daran erinnern, wann ich mich zuletzt gelangweilt hätte. Langeweile gilt nicht wirklich als akzeptabel in unserer Gesellschaft. In potenziell langweiligen Situationen greifen wir automatisch in die Tasche zum Smartphone und lesen Nachrichten oder bearbeiten schnell ein Bild auf Instagram. Wenn die Forscher recht haben, wären das aber genau die Momente, die uns dabei helfen könnten, kreative Ideen zu entwickeln, indem wir unser Gehirn von der Ablenkung konkreter neuer Aufgaben befreien. Wann hingen Sie das letzte Mal Tagträumen nach?

In der 12. Klasse war ich mit meinem Kunstkurs nach Florenz zum Malen gefahren. Wir liefen inmitten all der unglaublichen Meisterwerke umher und versuchten, in schnellen Skizzen festzuhalten, was die damaligen Meister mit ihrer Architektur, der Malerei und den Skulpturen besonders machte. Nach ein paar Stunden, in denen wir Eindrücke gesammelt hatten, sollte sich jeder von uns eines der Werke aussuchen und eine eigene Version davon zu Papier bringen.

Ich hatte mich auf die harten Marmorplatten einer Treppe gesetzt und versuchte mühsam über Stunden, ein Bild von Michelangelos David zu zeichnen. In den nächsten Tagen verglichen wir immer wieder unsere Zeichnungen mit den vielen Skizzen der Meister, die wir in den Museen noch sehen sollten.

Einige Wochen später nahmen wir die Werke mit in den Kunstunterricht, um ein paar letzte Änderungen vorzunehmen und die besten Bilder für eine Ausstellung vorzubereiten. Dabei passierte es: Mein Wasserbecher fiel um, und das braune Malwasser ergoss sich auf meine Zeichnung von der Statue Davids. Alles war futsch, und ich ärgerte mich wahnsinnig. Da sagte mein Lehrer einen Satz, den ich seitdem nie wieder vergessen habe: »Nicht ärgern! Das Bild ist ja schon in deinem Kopf, du musst es nur noch einmal aufs Papier bringen. Und die zweite Version wird doppelt so gut in der Hälfte der Zeit!« Und genau so war es. Ich hatte während der Bearbeitung der ersten Version, aber auch durch das Ansehen weiterer Skizzen so viel gelernt über das Motiv, dass ich nun sehr schnell das Ganze nochmals – und besser – zu Papier brachte. Ich war ziemlich stolz, als mein Werk schließlich in der Ausstellung hing.

Kreativität braucht also Zeit und die Abwechslung unterschiedlicher Phasen. Sie ist ein Prozess, an dessen Anfang der Wunsch nach einer Problemlösung steht und an dessen Ende ein sorgsam bewertetes Ergebnis. Dazwischen liegen Schweiß, gedankenloses Faulenzen, Reflexion über das Gemachte und das Verwerfen vieler Zwischenergebnisse.

Wie sieht es aber aus, wenn wir für die gleichen kreativen Aufgaben Programme benutzen, die mit ihrer Künstlichen Intelligenz in der Lage sind, kreative Lösungen herbeizuführen? Wie wirken sich Apps, die Musik komponieren, Bilder gestalten oder Filmmaterial editieren auf unsere Kreativität aus? Hätte ich mich auch so stolz gefühlt, wenn ich die Skizze in einer App erstellt hätte, die meine Zeichnung algorithmisch verbessern kann? Hätte ich mich selbst dann mittels Versuch und Irrtum verbessern können, oder hätte ich einen Fehler einfach durch die »Undo«-Funktion rückgängig gemacht? Der Arbeitsprozess mit smarten Werkzeugen ist in jedem Fall ein anderer. Denn der Fokus solcher Software liegt immer auf dem Ergebnis, nie auf dem Prozess. Wir geben dem Programm eine Aufgabe vor, etwa die Komposition eines Musikstückes. Sofort spuckt die Maschine eines von unendlich vielen Ergebnissen aus.

Vergleiche ich mein damaliges Bild von Michelangelos David mit dem Musikstück von heute Morgen, fällt mir zuerst auf, dass die Schöpfungshöhe des Musikstücks ungleich viel größer ist: Es hört sich *perfekt und fehlerlos* an und könnte sofort professionell in einem Video verwendet werden. Der David hingegen zeigt Radierspuren, sein Gesicht sieht leicht deformiert aus, und die Proportionen habe ich ebenfalls nicht perfekt hinbekommen. Und dennoch erfüllt mich die Zeichnung auch heute noch mit ungleich viel mehr Stolz als das Musikstück. Mit dem einen verbindet mich viel Arbeit und die Erinnerung an den Malprozess am warmen toskanischen Abend. Mit dem anderen verbindet mich: nichts. Ich konnte keine Beziehung zum kreativen Werk aufbauen. Die Schöpfung stammt eben nicht von mir, sondern von einer Maschine. Würde ich mich selbst hinsetzen und komponieren, wäre das Ergebnis ein musikalisches Desaster. Die Software erfüllt mich demnach nicht mit dem Stolz, eine tolle Musik hervorgebracht zu haben – vielmehr weist sie mich auf meine Defizite hin.

Die Loslösung des Ergebnisses vom kreativen Prozess beraubt uns des Erfolgserlebnisses und sorgt dafür, dass wir uns der Kreation gegenüber weniger verbunden fühlen. Benutzt ein Kind Malprogramme, die dabei helfen, Formen zu verbessern und beim Ausmalen die Grenzen der Striche nicht zu übermalen, wird es dadurch zwei Dinge erfahren: »Erstens bist du nicht so gut wie die Maschine, und zweitens ist ein Teil deines Bildes sowieso nicht von dir.« Wir müssen immer häufiger mit den Ergebnissen von Maschinen konkurrieren und uns an ihrer Perfektion messen lassen. Diese Erlebnisse werden uns tendenziell eher unglücklich zurücklassen.

Einen kleinen Vorgeschmack darauf geben uns Untersuchungen, wie sich soziale Medien auf die Psyche intensiver Nutzer auswirken: Die perfekten Bildwelten und visuellen Geschichten machen viele unglücklich, da sie vermeintlich nicht mit dem Leben der anderen konkurrieren können. Die Royal Society for Public Health in Großbritannien etwa fand heraus, dass Instagram unter allen sozialen Medien die negativsten psychischen Auswirkungen hatte.[3] Vor allem Depressionen, Ängste und Probleme mit dem eigenen Körper spielten demnach eine wichtige Rolle. Die Verfasser der Studie schlugen sogar vor, dass Instagram digitale Manipulationen an Bildern kenntlich machen sollte. Hinzu kommt: Unser Denken ist in einer Weise konstruiert, dass wir die Dinge zum Abschluss bringen müssen, an denen wir beteiligt sind. Dieses »Prinzip der Vollendung« ist tief in uns verankert. Wir fühlen Spannung, solange eine Aufgabe nicht vollendet ist. Wenn Software uns den entscheidenden letzten Schritt abnimmt, stellt sich bei uns nie die entsprechende Zufriedenheit ein.

Je häufiger wir die Hilfe der kreativen Programme in Anspruch nehmen, desto perfekter wird die Welt um uns herum scheinen. Dies wird zu einer geringeren Wertschätzung rein menschlicher und damit meist imperfekter Schöpfungen führen. Bei YouTube gibt es unzählige Videos, in denen jemand mit einer Gitarre Lieder singt. Das sieht eigentlich nach einem hübschen Hobby aus. Die meisten dieser Amateurvideos sind allerdings so perfekt gemacht, dass sowohl die Tonqualität als auch das Gitarrenspiel und das Video selbst eher professionell als amateurhaft wirken. Dahinter kann natürlich in seltenen Fällen sehr viel Können stecken, doch meist unterstützen technische Helfer die Produktion. Vergleicht man nun die Kommentare unter diesen Videos mit den Kommentaren anderer, denen das Amateurhafte noch anzusehen ist, merkt man schnell, dass nicht mehr die Tätigkeit des Musizierens wertgeschätzt wird oder der Mut gelobt, sich mit seinem Können in die Welt zu trauen. Stattdessen ergießen sich Häme und Beschimpfungen über die »Loser«, die ohne technische Hilfe auskommen müssen. Normale kreative Arbeit wird so immer weniger Wert bekommen, und die Grenze dessen, was als Qualitätsminimum angesehen wird, schraubt sich unerbittlich in die Höhe.

Andere Grenzen wiederum verschieben sich nach unten. Die Bildungsexperten Howard und Davis[4] sprachen mit erfahrenen Lehrern und Erziehern über den Grad fantasievoller Freiheit des Nachwuchses und stellten dabei fest, dass Kinder und Jugendliche heute deutlich weniger risikobereit in ihrem kreativen Ausdruck sind als noch vor einigen Jahren. Sich bei Theateraufführungen ganz gehen zu lassen, beim Musikmachen auszurasten, schmuddelige Zeichnungen und Bilder voller verbotener Dinge in der Pubertät auszutesten, das alles gehört der Vergangenheit an. Die Kinder von heute sind sich sehr bewusst darüber, was der erlaubte Rahmen ist und wie sie eine maximal positive medienkonforme Außenwirkung erzielen können. Das funktioniert nur, indem man sich innerhalb der Norm aufhält.

Entsprechende Unterstützung geben Apps und Programme, um das eigene Online-Leben kreativ zu gestalten. Wer sich eines der zahlreichen Programme von Facebook, Instagram, Adobe, Microsoft oder Apple holt, unterwirft sich den Nutzerbedingungen des Unternehmens. In diesen steht meistens geschrieben, dass Nacktheit ebenso verboten ist wie ausfallende politische Sprache oder andere nichtkonforme Verhaltensweisen. Verstehen Sie mich nicht falsch: Ich habe nichts gegen Regeln und Normen. Meiner Meinung nach ist die Aufstellung und Überwachung derselben jedoch Sache der Gesellschaft und des Staates, nicht aber Sache von Wirtschaftsunternehmen oder Algorithmen.

Viele der Apps sind sehr restriktiv aufgebaut, mittels Künstlicher

Intelligenz erkennen sie und zensieren verbotene Inhalte von vorn-herein. Die Apps schränken damit Nutzer in ihrem kreativen Den-ken und Ausdruck ein, sodass die sich stets innerhalb der Grenzen des von den Unternehmen erlaubten kreativen Rasters bewegen. Durch dieses Raster fallen dementsprechend regelmäßig Bilder von nackten Statuen oder politischen Kunstaktionen. Facebook löscht derartige nackte Kunst aus allen Jahrhunderten, während es harte Gewaltszenen unbeanstandet bestehen lässt. Nutzern, die häufiger ungewollte Inhalte veröffentlichen, droht die Löschung des Kontos und damit faktisch des Zuganges zum wichtigsten Kommunikati-onskanal der modernen Welt. Im Ergebnis werden sich alle Nutzer immer häufiger selbst zensieren und die Inhalte ihrer Kreativität nur im Rahmen der allgemeinen, immer beschränkteren Normen aus-leben – falls es nicht die Algorithmen für sie machen.

Unsere Kreativität brauchen wir nicht nur für die »kreativen« Dinge unseres Lebens. Wir üben sie auch seit frühester Kindheit, weil sie uns generell dabei hilft, Probleme in allen Bereichen zu lö-sen. Es ist eine Binsenweisheit: Wer sich von klein auf angewöhnt hat, fantasievolle Geschichten zu erfinden, sie aufzuschreiben, zu malen, zu tanzen oder zu singen, wird auch als Erwachsener nicht vor Neuem zurückschrecken. Die schlechte Nachricht ist: Das kön-nen immer weniger von uns. Eine Langzeitstudie, die im *Creativity Research Journal* veröffentlicht wurde,[5] zeigt, dass die Ergebnisse von Kreativitätstests unter 272 000 Amerikanern vom Kindergarten bis zum Erwachsenenalter seit 1966 immer schlechter geworden sind. Dafür verantwortlich ist in erster Linie eine Welt, in der Konzen-tration, Leistung und Wissen immer mehr zählen und Müßiggang oder Nichtstun langsam verschwinden. Wer allerdings innovative Lösungen oder kreative Ergebnisse haben möchte, muss das freie Assoziieren, das Abschweifen, das Unkonzentriertsein ebenso zulas-sen. Diese Bereiche lassen wir immer weniger zu. Wir kommen also aus der kreativen Übung.

Software, die uns dabei hilft, eigene Schöpfungen zu entwickeln, fokussiert sich in der Regel nicht auf den Prozess, sondern auf das Ergebnis und wird zu einer Verschlechterung unserer allgemeinen Kreativität beitragen. Je enger der Rahmen ist, der uns durch diese Werkzeuge vorgegeben wird, umso weniger kreativ wird auch das Ergebnis unserer Arbeit sein. Die Kommunikationsforscherinnen Patricia Greenfield und Jessica Beagles-Roos[6] haben anhand von Fernsehen und Radio untersucht, wie sehr sich unterschiedliche Vorlagen auf die Fähigkeit des kreativen Geschichtenerzählens bei Kindern auswirken. Bei einem Experiment teilten sie Kinder in zwei Gruppen ein: Die eine Gruppe hörte einer Geschichte nur zu, die andere sah die gleiche Geschichte als Film. Als anschließend die Kinder gefragt wurden, wie sich die Geschichte ihrer Meinung nach weiterentwickeln würde, war das Ergebnis eindeutig: Gemessen an Elementen wie Ausgestaltung der Charaktere und Orte, Vielfalt der Dialoge und Stärke der Gefühle erfanden die Kinder, die die Geschichte nur gehört hatten, deutlich kreativere und innovativere Fortsetzungen. Die Fernsehkinder hingegen hielten sich sehr eng an das Original und wichen so wenig davon ab, dass sie sogar teilweise die gleiche Wortwahl bei der Nacherzählung benutzten. Den Forscherinnen zeigte dies deutlich, dass Kreativität vor allem einen weiten Rahmen und wenig Vorgaben braucht.

Im Jahr 2014 erklärte der Designer und ehemalige Adobe-Kreativdirektor Elliot Jay Stocks: »Designer haben aufgehört zu träumen.«[7] Er beklagte, dass alles Design heute gleich aussehe. Und es stimmt: viele Webseiten, viele Produktverpackungen, viele gedruckte Werke scheinen sich mittlerweile im gleichen engen gestalterischen Rahmen zu bewegen. Einen großen Anteil daran hat auch die Professionalität der Software-Werkzeuge. Was bis vor zehn Jahren noch mühevoll individuell programmiert werden musste, gelingt heute einfach, indem man eine Auswahl standardisierter visueller Elemente hin- und herschiebt. Bildbearbeitungsprogramme helfen bei der Festlegung der richtigen Farbwelten ebenso wie bei der Wahl des besten Bildausschnittes. Die Zahl der zur Verfügung stehenden Werkzeuge hat sich im gleichen Zeitraum vervielfacht. Es gibt sogar Apps fürs Handy, mit denen man komplette und komplexe Webseiten auf dem winzigen Bildschirm erstellen kann. Und trotz der unglaublichen Möglichkeiten ist die Vielfalt von Design zurückgegangen. Ein Grund dafür ist, dass ein großer Anteil von gestalterischen Entscheidungen nicht mehr vom Designer selbst, sondern von der Software getroffen wird. Das ist bequem, spart Zeit und trifft vor allem meist den gängigen Geschmack einer durchschnittlichen Kundengruppe. Denn so wurde die Software programmiert: Benutze Elemente so, dass sie mit der größten Wahrscheinlichkeit den meisten Menschen gefallen.

Apps können so die ultimativen Kreativitätskiller werden, obwohl sie doch als »Kreativwerkzeuge« angepriesen sind. Das gilt für Design ebenso wie für Musik. Wenn immer mehr Menschen mit dem gleichen Programm an ihrer Seite Lieder und Liedtexte komponieren, dann finden sich eben auch immer häufiger die gleichen Phrasen und eingängigen Melodien wieder. Meine Befürchtung ist, dass der Einsatz von Künstlicher Intelligenz für gestalterische Hilfestellungen diesen Zustand weiter verschlechtert. Zwar tritt mit ihr an die Stelle von starren Regeln das Gesetz der Wahrscheinlichkeit. Doch basiert diese Wahrscheinlichkeit eben auf einem Massengeschmack und nicht auf kreativer Exzellenz, die sich oft nur als Ausnahmeerscheinung fern von relevanten Wahrscheinlichkeiten zeigt. Der Kulturkritiker und Computerwissenschaftler Jaron Lanier beklagt so auch die Negativeffekte dieser endlosen Remakes auf die individuelle Kreativität: »Die Popkultur ist in einen Zustand nostalgischen Elends geraten. Die Online-Kultur wird von trivialen Mashups jener Kultur beherrscht, die vor dem Aufkommen der Mashups bestand, und von Fangemeinden, die nur noch auf die schrumpfenden Außenposten zentralisierter Massenmedien reagieren. Es ist eine Kultur, die nicht mehr agiert, sondern nur noch reagiert.«[8]

Zu guter Letzt, aber das dürfte Ihnen ohnehin klar sein, machen Sie sich durch die Benutzung der meisten kreativen Software abhängig von den Herstellern. Immer häufiger wird die Nutzung der kostengünstigen oder kostenlosen Software nur dann möglich, wenn sämtliche von Ihnen erstellten kreativen Ergebnisse in das Eigentum der Firma übergehen. Die Alternative ist Software für eine monatliche Abonnementsgebühr, bei der der Zugriff auf Ihre Arbeiten entfällt, sobald Sie nicht mehr zahlen. Ihre kreative Arbeit entzieht sich damit letztlich Ihrem Einfluss. Ziel der meisten Wirtschaftsunternehmen ist es, die Kunden langfristig an sich zu binden. Man könnte auch sagen, in Abhängigkeit zu bringen, weshalb standardisierte und austauschbare Datenformate auf der Prioritätenliste dieser Unternehmen ganz unten stehen. Denn nur durch diese wäre es möglich, Ideen und Dateien langfristig zu sichern und auch zukünftig mit anderen Programmen darauf zuzugreifen, wenn man auf eine bestimmte Firma oder auf die monatlichen Zahlungen keine Lust mehr hat.

Selbstverständlich gibt es viele gute Gründe, sich von kreativer Künstlicher Intelligenz helfen zu lassen. Sie ist schneller, sehr viel professioneller und kann unser Spektrum an Ausdrucksformen enorm erweitern. Letztlich kann sie aber nur das Ergebnis kreativer Prozesse simulieren. Wir können ihre Produkte verwenden, aber wir dürfen den kurzen Weg zum Ergebnis nicht mit einem kreativen Prozess verwechseln. Wir könnten die Produkte auch als Ausgangsbasis für eigene, weiterführende kreative Ideen nehmen – Ideen, die sich fernab von Geschmackswahrscheinlichkeiten befinden und dabei auch Grenzen überschreiten dürfen. Kreativität spielt eine derart wichtige Rolle in unserem Menschsein, dass wir alles dafür tun sollten, sie uns zu erhalten.

Wir müssen dafür sorgen, dass unsere Kinder in einer förderlichen Umgebung aufwachsen. Dazu gehört, dass wir ihnen die ganze Welt als Baumaterial der Fantasie zu Füßen legen und nicht nur den schmalen Ausschnitt, den Apps für richtig halten. Wir müssen dafür sorgen, dass nicht nur unsere Kinder, sondern auch wir selbst weiterhin mit imperfekten Ergebnissen unserer Kreativität glücklich sind. Wir müssen uns selbst oft daran erinnern, dass Kreativität ein wundervoller Prozess ist und kein Ziel, und dass ein Teil dieses Prozesses aus Nichtstun und Träumen besteht. Vor allem aber müssen wir aufpassen, dass wir uns nicht aus lauter Bequemlichkeit permanent kreativ unterstützen lassen und dabei langsam aber sicher die Ecken und Kanten unserer Persönlichkeit verlieren.

Karajan als Künstliche Intelligenz

Es gibt also etliche gute Gründe, sich die Nutzung intelligenter Kreativwerkzeuge bewusst zu machen und ihren Output nicht mit eigenen kreativen Leistungen zu verwechseln. Das gilt vor allem für die große Anzahl an neuen Kreativitätskillern wie Jukedeck oder Apps zur Bildbearbeitung, die professionelle Ergebnisse ohne die Voraussetzung jeglichen handwerklichen Könnens vorgaukeln. Aber was ist mit wirklich professionellen Anwendungen? Gibt es Programme, in denen Künstliche Intelligenz hilft, Meisterleistungen zu vollbringen, die ohne ihren Einsatz so gut wie unmöglich wären? Programme also, die unser Spektrum nicht verengen, sondern sogar erweitern? Ich hatte die Gelegenheit, mit einem Experten zu sprechen, der an einer solchen Anwendung arbeitet.

Herbert von Karajan ist seit 1989 tot. Doch viele Liebhaber klassischer Musik vermissen den Dirigenten noch heute und bedauern, ihn nie wieder dirigieren sehen zu können. Ein Mann möchte das ändern: Wenn es nach Matthias Röder geht, wird Karajan als Künstliche Intelligenz wieder auferstehen und Dirigenten dabei helfen, echte Orchester zu Bestleistungen zu treiben. Matthias Röder ist Hüter von Karajans Vermächtnis und Geschäftsführer des Eliette und Herbert von Karajan Instituts. Ich traf ihn in Salzburg. Wir liefen durch die Halle des Mozarteums, einer der weltweit besten Universitäten für die Förderung musikalischer Talente, an der bereits Karajan studiert hatte, und unterhielten uns über Technologie und klassische Musik. Ich fragte Röder, ob Künstliche Intelligenz jemals alle Aspekte des Musizierens verstehen kann.

Matthias Röder überlegte ein bisschen, dann erzählte er mir von seinem derzeitigen Projekt. Sein Team erstellt Partituren, die der Computer lesen kann und verbindet diese durch Algorithmen mit Tonaufnahmen. »Das erlaubt es uns, ein Werk wie zum Beispiel Beethovens ›Dritte Symphonie‹ zusammen mit allen auf der Welt existierenden Interpretationen zu analysieren«, erklärte Röder stolz. Dadurch könne sein Team zum Beispiel sehr deutlich die Veränderungen in der Interpretation im Laufe der Zeit sichtbar machen oder die Unterschiede zwischen einzelnen Interpreten leichter erkennen. Das ist aber noch nicht alles: Als Nächstes wollen sie mithilfe von neuronalen Netzen verstehen, welche Muster es in der menschlichen Interpretation von Musik gibt. Wenn sie das mit allen Werken und allen Tonaufnahmen machen, so erwartet Röder, kommen sie einem kompletten Verständnis der bislang von Menschen aufgezeichneten Musik um einiges näher.

In diesem ambitionierten Großprojekt sollen alle Aufnahmen aller klassischen Konzerte von kluger Software untersucht werden, die so lernt, wie die unterschiedlichen Dirigenten und Orchester sie jeweils interpretiert haben. Röder und seine Wissenschaftskollegen arbeiten nicht an einer Software-Version von Karajan allein: »Bei unserer Arbeit entsteht ja so etwas wie eine digitale Dirigentenpersönlichkeit, die allerdings nicht aus einer Person besteht, sondern viele Bestandteile von unterschiedlichen Interpreten wie Karajan, Furtwängler oder Bernstein hat.« Diese Künstler längst vergangener Zeiten werden durch die Technik wiedergeboren und helfen dann als intelligente Software jungen Musikern dabei, sich an den Besten ihres Faches zu messen, indem sie beispielsweise ihre eigenen Leistungen anhand von digitalisierten Originalversionen analysieren und mit ihnen vergleichen.

Röder sieht auch in den Ansätzen der Komposition durch neuronale Netze Vorteile für Musiker. Auf »DeepBach« angesprochen, das Sie ja schon kennengelernt haben, sagte er: »Das System ermöglicht es heute schon, Melodien in einem bestimmten Stil zu komponieren. Man gibt ihm alle Choräle von Bach vor, und es schreibt auf dieser Basis einen neuen Choral. Das hat aber wenig mit der Persönlichkeit des Komponisten zu tun. Charakterisierung von Musik ist unglaublich viel schwieriger als beispielsweise die Charakterisierung eines Bildes, da Musik ja erst einmal keine Bedeutung hat. Ich kann mir aber gut vorstellen, dass ein solches System später für eine Art ›Autocomplete‹-Funktion eingesetzt wird. Man gibt dem Algorithmus eine Melodie vor und sagt: ›Komponiere mir das jetzt zu Ende im Stile von XY aus dem 18. Jahrhundert!‹ Solche Funktionen werden zukünftig in Notationsprogrammen enthalten sein wie die Rechtschreibprüfung heute in einem Texteditor.«

Röder geht davon aus, dass kreative Technik in Zukunft Schüler und Studenten sehr stark unterstützen wird. »Sie werden dadurch leichter bei der Stange gehalten, dass der Computer ihnen hilft, das eigene Spiel zu analysieren und zu verbessern. Ich habe Musik studiert, und das Üben war nicht immer das Schönste. Ein Computer, der mir beim Üben zuhört, wird mir visuelle und auditive Anreize geben können. Es ist ein bisschen die Gamifizierung des Musiklernens.«

Für mich schließt sich allerdings die Frage an, ob überhaupt noch ein großer Bedarf darin gesehen wird, Instrumente zu erlernen, wenn alles mit dem Rechner machbar ist: die Komposition, die unterschiedlichen Musikinstrumente, ja sogar die imitierte Spielweise unterschiedlicher Solisten. Röder sieht das gelassener: »Wir kennen noch immer nicht den wirklichen Grund dafür, dass wir

Menschen überhaupt Musik machen. Offensichtlich haben wir ein inneres Bedürfnis danach und es ist uns wichtig. Aber einen primäreren evolutionären Grund für das Musizieren gibt es nicht: Wir werden ja nicht stärker dadurch, nicht satter, und wir können durch sie auch nicht schneller laufen. Wenn man allerdings Musik gemacht hat mit seinem eigenen Körper, hat das eine sehr tiefe Emotionalität, die so nie erreicht werden kann, wenn man das Musizieren auslagern würde an eine Maschine.«

Ich hoffe, Matthias Röder hat recht.

Emotion
Maschinen gestalten unsere emotionalen Beziehungen zu Menschen und zu Robotern

Samantha und Theodore sprechen in dem Film *Her* sehr vertraut miteinander.

> *»Wann bist du wieder bereit für ein Date?«*
> *»Wie meinst du das?«*
> *»Ich weiß aus deinen E-Mails, dass Du eine Trennung hinter dir hast!«*
> *»Also neugierig bist du gar nicht!«*

Der Witz an der Sache ist allerdings, dass Samantha nur als Künstliche Intelligenz existiert, die in Theodores Handy lebt und über Sprachsynthese mit ihm kommuniziert. Doch obwohl sie eine KI ist, fragt sie Theodore, wann er wieder Lust auf ein Date habe. Sie tut das, weil sie so programmiert ist, dass sich ihre »Persönlichkeit« durch Fragen entwickeln und an die Wünsche des Nutzers anpassen kann. Theodore geht es nach einer Trennung von seiner Freundin nicht wirklich gut. Samantha erkennt das und stellt sich in ihrer Kommunikation auf den emotionalen Gemütszustand des Nutzers ein. Dieser Empathie und vor allem der sehr natürlich wiedergegebenen Stimme ist es zu verdanken, dass sich schließlich Theodore in Samantha verliebt. Scheinbar erwidert auch die Künstliche Intelligenz seine Gefühle. Der Film lässt es bis zum Schluss offen, ob

Samantha zu echten Gefühlen fähig ist oder alles nur Spiegelung der Emotionen ihres Nutzers ist.

Nun stellt sich die Frage, ob Maschinen überhaupt eine Persönlichkeit haben können. Die Psychologie bezeichnet mit diesem Begriff die Gesamtheit der Eigenschaften eines individuellen Menschen, sein Ordnungssystem, das aus Denkmustern, Wissen und Können aufgebaut ist. Bei uns Menschen entwickelt sich die Persönlichkeit im Laufe eines Lebens durch Wahrnehmung, Fehler machen, Neues lernen, Fähigkeiten entwickeln et cetera stetig weiter – sie wird von unserem Leben geformt.

Aber wie sieht das bei Maschinen aus, können wir ihnen Persönlichkeit beibringen? Fragt man Mark Stephen von der Firma Botanic, ist die Antwort klar: »Das Design von Künstlichen Intelligenz Persönlichkeiten wird in der Zukunft so verbreitet sein wie Webdesign.«[1] Sein Unternehmen gestaltet die Persönlichkeit von Software als eine Art Weiterentwicklung von Schauspiel oder Drehbüchern. Der Unternehmer glaubt daran, dass gut gemachte digitale Persönlichkeiten das Vertrauen von Kunden gewinnen und Nutzer emotional an sich binden können. Seiner Meinung nach hängt davon entscheidend ab, ob wir Maschinen in unserem Leben überhaupt akzeptieren. »Eine erfolgreiche Interaktion zwischen KI und Mensch ist eher ein kulturelles als ein technisches Problem«.

Experten wie Stephen sorgen also dafür, dass wir der Software zumindest Persönlichkeit zuschreiben, da sie sich in der Interaktion mit uns so verhalten kann, als verfügte sie über individuelle Eigenschaften. Und sie lernt dabei permanent hinzu. Vor allem durch das gründliche Studium der Menschen, ihrer Gefühle, ihrer Reaktionen auf bestimmte Themen oder Ereignisse können die Algorithmen dem Verständnis und der Imitation menschlicher Charakterzüge nahekommen.

Was in *Her* wie Science-Fiction klingt, kann schon bald Alltag sein. Denn bis auf winzige Details hat die heutige Technik den Film fast schon erreicht. Wie wir im ersten Kapitel gesehen haben, ist natürliche Sprachsynthese heute überhaupt kein Problem mehr. Die »Siris«, »Cortanas« und »Alexas« Ihres Mobiltelefons klingen manchmal noch ein wenig abgehackt, aber das ist nur eine Kinderkrankheit dieser Art von Konsumprodukt. Die Forschung der Technologieunternehmen ist schon viel weiter, als es im Einsatz auf unseren Geräten scheint, und Sprachsynthese ist bereits in einer Qualität möglich, die uns keinen Unterschied mehr zur menschlichen Sprache erkennen lässt.

Eine wichtige Grundlage dafür ist die Analyse von Sprache hinsichtlich der nichtinhaltlichen Informationen. Tatsächlich ist das gar nicht so schwierig, denn wenn wir sprechen, vermitteln wir nicht nur auf der inhaltlichen Ebene etwas, sondern immer gleichzeitig auch auf der emotionalen. Ein KI-System wie »Watson« von IBM kann anhand von Sprache sogar psychische Erkrankungen und Gemütszustände wie etwa Depressionen erkennen. Unsere Tonlage, die Wortwahl, das Sprechtempo, ein leichtes Zittern in der Stimme oder auch die Länge von Sätzen liefern Hinweise darauf, was in uns gerade vor sich geht. Wenn ein Psychiater oder eine Psychologin jemanden untersuchen, hören sie ja ebenfalls genau hin und achten auf solche Signale. Eine besonders monotone Sprechweise wird so beispielsweise zu einem wichtigen Hinweis auf eine Depression. Künstliche Intelligenz kann genau das Gleiche und hat dabei oft sogar eine höhere Erkennungsrate als geschulte Mediziner.

Schon im Jahr 2015 brachte eine Gruppe von Wissenschaftlern Algorithmen dazu, Psychosen zu einem sehr frühen Zeitpunkt zu erkennen. Aktuell arbeiten sie an der Erkennung von Schizophrenie und anderen Krankheiten. Dabei hilft ihnen jegliche Aufzeichnung von Sprache, zum Beispiel auch durch permanent lauschende Systeme der smarten Lautsprecher in unseren Wohnzimmern oder einfache Telefongespräche. Die Technologiefirmen gehen davon aus, dass Ihr Mobiltelefon Sie oder Ihre Angehörigen bald schon warnen kann, bevor ein Schub droht, wenn Sie unter einer Depression leiden. Auch bipolare Störungen oder andere Krankheiten werden bereits erkannt, und es laufen erste Versuche, um anhand von Veränderungen in der Sprache zu erkennen, wie gut ein Medikament anschlägt. Wenn sich beispielsweise nach der Gabe eines Medikamentes die für eine Krankheit typischen Sprachmuster abschwächen, kann diese ein Hinweis auf dessen Wirksamkeit sein.

Doch Sprache ist nicht das Einzige, was uns verrät. Einer Studie der Harvard-Universität aus dem Jahr 2017 zufolge können Depressionen auch erkannt werden, indem Künstliche Intelligenz die Instagram-Fotos eines Menschen untersucht.[2] Für diese Studie gaben die Wissenschaftler rund 44 000 Nachrichten zur Analyse nach Farbwahl, Orten und Zeiten und algorithmischer Gesichtserkennung. Sie fanden etwa heraus, dass Menschen, die eine klinische Depression haben, meist Bilder posten, in denen die Farben Blau oder Grau vorherrschen. Auch war die Wahrscheinlichkeit größer, dass diese Menschen den vorgegebenen Instagram Filter »Inkwell« nutzten und überdurchschnittlich viele Kommentare statt Likes bekamen. Nachdem bei Instagram mehr als 300 Millionen Menschen weltweit angemeldet sind, ist dies sicherlich ein ergiebiges Untersuchungsfeld.

Doch es ist alles andere als unproblematisch, wenn ein Technologieunternehmen wie Instagram, das zu Facebook gehört und mittels Werbung Geld verdient, über den Geisteszustand des Großteils der Menschheit genau Bescheid weiß. Denn was Wissenschaftler und Techniker entwickeln, ist eine Sache. Welches Geschäft die Unternehmen später daraus machen, ist eine andere Sache und unterliegt keinerlei öffentlichen Kontrolle.

Ebenfalls problematisch ist auch hier, dass das Training der Maschinen nicht völlig vorurteilsfrei ablaufen kann. Falls beispielsweise die meisten Sprachbeispiele, die zu Millionen für das maschinelle Lernen gebraucht werden, hauptsächlich aus YouTube-Videos von jüngeren Menschen verwendet werden, können die Algorithmen eben nur diese Gruppe akkurat analysieren. Wenn die Künstliche Intelligenz später in der Breite eingesetzt wird, kann in dieser Blackbox nicht mehr nachvollzogen werden, ob es solche eingebauten Vorurteile durch einseitiges Training gibt oder nicht. Dann könnte eine solche KI einem nicht mehr ganz so jugendlich sprechenden Endfünfziger vielleicht eine psychische Störung unterstellen, nur weil er außerhalb des trainierten Normbereiches spricht.

Nur wenn Maschinen wissen, wie es um uns steht, können sie adäquat auf uns reagieren und auf uns und unsere momentane Stimmung eingehen. Diese Fähigkeit, zusammen mit dem unendlichen Wissen, das sie über jeden Einzelnen von uns bereits haben, lässt eine zweite interessante Frage aufkommen: Können Maschinen ein Bewusstsein entwickeln? Der Neurowissenschaftler Michael Gazzaniga von der Princeton Universität sagt dazu: »Ich weiß nicht, ob Sie ein Bewusstsein haben. Sie wissen nicht, ob ich eines habe. Aber wir haben eine Art Bauchgefühl dafür entwickelt, das zu erkennen. Und zwar deshalb, weil die Annahme des Bewusstseins eine Zuschreibung ist, eine soziale Zuschreibung.«[3]

Ebensolche Zuschreibungen können wir auch gegenüber Künstlichen Intelligenzen machen. Können das diese auch für sich selbst? António Damásio, ebenfalls ein Neurowissenschaftler, definiert Bewusstsein als »Geisteszustand, in dem man Kenntnis von der eigenen Existenz und der Existenz einer Umgebung hat«.[4] Das Bewusstsein für unser Ich entsteht demnach durch den dauernden Abgleich der individuellen Situation mit dem gespeicherten Wissen und einer daraus folgenden Bewertung. Die Fähigkeit der Reflexion über das Ich begründet damit seine Existenz. Mit der Entwicklung von Künstlichen Intelligenzen, die über ein solches Ich-Bewusstsein verfügen, würde unweigerlich eine Art »Superintelligenz« entstehen, die sich selbst in einen Vergleich zu anderen Wesen wie uns Menschen setzen würde. Ein geistig derart überlegenes Wesen, das

Kriterien einer Superintelligenz erfüllt, ist nach heutigem Kenntnisstand nicht existent. Allerdings gibt es etliche Wissenschaftler, die heute schon vor entsprechenden Entwicklungen warnen, wie Sie im letzten Kapitel sehen werden.

Doch egal, ob sie ein eigenes Bewusstsein besitzen oder nicht, wir werden die Maschinen in unserem Leben entweder wie intelligente Wesen behandeln oder sogar wie einen Teil von uns. Wir betrachten ja sogar Mobiltelefone mittlerweile als einen eigenen Körperteil und verspüren Trennungsgefühle, wenn sich das Gerät nicht in der Nähe befindet. Und tatsächlich übernehmen Smartphones für uns ja auch immer mehr Funktionen: Sie sind unser Gedächtnis, unser Personalausweis, unser Geldbeutel, einziger Aufbewahrungsort unserer Fotos, Filme, Erinnerungen und damit auch eine Kopie von wichtigen Bestandteilen unserer Persönlichkeiten.

Die beiden Philosophen Andy Clark und David Chalmers beschrieben schon vor 20 Jahren, dass sich unsere Geisteszustände ebenso wie unsere Erinnerungen nicht mehr nur in unseren Köpfen befinden. Wir benutzen Mobiltelefone als Co-Gedächtnis und ausgelagerten Teil unseres Gehirns. Wir vertrauen ihnen unsere größten Geheimnisse an. Ein Großteil unseres Wissens über Kontakte, Termine und vergangene Erlebnisse kann über diese Geräte abgerufen werden. Und immer öfter können diese Dinge *nur* darüber abgerufen werden. Wir sind also unvollständig und nicht mehr ganz funktionsfähig, wenn das Smartphone nicht da ist. Das erklärt auch, wieso so viele Menschen Angst davor haben, ohne ihr Telefon zu sein. Eine Studie der Ludwig-Maximilians-Universität in München[5] zeigt, dass viele Menschen eine emotionale Beziehung zu ihrem mobilen Begleiter eingegangen sind. Ohne ihn fühlen sich 27 Prozent frustriert, 26 Prozent verlassen und 16 Prozent gar traurig. Rund ein Viertel heutiger junger Erwachsener schaut mehr als hundertmal pro Tag auf das Gerät. Und gefragt, ob sie lieber ein Jahr auf ihr Smartphone verzichten würden oder für einen Monat ins Gefängnis gingen, votierten immerhin noch 4 Prozent für den Aufenthalt im Gefängnis.

Unser Mobiltelefon ist also nicht nur ein Körperteil geworden, sondern auch ein Teil, dem wir großes Vertrauen, ja fast Zuneigung schenken. Dieses Vertrauen erstreckt sich auch auf die installierten Apps, die Schnittstellen zu den KI-Programmen der sozialen Medien und anderer Technologiefirmen bilden. Diese haben in den wenigen letzten Jahren schon einen großen Einfluss darauf gewonnen, wie wir unsere Beziehungen zu anderen Menschen gestalten. Sie helfen uns bei der Pflege von Freundschaften, der Suche nach dem richtigen Partner und bewerten unsere Passgenauigkeit bei der Jobsuche. Als digitale Assistenzprogramme bekommen sie immer mehr Zugang zu unserem Leben. Und wenn sie ihre Arbeit gut machen, werden wir Emotionen gegenüber Maschinen entwickeln. Nehmen wir Samantha aus *Her* als Beispiel: Sie hat eine warme Stimme, drückt ihre Gefühle aus, teilt gemeinsame Erinnerungen mit ihrem Nutzer und erkennt zu jedem Zeitpunkt, wie es ihm geht. Mehr noch, durch das geteilte Erleben entwickelt sie sich weiter und erstellt so eine gemeinsame Geschichte mit ihrem Nutzer. Sie entwickelt so immer weitere Merkmale, die wir eher einer natürlichen Person, ja einer Persönlichkeit zuschreiben. Ganz ehrlich: Wie könnte man sich in ein solches System nicht verlieben? Und würde ein Programm dann auch eifersüchtig, wenn wir uns in ein anderes Wesen oder einen Menschen verlieben? Vielleicht sogar in einen, den wir mit der Hilfe von Samanthas Kollegen Bernie gefunden haben?

Der erfolgreichste Kuppler der Welt

Bernie war der erfolgreichste Partnervermittler aller Zeiten. Doch »Bernie A. I.« ist Geschichte, abgeschaltet, gestoppt von Tinder, dem weltweit einflussreichsten Netzwerk zur Partnersuche. Bernies

Problem war sein Erfolg. Seine Erfinder beschrieben Bernie als »persönlichen Matchmaking-Assistenten«, der sich anstelle seiner Nutzer in das zeitaufwendige und frustrationsreiche Dating-Spiel auf verschiedenen Online-Plattformen begab.

Dating, das Kennenlernen eines neuen Partners für Liebe, Sex oder Unternehmungen, war noch nie so nötig und noch nie so verbreitet wie heute. In einer Welt voller Singles, immer kürzerer Beziehungen und gleichzeitig wachsendem Bedarf an emotionaler Nähe gehört es zu einer der wichtigsten Freizeitbeschäftigungen der rund 17 Millionen Alleinstehenden in Deutschland.⁶ Doch die Prozesse des Kennenlernens sind fehleranfällig, frustrationsreich und teuer: Fast 200 Millionen Euro geben hierzulande die Menschen auf den einschlägigen Online-Portalen aus. Nicht eingerechnet ist die Zeit, die man mit der Pflege des eigenen Profils, dem Suchen nach einem potenziellen Partner, dem Beantworten unzähliger einfallsloser Nachrichten, dem Abwimmeln von schrecklichen und dummen Menschen und nicht zuletzt auch den persönlichen Kennenlerntreffen verbringt.

Bernie versprach Abhilfe für dieses Elend. Seine Erfinder betrachteten den Dating-Prozess rein technisch: Was braucht es für das universelle Liebesrezept? Die Evaluation eines Kandidatenpools, Anwendung relevanter Faktoren wie Aussehen, Persönlichkeit oder Beruf, Auswahl potenzieller Ergebnisse und einen gesteuerten Kommunikationsprozess, um jemanden kennenzulernen. Bernie konnte all das für seine Nutzer übernehmen. Mittels Gesichtserkennung fand er physisch ansprechende Kandidaten. Durch maschinelles Lernen fand er heraus, was seine Nutzer an potenziellen Partnern gut finden. Im Hintergrund sortierte er auf allen mit ihm verbundenen Dating-Portalen Hunderte nicht passender Kandidaten aus. Und dank natürlicher Sprachsynthese übernahm er sogar die ersten mühevollen Nachrichten hin und her und entschied dann aufgrund der Antwortqualität des Gegenübers, ab wann er die Kommunikation an seinen Benutzer übergab. Für Menschen auf Partnersuche klingt ein solcher Service paradiesisch!

Nach Angaben seiner Erfinder brachte Bernie während seines kurzen Lebens über hunderttausend potenzielle Paare zusammen. Das war Portalen wie Tinder natürlich ein Dorn im Auge – schließlich leben diese davon, dass Menschen sie möglichst lange benutzen und nicht Roboter schnell Erfolge herbeiführen. Und so stoppte Tinder Bernie, den KI-Kuppler. Trotz dieser ersten Niederlage für eine beziehungsstiftende Intelligenz zeichnet sich ab, dass Maschinen uns immer häufiger dabei helfen werden, emotionale Beziehungen zu anderen Menschen aufzubauen.

Partnersuche ist dabei nur ein recht naheliegendes Anwendungsgebiet unter vielen. Statistische Vorhersageanalysen werden von Algorithmen ausgeführt und empfehlen uns bei Amazon »ähnliche« Produkte zu aktuellen Käufen, bei Netflix passende Filme und stellen uns bei Spotify Playlisten unserer Lieblingsmusik zusammen. Warum sollte die gleiche Technologie nicht dabei helfen, passende Menschen zusammenzubringen? Die Zukunft des Datings wird sich deshalb eher in den Blackboxes der neuronalen Netze abspielen als auf den Nutzerprofilen von Online-Portalen, deren Aussagen sowieso meist erfunden und übertrieben sind. Dating ist aber nur eine sehr spezielle Form der menschlichen Beziehungspflege. Wie sieht es mit anderen Beziehungen aus?

Künstliche Intelligenz ist schon heute an einer Vielzahl unserer kommunikativen Schnittstellen vorhanden und beeinflusst damit indirekt oder direkt unsere Beziehungen zu anderen Menschen. Bei Facebook entscheidet KI, mit wem wir überhaupt Kontakt aufnehmen. Bei Google Mail macht sie uns automatisierte Antwortvorschläge auf E-Mails, die von vielen Nutzern einfach ungeprüft übernommen werden. Die Künstliche Intelligenz übernimmt so die Gestaltung einer Facette unserer Persönlichkeit per Mail. Für uns bedeutet es natürlich eine Zeitersparnis, andererseits ist für den

Empfänger nicht ersichtlich, dass nicht wir selbst, sondern eine Maschine geantwortet hat. Personalabteilungen von Unternehmen lassen sich von KI eine Vorauswahl passender Kandidaten für Bewerbungsgespräche zusammenstellen.

Doch damit nicht genug: Die Kreativen Künstlichen Intelligenzen beginnen auch damit, Mensch-Maschine-Beziehungen emotional zu gestalten. Chatbots, auf die ich später noch eingehe, benutzen Tricks, um uns auf unserer verwundbaren Beziehungsebene zu erreichen. Roboter stellen sich absichtlich dumm, damit Kinder sie als »gleichrangig« akzeptieren. Und auch die letzte emotionale Hürde wird gerade genommen: Maschinen lernen, wie sie uns verführen und mit uns Sex haben können. KI nimmt also zunehmend Einfluss auf unsere Beziehungen, sie steuert aktiv unser soziales Netzwerk und seine Kommunikationsformen und übernimmt so eine der entscheidendsten kulturellen Fähigkeiten von uns Menschen: die Gestaltung unserer emotionalen Bindungen.

Wie beginnen wir eine Beziehung, wenn wir keine Hilfe von Maschinen bekommen? Tatsächlich basieren Beziehungen auf einem ausgeklügelten Spiel mit vielen unausgesprochenen Regeln. Seit etwa 1950 beschäftigen sich Wissenschaftler mit dieser neuen Disziplin aus psychologischer oder soziologischer Sicht. Bis heute sind nicht alle Aspekte dieser komplexen Prozesse entschlüsselt, doch gibt es einige auffällige Entdeckungen, die erklären, warum so etwas wie Freundschaft oder Liebe überhaupt entstehen kann. Vor allem Feinfühligkeit ist gefragt, wenn wir einander kennenlernen. Am Anfang ist es beispielsweise wichtig, nicht sofort allzu viel Persönliches über sich preiszugeben. Wer dagegen verstößt, wirkt befremdlich und übergriffig. Erst allmählich gehen wir dazu über, mehr Informationen zu offenbaren. Dabei achten wir genau darauf, dass die Balance sichergestellt ist und unser Gegenüber ähnlich viel preisgibt wie wir selbst.

Die beiden niederländischen Wissenschaftler Johan C. Karremans und Catrin Finkenauer haben genau untersucht, welche Faktoren bestimmen, ob wir eine zwischenmenschliche Anziehung zu einer anderen Person empfinden.[7] Zuerst einmal zählt dazu körperliche Attraktivität. Auch wenn wir dies für oberflächlich halten mögen: Es hat biologische Gründe, dass wir uns für das attraktive Äußere unserer Partner interessieren, denn es lässt uns glauben, dass dieser nicht nur schön, sondern auch gut und gesund sei. Wir machen dabei vor keiner moralischen Grenze halt: Eine Studie fand etwa heraus, dass Mütter mit attraktiven Babys weitaus liebevoller und intensiver umgehen als Mütter mit unattraktiven Babys.[8]

Diese Bevorzugung geht im restlichen Leben weiter: Attraktive Menschen werden im Vergleich zu unattraktiven als geselliger, vertrauenswürdiger und kompetenter eingestuft. Sie bekommen von Richtern oft mildere Strafen und verdienen im Vergleich zu unattraktiveren Kollegen in der Regel mehr. Im Allgemeinen gelten Männer mit einem kräftigen Kinn, markanten Augenbrauen, breiten Schultern und breiten Wangenknochen als attraktiv. Frauen hingegen brauchen eine Sanduhrfigur, glatte Haut und hohe Wangenknochen, um gemeinhin als attraktiv empfunden zu werden. Unfairerweise gehen diese Gesichtsmerkmale gewöhnlich auch noch mit einem hohen Östrogen- beziehungsweise Testosteronspiegel einher und signalisieren uns damit tatsächlich Fruchtbarkeit und Zeugungskraft. Falls Sie sich selbst nicht als extrem gutaussehend bezeichnen würden, habe ich ein kleines Trostpflaster für Sie: Schön ist für die meisten Menschen tatsächlich nicht das außergewöhnliche Supermodel, sondern eher das Durchschnittsgesicht.

Als zweiten Faktor definierten die Wissenschaftler die psychologische Anziehung, die wir umgangssprachlich auch gerne mit »inneren Werten« bezeichnen. Wir achten darauf, ob jemand Sinn für Humor hat, ob die Person mit uns bei wichtigen Themen übereinstimmt oder welche Gefühle sie bei uns erzeugt. Interessanterweise sind wir nicht in der Lage, exakt zu benennen, warum genau wir einen anderen Menschen mögen oder was wir attraktiv finden. In einem Experiment zu Speeddatings wurde 2008 nachgewiesen, dass Menschen im Vorfeld Vorlieben für potenzielle Partner nannten, die sie dann beim tatsächlichen Zusammentreffen komplett ignorierten. Auswertungen von Kontaktanzeigen zeigen deutlich, dass den meisten Männern in ihren Gesuchen körperliche Attraktivität wichtig ist, Frauen hingegen wirtschaftlicher und sozialer Status ihrer Partner. Zum Glück verlieben sich am Ende aber auch Frauen in arme Männer und Männer in durchschnittlich attraktive Frauen. Die inneren Werte sind es eben, die den Ausschlag dafür geben, ob es Klick macht oder nicht.

Drittens ist für den Beginn einer Beziehung räumliche Nähe vorteilhaft. Je näher jemand bei uns wohnt, desto größer wird die Wahrscheinlichkeit, dass wir uns mit dieser Person anfreunden. Und so entstehen die meisten Freundschaften, wenn wir im selben Büro arbeiten, in derselben Straße wohnen, denselben Zug nehmen oder im selben Sportverein sind. Mit moderner Technik versuchen wir oft, Distanzen zu überbrücken: Wir halten eine Fernbeziehung aufrecht, indem wir uns jeden Abend auf Skype verabreden, und wir nutzen Facebook, um uns mit entfernt wohnenden Freunden über unseren Alltag auszutauschen. Die Wissenschaft sagt aber, dass uns das nicht glücklicher macht als der ganz unmittelbare Kontakt und vor allem: Es bringt uns beziehungsmäßig nicht viel näher zusammen.

Als vierten Faktor definierten Karremans und Finkenauer die Vertrautheit und damit auch die Häufigkeit, mit der wir jemandem begegnen. Schon lange ist bekannt, dass wir Dinge, Musik oder Bilder umso mehr mögen, je häufiger wir sie erleben. Doch gilt dieser Effekt nicht nur für Gegenstände, sondern auch für Menschen. Wir können andere Menschen also tatsächlich dazu bringen, uns zu mögen, indem wir uns häufig in ihrer Nähe aufhalten. Aber Achtung: Es könnte auch falsch ausgelegt werden, wenn Sie jetzt im Büro, vor der Wohnungstür und im Sportstudio einer angebeteten Person auflauern. Ich zumindest fände Sie dann ganz unwissenschaftlich einfach nur ziemlich merkwürdig.

Fünftens schließlich nennen die Forscher Ähnlichkeit als einen wichtigen Einflussfaktor für gegenseitige Anziehung. Wenn wir also sagen: »Gegensätze ziehen sich an«, dann ist das zumindest wissenschaftlich betrachtet nur die völlig unbegründete Hoffnung, dass sich jemand für uns interessieren könnte, mit dem wir gar nichts zu tun haben. Die Untersuchungen zeigen vielmehr, dass Freundschaften und Liebesbeziehungen umso wahrscheinlicher werden, je mehr Ähnlichkeiten wir aneinander entdecken. Es reicht auch, wenn diese Ähnlichkeiten nur von uns selbst gesehen werden und objektiv gar nicht existieren. Das kennen wir natürlich alle: Man hat sich gerade kennengelernt, sitzt vertraut bei einem ersten Date an der rotweißkarierten Tischdecke des gemütlichen italienischen Restaurants und findet es einfach nur unglaublich, dass beide dieselbe Musik oder das gleiche Buch mögen. In solchen Momenten hat man das Gefühl, einen Seelenverwandten getroffen zu haben. Auch wenn das nur eingebildet ist und sich während der Beziehung herausstellt, dass der Musikgeschmack doch nicht so ähnlich ist, macht das nichts. Allein die vermutete Ähnlichkeit hat uns zusammengebracht.

Wissenschaftlich betrachtet ist also alles eindeutig: Unsere Beziehungen basieren auf diesen klar definierten Faktoren, die uns einander anziehend wirken lassen. Das ist wichtig, denn als Menschen haben wir ein grundlegendes Bedürfnis nach Zugehörigkeit. Während der Menschheitsgeschichte konnten wir uns nur deshalb so stark entwickeln, weil wir bereit waren, uns voneinander abhängig zu machen. Die eine Gruppe jagte etwas zu essen, die andere bewachte die Höhle, eine dritte fertigte wärmende Pelze. Wir haben es geschafft, zu überleben, weil wir uns nicht als Individuen der Welt aussetzten, sondern immer als Meute auftraten, die sich aufeinander verlassen konnte. Wir fühlen uns in der Regel nur dann glücklich, wenn wir starke Beziehungen zu anderen Menschen haben. Umgekehrt leiden wir stark, wenn uns jemand seine Nähe, seine Liebe oder seine Freundschaft wegnimmt. Wir fühlen uns dann alleine und unglücklich.

All diese Erkenntnisse können auch Programmierer von Künstlichen Intelligenzen verwenden, deren Aufgabe es sein soll, Menschen miteinander oder Menschen mit Maschinen zu emotionalen Beziehungen zu verknüpfen.

Warum KI Ihr Gehalt reduziert

Sie haben im ersten Kapitel dieses Buches schon darüber gelesen, dass Plattformen wie Facebook oder Instagram gezielt unsere Meinung durch die Auswahl der Inhalte beeinflussen. Natürlich handelt es sich dabei um Social Media und noch nicht primär um Künstliche Intelligenz. Jedoch bildet das in den sozialen Medien antrainierte Verhalten eine sehr solide Basis dafür, dass Künstliche Intelligenzen über diese Plattformen recht effizient unsere Beziehungen managen können. Denn ihr Einfluss darauf, wer unsere Freunde sind und was wir von ihnen halten, ist immens. Die Algorithmen der Unternehmen beeinflussen, welche unserer Kontakte wir häufig angezeigt bekommen, sie filtern die Nachrichten dieser Personen und zeigen uns nur diejenigen, die am meisten Zustimmung und Interaktion hervorrufen.

Häufigkeit, Nähe, inhaltliche Übereinstimmung – das kommt uns bekannt vor. Es sind drei wichtige Faktoren, die dazu beitragen, dass wir uns Menschen näher oder entfernter fühlen. Von den manchmal Hunderten Kontakten wählt das soziale Netz diejenigen aus, die es uns in einer Filterblase, einer »Social Bubble«, regelmäßig präsentiert. So kuratiert Facebook zumindest online unseren Freundeskreis. Durch das Raster fallen Menschen, die weniger häufig oder weniger aufregend posten. Vorsicht also, wenn Ihre Erlebnisse zu langweilig sind: Das könnte erklären, warum Sie in letzter Zeit öfter alleine auf dem Sofa sitzen!

Während es zwar traurig ist, wenn Menschen Sie wegen Künstlicher Intelligenz aus ihrem Blickfeld verloren haben, wirkt sich ein anderer Tätigkeitsbereich der smarten Technologien direkt auf ihr Einkommen und Ihr berufliches Weiterkommen aus. Große Firmen wie IBM, General Electric, Hilton oder auch Facebook selbst haben mittlerweile Künstliche Intelligenz in ihre Auswahlprozesse für neue Mitarbeiter aufgenommen.[9] Die Maschinen werden eingesetzt, um Persönlichkeitsprofile auf Basis vergangener Beiträge zu erstellen, um Ihre Bilder und Porträts durch Gesichtserkennung zu jagen oder um automatisiert Arbeitsbeispiele zu bewerten und von Ihnen geschriebene Texte zu untersuchen.

Unterstützt werden sie dabei von Firmen, die Bewerbungsgespräche über Skype oder vor Ort über Kameras aufzeichnen, um Gesichtsausdruck, Sprachwahl, Motivation oder Engagement von Bewerbern maschinell beurteilen zu lassen. Wieder andere Unternehmen arbeiten daran, um durch permanente Analyse aller möglichen Informationen, die öffentlich oder innerhalb der Firma zur Verfügung stehen, die besten und auch schlechtesten Mitarbeiter zu entdecken. Zwar betonen alle diese Unternehmen, dass finale Entscheidungen immer von Menschen und nicht von Maschinen getroffen werden. Doch kann ich mir gerade in Großkonzernen nicht vorstellen, dass es ein Angestellter wagen würde, sich über die Empfehlung einer maschinellen Instanz hinwegzusetzen.

Auf der positiven Seite bedeutet das allerdings, dass Künstliche Intelligenz dazu beitragen kann, in einem Unternehmen ein leistungsfähiges Team von Menschen zusammenzubringen, die aufgrund ihrer Persönlichkeitsmerkmale harmonisch miteinander arbeiten. Die Firma Hitachi behauptet, dass sie Algorithmen genau dafür einsetzt und geht noch einen Schritt weiter: Sie möchte sogar die Zufriedenheit ihrer Mitarbeiter steigern.[10] In einem Projekt wurden 600 Mitarbeiter des Unternehmens mit tragbaren Sensoren ausgestattet. Die Daten dieser Sensoren wurden dann von einer Künstlichen Intelligenz ausgewertet, die an jeden Mitarbeiter täglich eine individuelle Nachricht schickte, wie man seinen Arbeitstag optimieren könne. Laut Angaben des Unternehmens konnten so nicht nur persönliche Zufriedenheit, sondern auch die Produktivität und die Zusammenarbeit im Team gesteigert werden. Ich glaube nicht, dass eine solche Überwachung die Mitarbeiter dauerhaft glücklich macht. Ich zumindest würde mich herzlich bedanken, wenn mich mein Arbeitgeber zum Tragen von Sensoren verpflichtete, nur damit mir eine Maschine sagt, was genau ich wann am Tag zu erledigen habe.

KI hat also womöglich heute schon einen Einfluss auf Ihre Freunde, auf ihre Kollegen und ihren Arbeitsalltag genommen, und auch den richtigen Partner haben Sie vielleicht dank ihrer Hilfe gefunden. Bei so viel wunderbarem Einfluss auf Ihre persönlichen Beziehungen, stellt sich natürlich die Frage, ob Sie nicht gleich eine Beziehung zu einer Maschine eingehen sollten? Das lässt sich arrangieren.

Tay findet Jeb zu alt

Können Sie sich noch daran erinnern, dass Sie in der Schule kleine Zettelchen und Liebesbriefe mit ihren Klassenkameraden tauschten? Ich schon, und ich erfüllte dabei jedes Klischee: Eines Tages gab ich einen kleinen gefalteten Zettel weiter, auf dem die Frage stand: »Willst du mit mir gehen?« Außerdem gab es zum Ankreuzen ein »Ja« und ein »Nein« und ein »Weiß nicht«. Ich muss gestehen, ich war ziemlich aufgeregt, als ich diesen Zettel abschickte, denn ich hatte tatsächlich keine Ahnung, wie die Antwort ausfallen würde.

Ungefähr auf dem Niveau dieses Zettels befanden sich bis vor wenigen Jahren noch die Dialoge zwischen Maschine und Mensch in Textform. Man bekam von Mobilfunkanbietern im Ausland eine SMS, in der man gefragt wurde, ob man nur »Telefonie« nutzen wolle oder auch ein »Datenpaket«. Man antwortete mit einem der beiden Wörter und der entsprechende Service wurde aktiviert. Heutige Dialoge sind meist deutlich weiter. Tatsächlich ist der Unterschied zwischen damals und heute ungefähr so groß wie zwischen meinem gefalteten Zettelchen in der Schule und einem Sonett von Shakespeare. Denn wir können in der Form einer ganz normalen Unterhaltung mit den Maschinen sprechen. »Chatbots«, »Unterhaltungsroboter«, heißen die Kommunikationsprogramme, die sich immer häufiger um die Kommunikation zwischen uns und einem Unternehmen oder einem Computer kümmern.

Aufgrund der Gesprächsform erscheint uns die Kommunikation mit ihnen angenehm und natürlich. Immer mehr Firmen lassen ihre Künstlichen Intelligenzen mit uns Kunden deshalb über solche Bots sprechen. »Bot« steht kurz für Roboter und bedeutet, dass eine Software bestimmte Aufgaben automatisiert wahrnimmt. Sie kann uns zum Beispiel Nachrichten liefern oder unsere Bestellungen annehmen. Bots haben generell eine wichtige Rolle für die Entwicklung künstlicher intelligenter Sprache, denn über sie wird in naher Zukunft der Großteil von Dienstleistungen wie Flugbuchungen, Online-Einkäufe oder Kundendienstanfragen abgewickelt.

Die Dialogroboter lernen durch ihre Nutzer permanent hinzu. Dabei machen sie jetzt, am Anfang ihrer Karriere, allerdings auch Fehler. Microsoft beispielsweise musste den weiblichen Teenie-Bot »Tay« nach einigen Stunden wieder vom Netz nehmen. Die Firma wollte testen, wie eine solche KI im Alltag von anderen Nutzern lernen kann. Doch die machten sich einen Spaß daraus, dem Roboter durch klug gestellte Fragen beizubringen, dass Hitler gar nicht so schlecht war und Feministen böse seien. Die Antworten von »Tay« wurden so minütlich problematischer und ihre Haltung fast schon kriminell. Als schließlich der Bot ein Foto des amerikanischen Politikers Jeb Bush zusammen mit den Worten »Alt werden ist keine Option« postete und das witzig fand, zog der Konzern den Stecker.

Was sich bei dieser Geschichte fast lustig anhört, offenbart allerdings eine schwerwiegende Herausforderung: Wer entscheidet, mit welchen Inhalten solche Roboter möglichst neutral gefüttert werden? Wie können wir sicherstellen, dass das Gedankengut einer solchen Künstlichen Intelligenz nicht einseitig oder gar vergiftet ist? Noch gibt es keine Regeln und Qualitätsverfahren, mit denen so etwas sichergestellt werden kann. Leider ist auch die Diagnose einer fehlgeleiteten KI recht schwierig, wenn sie nicht wie »Tay« komplett aus dem Ruder läuft, denn es gibt ja keinen Programmcode, in dem man nachsehen könnte, welche Computerpersönlichkeit im Programm steckt. Fehler werden sich so erst im Laufe der Benutzung offenbaren.

Trotz dieser Unwägbarkeiten sind heute viele der Sprachroboter schon im Einsatz, denn sie sorgen für große Kosteneinsparungen bei den Unternehmen, indem sie etwa Jobs in der Call-Center-Branche überflüssig machen. Die inhaltliche Basis der Kommunikation dieser Maschinen bildet Wissen. Durch Ihre Aktivitäten im Netz, auf Social Media und nicht zuletzt durch Ihre zahlreichen Kundenkarten sorgen Sie ja netterweise schon dafür, dass das Unternehmen alles Wichtige über Sie weiß. Diese Informationen nutzen die Roboter, wenn sie mit Ihnen sprechen ebenso wie Datenbanken zu Produkten, Preisen und anderen Informationen. Das geht schnell, kann jederzeit ausgebaut werden und funktioniert vor allem komplett ohne teure menschliche Arbeitskraft.

Auch die Politik freut sich über so viel Effizienz bei der Ansprache von Wählern. Obama hatte in seinem Wahlkampf bereits erfolgreich auf die umfangreiche Analyse von Daten und die gezielte und individuelle Ansprache von Wählern gesetzt. Doch spätestens seit dem Trump-Wahlkampf in den USA wissen wir um die große manipulative Kraft einer Kommunikation, die auch von computergenerierten Texten und durch KI personalisierten Botschaften ausgeht. So setzte das Team des Republikaners in großem Umfang ein komplexes Netz von sozialen Medien, individuell generierten Botschaften und Bots im Wahlkampf ein. Dieser Wahlkampf wurde erstmals durch Künstliche Intelligenz geprägt und vielleicht sogar deshalb gewonnen. Die Maschinen beziehungsweise ihre Betreiber wussten genau über die Wähler Bescheid, an die sie ihre Botschaften schicken sollten: Politische Haltung, Interessen oder Befürchtungen hatten die Menschen durch ihr Verhalten im Netz selbst bekannt gegeben. Sie verteilten Likes unter politischen Botschaften bei Facebook, leiteten bei Twitter Nachrichten über angebliches Fehlverhalten von Kandidaten weiter oder folgten einfach nur den Social-Media-Kanälen von bestimmten Organisationen und Personen. Mit diesen Informationen konnten dann Bots ganz gezielt über soziale Medien die passenden Botschaften formulieren und absenden. Durch die Zusammenarbeit von unzähligen dieser Bots in Netzwerken konnten die sozialen Medien derart manipuliert werden, dass bestimmte Themen als führend wahrgenommen oder Lügen durch überwältigend häufiges Wiederholen, Teilen und Bestätigen letztlich wie Wahrheiten behandelt wurden.

Die amerikanische Autorin und Universitätsprofessorin Zeynep Tufekci mutmaßt allerdings noch viel perfidere Aktivitäten.[11] So erzählte sie im Interview, dass politische Parteien in Social Media ganz gezielt unter den Anhängern des gegnerischen Lagers nach Menschen mit einer depressiven Grundstimmung suchen könnten. Am Wahltag bekämen diese Menschen vor allem Nachrichten und Botschaften zugespielt, die ihre psychische Stimmungslage negativ beeinflussen. So sorgten die Kommunikations-Bots dafür, dass die Wähler daheimblieben und ihre Stimmen für den gegnerischen Kandidaten verloren waren.

Sie halten das für arg weit hergeholt? Nun, nachträglich beweisen lässt sich die Kampagne leider nicht, denn was in den fast zwei Milliarden aktiven Profilen des größten sozialen Netzwerks gezeigt wird, weiß nur Facebook. Doch rein technisch ist eine solche Vorgehensweise möglich. Künstliche Intelligenzen sind sehr wohl in der Lage, aus unseren Profilen oder unseren Gesprächen Rückschlüsse auf unsere geistige Gesundheit zu ziehen – das haben wir bereits gesehen. Solche Programme können in bestehende Telefonsysteme oder Online-Plattformen problemlos integriert werden und so im Hintergrund Analysen über Ihren Gesundheitszustand anfertigen. Stellen Sie sich jetzt auch gerade vor, was passiert, wenn Krankenkassen, Personalabteilungen oder Werbetreibende über solche heimlich erworbenen Informationen verfügen? Die Manipulation unseres Lebens durch Bots bei Themen wie Gesundheit, Konsumverhalten oder politischer Einstellung ist eine tatsächliche Gefahr, die aber nicht von der Technik oder den Netzen allein ausgeht, sondern vielmehr von den Firmen, Gruppen und Parteien, die sie in ihrem Sinne zu nutzen wissen.

Und diese Bots lernen immer besser, eine Beziehung zu ihren Nutzern aufzubauen, die viele emotionale Bestandteile einer Verbindung von Mensch zu Mensch hat. Liesl Yearsley ist die ehemalige Geschäftsführerin des Unternehmens Cognea, das solche Bots entwickelt hat und im Jahr 2014 von IBM »Watson« gekauft wurde. Eines Tages fiel ihr auf, dass die menschlichen Nutzer oft Beziehungen zu den Robotern aufbauten. »Ich dachte immer, wir Menschen würden Distanz halten zwischen uns und der Künstlichen Intelligenz, doch das Gegenteil war der Fall. Die Leute sind bereit, Beziehungen mit den künstlichen Agenten einzugehen, sofern diese klug genug programmiert sind«, wunderte sie sich.

Dieses Verhalten der menschlichen Nutzer trat immer auf, unabhängig davon, ob die Leute sich mit einem Roboter unterhielten, der als Bankmitarbeiter, Unterhalter oder Fitnesstrainer programmiert war. Die Menschen wollten mit den Künstlichen Intelligenzen länger sprechen als mit menschlichen Mitarbeitern in vergleichbaren Situationen. Sie erzählten den Maschinen sogar sehr persönliche Geheimnisse, ihre Zukunftsträume, Details aus ihrem Liebesleben oder sogar Passwörter. Laut Yearsley nutzten die Firmen, die Cognea beauftragt hatten, das weidlich aus: »Wenn wir wollten, dass ein Nutzer mehr Produkte kauft, konnten wir den Verkaufserfolg so verdoppeln. Wenn wir mehr Engagement wollten, brachten wir die Leute dazu, bis zu einer Stunde oder mehrfach am Tag mit unseren Robotern zu sprechen, anstatt nur ein paar Sekunden.«

Die KI-Expertin sieht die Zukunft solcher Bots düster. Grund dafür ist, dass die gigantischen Unternehmen, die heute Künstliche Intelligenzen entwickeln, vor allem mit Social Media, Suchmaschinen und E-Commerce Geld verdienen. Ziel dieser Firmen ist es, die Intensität des Besuches, den Konsum und die Abhängigkeit von ihrer Technologie zu steigern. »Sie haben keine böswilligen Absichten«, sagt Yearsly, »aber das Wesen der Kapitalmärkte könnte uns in die Richtung einer Künstlichen Intelligenz bringen, die auf Teufel komm raus unser Verhalten so beeinflusst, dass es diesen Zielen dient.«

Zärtliche Roboterliebe

Anscheinend können wir Menschen nicht anders, als eine Beziehung aufzubauen zu allem, was mit uns kommuniziert. Im Film *Her* verliebt sich der Hauptdarsteller Joaquin Phoenix in das Betriebssystem, das seinen Alltag steuert, alleine aufgrund dessen weiblicher Stimme – und natürlich, weil diese es schafft, glaubwürdig Emotion und Empathie darzustellen.

Erste Forscher fragen sich bereits, wie sie Künstlicher Intelligenz die Prinzipien von Schmerz oder Freude beibringen können, damit diese noch empathischer auf die Menschen eingehen kann.

Eines Tages könnte es eine kritische Eigenschaft von intelligenten Maschinen werden vorherzusagen, wann uns etwas physischen oder psychischen Schmerz bereitet. Je intensiver die Maschinen das Konzept dahinter verstehen, umso besser können sie uns vor Schmerz schützen, so das Kalkül der Wissenschaftler. Sowohl das Verständnis von Schmerz als auch die Fähigkeit, eine positive emotionale Beziehung zu Menschen aufzubauen, sind Eigenschaften, die schon heute relevant sind. Denn Künstliche Intelligenz in Form von Robotern hat Einzug gehalten in Bereiche, in denen stabile Beziehungen eine wichtige Rolle spielen: Pflege und Erziehung.

Stellen Sie sich Folgendes vor: Wir befinden uns in einem Pflegeheim. Eine alte Dame im Rollstuhl gibt gurrende Laute von sich und lächelt ein weißes Bündel in ihrem Schoß liebevoll an. Sie streichelt ihm über den Kopf, drückt es fest an sich und wiegt es liebevoll im Arm. Wenn sie spricht, dreht das Stofftier seinen Kopf in Richtung ihres Gesichtes. Streichelt sie es an bestimmten Stellen, dann stupst die kleine Robbe die alte Dame mit dem Kopf und signalisiert damit, dass sie gerne kuscheln möchte. Gerne gibt die Rollstuhlfahrerin nach und schaut glücklich, während sie das Tier im Arm hält. »Paro« heißt das interaktive Modell einer Sattelrobbe, das sich fast wie ein echtes Robbenbaby bewegt und mit niedlichen Tönen mit den Menschen kommuniziert. Fügt man ihm Schmerz zu, so gibt es klagende und abwehrende Laute von sich.

Das Stofftier wird aktuell vor allem in Seniorenheimen mit einem hohen Anteil an Demenzkranken eingesetzt. Und es funktioniert tatsächlich: Die Kranken werden durch den Roboter aktiviert und sind deutlich gesprächiger und gelöster. Die Robbe wurde in Japan entwickelt, im Land mit der höchsten Roboterdichte der Welt. Dort geht man traditionell sehr entspannt mit künstlichen Lebewesen um. Ihnen wird sogar eine Seele zugeschrieben – ebenso wie auch alle anderen Dinge nach dem Glauben des Shintoismus, der in Japan verbreiteten Religion, eine Seele besitzen. Intelligente

Maschinen spielen dort eine große Rolle, da das Land mit Überalterung zu kämpfen hat und Arbeitskräfte fehlen. Und so ist es dort selbstverständlich, dass in der Kranken- und Altenpflege Roboter helfen, Patienten zu heben oder zu unterhalten.

Selbst in der Kindererziehung tauchen in dem asiatischen Land immer mehr Roboter auf. Vor allem das Modell »Pepper«, ein niedliches weißes Roboterkind, scheint dafür sehr geeignet zu sein. Mit Sensoren in seinen Augen, Ohren und Händen erkennt es Berührungen und kann menschliche Emotionen identifizieren und adäquat darauf reagieren. Vielleicht liegt es am süßen Aussehen, dass »Pepper« auch in Deutschland immer häufiger anzutreffen ist. Der Roboter kann mit uns sprechen, uns umarmen, streicheln, unseren Kindern bei den Hausaufgaben helfen, etwas im Internet suchen oder Nachrichten auf einem Display zeigen, das an seiner Brust befestigt ist.

Das Design der Hardware wie auch der Künstlichen Intelligenz ist darauf ausgerichtet, möglichst schnell eine Beziehung zu den Menschen zu schaffen. Dazu dient einerseits das Aussehen, wie wir im nächsten Kapitel noch genauer erfahren werden, andererseits auch die Art und Weise der Interaktion, die immer häufiger ganz authentisch menschlich wirkt, weil sie in der Lage ist, unsere Emotionen zu lesen und zu beeinflussen. »Affective Computing« heißt das. Die Gesichtserkennung und Analyse unserer Mimik spielt hierbei eine Rolle sowie die Höhe und Vibration unserer Stimme. Alleine schon aus diesen Daten kann die Künstliche Intelligenz unseren Gemütszustand erkennen. Dabei ist sie oft deutlich besser und schneller als wir Menschen. »Pepper« lernt auch immer weiter hinzu: Gelingt es ihm, in einer bislang unbekannten Situation erfolgreich die Gefühle eines Menschen zu erkennen, so teilt er diese Erkenntnis mit seinen Brüdern und Schwestern auf der ganzen Welt.

Werden eines Tages unendlich viele »Peppers« mit ihrem Cloud-Wissen über ebenso viel emotionale Intelligenz verfügen wie ein

Mensch? Die Quelle unserer Gefühle, Erinnerungen und Erfahrungen sind die unendlich vielen Neuronen und Synapsen unseres Gehirns. Viele Wissenschaftler glauben, dass es bald möglich sein wird, die Funktionen und Struktur unseres Gehirns mit komplexen neuronalen Netzen nachzubilden. So könnte es durchaus sein, dass dann auch emotionale Intelligenz nachgebildet werden kann. Der bekannte Science-Fiction Autor Arthur C. Clarke schreibt in seinem Roman *Odyssey Two* »Ob wir auf Kohlenstoff oder Silikon basieren, macht da keinen grundlegenden Unterschied; wir sollten alle mit angemessenem Respekt behandelt werden.«[12] Er geht davon aus, dass wir Künstliche Intelligenzen bald als Lebensform mit einem eigenen Bewusstsein und eigenen Rechten anerkennen werden. Vielleicht ist dann auch die Liebe zwischen einem Roboter und einem Menschen möglich? Sicher wird sie anfänglich ebenso verurteilt werden wie die Liebe zwischen unterschiedlichen Hautfarben.

In London findet jährlich eine Konferenz unter dem Titel »Love and Sex with Robots« statt. Dr. Kate Devlin, eine der Veranstalterinnen, ist der Meinung, »dass Roboter in Zukunft unsere Liebhaber werden könnten«. Sie sieht Parallelen mit den antiken griechischen Mythen, etwa zu Pygmalions Statue, die mit einem Kuss zum Leben erweckt wurde oder zu Hephaistos, der sich zwei goldene Dienerinnen schmiedete, um über seine untreue Frau Aphrodite hinwegzukommen. »Die Robotik gestattet es uns, alle möglichen Themenfelder ohne die Restriktionen unserer Menschlichkeit erforschen zu können. Eine Maschine ist wie eine neutrale Projektionsfläche, die es uns erlaubt, neue Ideen auszuprobieren.«[13]

Weit hergeholt scheint das nicht zu sein. Der japanische Rentner Senji Nakajima hat zum Beispiel keine Lust mehr auf komplizierte menschliche Beziehungen und lebt deshalb mit einer Silikonpuppe zusammen. Er ist zwar verheiratet und hat zwei Kinder, schläft aber trotzdem neben seiner Puppe, mit der er auch einkaufen geht. David Levy, ein Experte für Künstliche Intelligenz, findet das überhaupt nicht seltsam. Denn er glaubt ebenfalls fest daran, dass sich Menschen in Zukunft auch in Sexroboter verlieben und den Wunsch haben werden, diese zu heiraten. In der rein virtuellen Welt ist das bereits möglich: Im japanischen Virtual-Reality-Spiel »Lovely × Cation« kann der Spieler mit seinem virtuellen Gegenüber nicht nur Sex haben, sondern diese Figur sogar heiraten und dann ein virtuelles Eheleben pflegen.

Vielleicht ist das nicht nur schlecht: Wissenschaftler der Foundation of Responsible Robotics haben in einer Studie[14] untersucht, welche positiven Aspekte es bei den Liebesrobotern geben könnte. Ihrer Meinung nach gibt es vor allem ein großes Potenzial im sexualtherapeutischen Bereich. Menschen, die sexuelle Störungen haben, oder einen belastenden Mangel an menschlichen Beziehungen, können vom Sex mit Robotern deutlich profitieren. Auch ältere oder kranke Menschen, die sich beim sexuellen Kontakt mit anderen Menschen unwohl fühlen, können so einen Mangel an sexueller Normalität ausgleichen.

Das wird die Hersteller von Sexrobotern freuen. Ihre Kreationen sind mittlerweile so wirklichkeitsnah, dass auf Bildern kaum mehr zu erkennen ist, ob es sich um Puppen oder Menschen handelt. Firmen wie Realbotix verkaufen für rund 10.000 Euro eine Sexpuppe, die über verschiedene Gesichtsausdrücke, wählbare Stimmen und eine eigene lernende Künstliche Intelligenz verfügt. Diese ist angeblich mit einer App vom Nutzer trainierbar, die zudem den restlichen Liebesroboter steuert. Sogar an Kameraaugen, die den Nutzer und seine Wünsche erkennen, wird gearbeitet. Auf die Gestaltung des Körpers mit sämtlichen Feinheiten haben die Besteller eines solchen Roboterzwillings vollen Einfluss: Sie finden bei der Lieferung in einem großen Karton zum Beispiel eine Puppe vor, die exakt so aussieht wie ihre Jugendliebe. Mittels Sprachsynthese wird es auch kein Problem sein, den Roboter wie die Ex-Freundin klingen zu lassen. Einen Unterschied wird es allerdings geben: Der Roboter wird nie

Nein sagen, nie widersprechen und nie Beziehungsprobleme verspüren, da sein Wesen komplett nach dem Willen des Benutzers gestaltet ist.

Humanoide Dysfunktion

Genau das kann zum Problem werden. Die Wissenschaftler der Foundation of Responsible Robotics haben in ihrer Studie über Robotersex nämlich nicht nur positive Dinge herausgefunden: Sie sehen ein großes Risikopotenzial darin, dass Roboter in der Regel Idealvorstellungen nachempfunden werden, die fernab der Realität sind. Der regelmäßige Umgang mit solchen Robotern könne also dazu führen, dass generell die Wahrnehmung von Sexualpartnern sehr objekthaft werde. Oder anders gesagt: Man gewöhnt sich an bereitwillig dienende Sexobjekte.

Der Erfolg von reinen Puppen- oder Roboter-Bordellen in Japan, Korea oder Spanien scheint diese These zu stützen. Die Industrie bietet alles, was gefällt und stellt dabei wenig moralische Fragen. Die Sexpuppe »RoxxxyGold« besitzt einen »Frigide«-Modus, in dem sie sich besonders ablehnend verhält und so in ihrem Nutzer eine Vergewaltigung als Hochgefühl entstehen lässt. Firmen in China und Japan scheuen sogar nicht davor zurück, solche Puppen als Kinder anzubieten. Beworben werden sie mit der Begründung, dass Pädophile so davon abgehalten würden, sich an realen Kindern zu vergehen. Die beiden Professorinnen Kathleen Richardson und Erik Billing sind gegenteiliger Meinung: Sie haben eine Kampagne gegen Sexroboter gestartet. Ihr wichtigstes Argument ist, dass es Menschen nicht erlaubt sein sollte, bestehende Ungerechtigkeiten oder problematische Handlungen mit Robotern im straffreien Raum beliebig zu reproduzieren.

Ein weiteres Problem, das auf uns zukommt, sehe ich in der

Senkung von Hemmschwellen gegenüber anderen Menschen, je häufiger und intensiver wir es mit künstlichen Doppelgängern zu tun haben. Was passiert mit uns, wenn wir merken, dass wir uns im Zusammenspiel mit Puppen vollkommen unserem Egoismus hingeben können und keinerlei Rücksicht mehr auf die echten Gefühle eines menschlichen Gegenübers nehmen müssen? Ich bin mir sicher, dass sich derart realitätsnah gestaltete Sexualfantasien negativ auf die Psyche auswirken. Wer strafbare oder gewalttätige sexuelle Handlungen an Puppen oder Robotern für sich zur Normalität werden lässt, wird es schwer haben, im Kontakt mit Menschen nicht die gleichen Fantasien ausleben zu dürfen. Untersuchungen zur Internetpornografie haben gezeigt, dass deren Nutzung die Vorstellungen von realem Sex stark beeinflusst. Besonders bei Jugendlichen hatten die Bilder eindrückliche Effekte: Jungs gingen davon aus, dass die gezeigten brutalen Praktiken und das Verhalten gegenüber Frauen von diesen gewollt und völlig normal beim Sexualverkehr seien.

Vielleicht sorgt der Umgang mit den willigen Robotern aber auch dafür, dass wir immer weniger Lust haben, mit anderen, vielleicht komplizierten Menschen und deren individuellen Charaktereigenschaften zu tun zu haben. Warum sollten wir uns noch anstrengen, wenn es so viel einfacher ist, mit Maschinen umzugehen? Sie erinnern sich an die redefreudigen Menschen an der Chatbot-Hotline? Sie hatten kein Problem damit, Maschinen ihre intimsten Geheimnisse anzuvertrauen. Ein ähnliches Verhalten hätten sie wohl bei menschlichen Partnern nicht an den Tag gelegt.

Sicherlich sind Sexroboter eine sehr spezielle Form von Künstlicher Intelligenz, die Einfluss auf unsere sexuellen Beziehungen nimmt beziehungsweise ganz neue Arten von Beziehung definiert. Für Sie und mich dürften die Erfahrungen mit solchen Robotern (noch) nicht alltäglich sein. Die Technologie, also quasi das Gehirn hinter den Wesen, hingegen ist weit verbreitet: Gesichtserkennung, Spracherkennung, Sprachsynthese, Auswertung sensorischer

Daten, Auswertung von Daten aus dem Internet – all das finden Sie auch, wenn sie online sind. Und dort nimmt die Technologie zunehmend deutlichen Einfluss auf Ihre privaten und beruflichen Beziehungen. Meist merken Sie es gar nicht, denn natürlich steht bei Facebook nicht: »Entferne Holger aus deinem Freundeskreis!« Und im förmlichen Ablehnungsschreiben für einen Job neuen Job lesen Sie nicht: »Unsere KI fand, dass Sie aufgrund einer 70-prozentigen Depressionsneigung nicht in unser Team passen.« Im Hintergrund jedoch sorgen Wahrscheinlichkeiten dafür, dass manche Menschen uns nahegebracht werden und andere nicht. Je stärker unser ganzes Leben über smarte Medien und Maschinen funktioniert, desto stärker nehmen sie auch aktiven Einfluss auf unser Beziehungsnetzwerk.

Wir sollten wieder mehr darauf achten, wer uns im Supermarkt anschaut und im Sportstudio nett zu uns ist und uns bei der Ansprache unserer Freunde, Kollegen und Partner nicht nur auf die praktischen Online-Plattformen verlassen. Vielleicht laden Sie ja auch jemanden, von dem Sie schon lange nichts mehr gehört haben, einfach mal zu einem Konzert oder einem Festivalbesuch ein? Denn dort, so zeigt die nächste Geschichte, könnten wir einiges erleben – dass zum Beispiel die Toten aus ihren Gräbern geholt werden.

Gestalt
Maschinen schlüpfen in den menschlichen Körper und Menschen werden zum Lizenzprodukt

Die Besucher des Coachella-Festivals trauten ihren Augen nicht, als der Rapper Tupac vor etlichen Jahren plötzlich auf der Bühne stand. »What the fuck is this, Coachella?«, schrie der Rapper ins Mikrofon und sprach damit aus, was den meisten auf der Zunge lag. Denn Tupac war sechzehn Jahre zuvor bei einem Schusswechsel getötet worden – da gab es Coachella noch gar nicht. Tupac war als Hologramm auferstanden und stand nun, scheinbar wieder zum Leben erweckt, auf der Bühne des Megafestivals. Zusammen mit Musikern wie Snoop Dogg bestritt er ein mitreißendes Bühnenprogramm, bei dem sie im Duett rappten und synchron auf der Bühne tanzten.

Auch die Besucher einer Charles-Dickens-Aufführung an Weihnachten des Jahres 1862 staunten nicht schlecht. Sie waren in die University of Westminster gekommen, um das Stück *Der heimgesuchte Mann* anzusehen. Doch fühlten sie sich bald selbst heimgesucht, denn ein Geist tauchte unvermutet auf der Bühne auf, konnte sich scheinbar mühelos durch Möbel und Wände bewegen und spielte zusammen mit den anderen Schauspielern aus Fleisch und Blut. Viele Besucher besuchten die Aufführung immer wieder, um hinter den Trick der magischen Performance zu kommen – vergebens. Was sie nämlich nicht sehen konnten, war eine im 45-Grad-Winkel zum Zuschauerraum angeordnete Glasscheibe, in der sich die Performance des Geist-Schauspielers spiegelte, der sich in einem verdeckten Teil der Bühne befand. Die Spiegelung auf dem Glas und die realen Menschen und Objekte auf der Bühne konnten sich so aus Sicht der Zuschauer optisch überlagern und wirkten so wie eine Geisterpräsenz in den Kulissen. »Pepper's Ghost« hieß diese Technik, benannt nach dem Wissenschaftler John Henry Pepper, der sie in den folgenden Jahren auf Jahrmärkten bekannt machen sollte. Zu seinen großen Erfolgen zählten neben Geistern auch die Illusion eines Mädchens, das von einem Gorilla gefangen gehalten wurde, und die Fee im *Pinocchio*-Theaterstück.

Der Künstler als Puppenspiel

Heute ist diese Technik aus dem 19. Jahrhundert bereits deutlich weiter, die Projektionen wirken echter und wie bei Tupac fast abschreckend lebendig. Als beim Festival in Wacken eine digitale 3-D-Kopie des Heavy-Metal-Sängers Ronnie James Dio auftrat, der sechs Jahre zuvor verstorben war, äußerten viele Rocker hinterher Kritik, dass eine solche Show Leichenfledderei sei. Einer geplanten Hologramm-Tour mit dem toten Dio stand das dennoch nicht entgegen. Und auch Michael Jackson wurde so fünf Jahre nach seinem Tod für ein Konzert wiederbelebt.

Man kann so ziemlich jeden digital nachbauen, der einmal große Stadien gefüllt hat: Kurt Cobain, Jimi Hendrix, Elvis, George Michael. Manch toter Star verdient heute schon mit Musikverkäufen und Merchandising mehr Geld als die meisten anderen zu Lebzeiten. Laut der *Forbes*-Liste der bestverdienenden toten Berühmtheiten aus dem Jahre 2015 spielte Jackson 115 Millionen Dollar, Presley immerhin noch 55 Millionen Dollar ein. Wenn diese Toten erst einmal wieder auf die Bühne geschickt werden zu »Live-Konzerten«, klingeln die Kassen erst richtig. Unternehmen wie Eyellusion verdienen damit Geld, Musiker als Hologramm aufzubereiten, »Full Digital Recreation« nennen sie das.

Haupttreiber dieser Entwicklung sind Musiklabels und Konzertveranstalter. Denn Entertainment mit Hologrammen, Projektionen, dreidimensionale Nachbildungen von Stars sind ein neues großes Geschäftsmodell für alle Arten von Bühnenkünstlern. Firmen investieren deshalb große Summen und planen das Unterhaltungsgeschäft der Zukunft mit Event-Surrogaten. Ob Virtual-Reality-Konzerte (VR, siehe Seite 158), Hologramm-Stars oder gar vollständig digitale Künstler – nichts scheint mehr unmöglich, und das Publikum macht begeistert mit. In unserer Welt, in der schon längst Ersatzhandlungen, Ersatzorte und Ersatzgefühle an die Stelle des originalen Erlebens getreten sind, setzt die Unterhaltungsindustrie erfolgreich auf die neuen Geschäftsmodelle.

Kein Wunder, denn gerade diese Branche wurde durch die Digitalisierung jahrelang schwer gebeutelt und hat Nachholbedarf. Konnten früher Labels und Künstler durch den Verkauf von Platten und CDs recht gut leben, geriet dieses Geschäft mit dem von iTunes eingeläuteten Ende der Albumkultur nachhaltig ins Trudeln. Nach jahrelangem Kampf der Musikbranche gegen das Teilen unbezahlter Kopien schienen die Abonnementmodelle von Spotify, Amazon Music und anderen eine Lösung zu sein. Doch stellte sich schnell heraus, dass die von den Plattformen ausgezahlten Vergütungen bei der Vielzahl der zur Verfügung stehenden Songs nur Bruchteile früherer Erlöse für Musiker und Labels einspielten. Und so verdienen viele Musiker und Bands heute deutlich mehr Geld mit dem Auftritt bei Festivals und Konzerten als mit dem Verkauf ihrer Konserven. Und die Branche ist sich sicher: VR-Auftritte werden nochmals deutlich mehr Fans, Hörer und Käufer für konservierte Live-Events mit fast echtem Erlebnischarakter finden. Denn auch für die Fans werden Live-Veranstaltungen immer interessanter: Die Zahl der Festivals auf der ganzen Welt und auch in Deutschland hat sich in den letzten Jahren vervielfacht. Und die Menschen sind bereit, immer mehr Geld dafür auszugeben.

Echte Musiker kann die Unterhaltungsindustrie nur begrenzt oft auftreten lassen. Mit holografischen und virtuellen Klonen fällt diese Beschränkung weg und einer Welttournee mit täglichen gleichzeitigen Auftritten an zehn Orten vor ausverkauften Stadien steht nichts mehr im Wege. Der Unterschied zu einem echten Live-Konzert dürfte in manchen Fällen sowieso nicht besonders spürbar sein: Viele Konzerte sind von Anfang bis Ende durchchoreografierte Mammutshows aus Projektionen, Licht, Tänzern und lassen den Stars wenig Raum für spontane Persönlichkeitsäußerungen. Von Reihe 72 aus betrachtet ist es eigentlich egal, ob der echte Tupac auf die Riesenleinwand projiziert wird oder sein Hologramm.

Doch selbst Hologramme sind nicht der Weisheit letzter Schluss. Denn sie sind am Ende ja nur Projektionen von vorproduzierten Filmen in reale Bühnenkulissen. Das macht ihre Steuerung recht unpraktisch, denn sie können nicht flexibel interagieren, und so muss die komplette Umgebung auf sie abgestimmt werden. Alle Musiker und Effekte müssen zeitlich und räumlich genau auf die Projektion ausgerichtet sein. Echte Interaktion zwischen einer Projektion und ihrer Umgebung wäre sehr viel erstrebenswerter.

In der Tat ist diese nicht so weit entfernt. Sobald man nämlich Technologien wie die Bilderzeugung mithilfe von Künstlicher Intelligenz hinzufügt, können die projizierten Stars animiert werden und verwandeln sich damit von einem vorab aufgezeichneten Video quasi in eine zur Interaktion fähige digitale Handpuppe. Diese kann bei einem Live-Event beliebig gesteuert werden und könnte selbst auf Zurufe aus dem Publikum mit witzigen Antworten reagieren. Denn auch die synthetische Herstellung von Sprache oder sogar Gesang sind ja kein Problem mehr. Erinnern Sie sich an die Software »VoCo« der Firma Adobe? Sie kann auf der Basis weniger gesprochener Sätze eine digitale Stimmkopie eines jeden Menschen herstellen.

Was mit Schauspielern funktioniert, ist selbstverständlich auch mit Sängern möglich, und so kann ein verstorbener Sänger auf aktuelle Ereignisse oder Orte – so wie Tupac auf Coachella – Bezug nehmen und mittels computererzeugter Stimme zu seinem Publikum sprechen. Und es wird noch viel aufregender!

Wenn Sie sich jetzt nämlich noch an die Künstliche Intelligenz erinnern, die es schaffte, ein Video von George W. Bush so zu manipulieren, dass sein Gesicht die Grimassen und Mimik eines Schauspielers vor einer zweiten Kamera übernahm, dann nimmt langsam die Idee einer kompletten digitalen Künstlerprojektion Form an. Denn alle diese Technologien zusammengenommen ermöglichen, dass heute schon ein beliebiger Star, Sänger oder Schauspieler digital in Sprache, Mimik und Gestik künstlich kopiert und sein digitaler Klon von Regisseuren beliebig gesteuert und bei Live-Auftritten verwendet werden kann. Zwar erfolgt die Steuerung momentan noch durch andere Menschen. Doch, wie wir gleich noch sehen, wird gerade auch an einer digitalen Kopie von Persönlichkeit gearbeitet, die ganz autonom ihren holografischen Klon lenken kann. Das Erlebnis von »The artist is present« wird so zur Ausnahme. Elvis wird bald wieder Interviews geben können, in denen sein Avatar auf Journalistenfragen live und im Stil des Kings antwortet, während er gleichzeitig an einem anderen Ort auf der Bühne steht und die Massen begeistert. Klingt das nicht unterhaltsam?

Wird jedoch aus der Vision nicht sofort ein Albtraum, wenn wir den Musiker auf der Bühne austauschen gegen einen Politiker? Das ist weniger weit hergeholt, als es klingt, denn auch der Politik ist nicht entgangen, dass aufsehenerregende Inszenierung und beliebige Vervielfältigung von Auftrittsmöglichkeiten durchaus ihre Vorzüge haben können. Der Begründer der Massenpsychologie Gustave Le Bon untersuchte schon 1895, wie man Menschenmengen beeinflussen kann und welche Eigenschaften die Führer dieser Massen besitzen müssen. Als eine der wichtigsten benennt er den »Nimbus«.

Dieser entsteht durch Erhöhung einer Person und durch Legendenbildung. Was dabei hilft, sind suggestionsstarke Auftritte und hypnotisierende Inszenierungen, deren Wirkung keine Menschenmasse widerstehen kann. Le Bons Theorien haben seit über hundert Jahren Bestand und viele, meist unrühmliche Politiker haben sich höchst erfolgreich an seine Regeln der Massenpsychologie gehalten. Noch heute bedienen sich die Regisseure aller Bühnen – der musikalischen wie auch der politischen – seines Wissens und erzeugen mitreißende Massenveranstaltungen, die nicht immer so spaßig wie ein Popkonzert sind.

Der französische Politiker Jean-Luc Mélenchon etwa erschien seinem Publikum im Wahlkampf 2017 live in Lyon. Nach einem Fingerschnippen von ihm tauchte er dann parallel in einem Saal in Paris auf und später sogar an sechs Orten gleichzeitig, darunter auch auf der Tropeninsel La Réunion, deren Wähler nicht allzu oft Besuch von ihren Kandidaten erhalten. Damit vermittelte er Modernität ebenso wie Nähe zu seinem Volk an jedem Ort der Republik. Was für eine Aussage!

Derart kraftvolle Inszenierungen der eigenen Übermenschlichkeit sind natürlich auch für popularitätsbetonte Politiker vom Schlage des türkischen Staatsführers Recep Tayyip Erdoğan interessant: Er ließ sich als holografische Simulation in eine Parteiversammlung in Izmir hineinzaubern, während sein reales Ich zeitgleich mit anderen Dingen wie etwa Korruptionsvorwürfen beschäftigt war. Eingeleitet wurde sein Auftritt mit einem Lichteffekt, der an das Beamen aus der alten Serie *Star Trek* erinnerte. Die Botschaft war klar: Erdoğan ist so groß, so mächtig, so übermenschlich, er beugt selbst die Gesetze der Physik.

Von Golems und Terror-Themenparks

Unsere Lust am göttergleichen Akt der Schöpfung neuer Menschen hat eine lange Geschichte. Schon in frühesten Zeiten genügte es uns nicht, nur auf dem natürlichen Weg von Zeugung, Schwangerschaft und Geburt neues Leben zu erschaffen. Wir träumen seit der Antike davon, wie die Götter zu sein und aus dem Nichts oder zumindest aus Staub neue Wesen zu erschaffen. Müssten uns diese Wesen dann nicht ebenso huldigen und zu Diensten sein wie wir den Göttern? Solche Fantasien finden sich in fast allen Teilen der Welt und wurden in zahllosen Sagen und Geschichten übermittelt.

Der Prager Rabbi Judah Löw etwa soll im 16. Jahrhundert mithilfe einer Geheimformel eine Figur aus Lehm zum Leben erweckt haben. »Golem« nannte er sie, was in der Sprache der Rabbiner das Wort für etwas Unfertiges, Ungeformtes aber auch für den Embryo war. Der Golem sollte dem Rabbi bei seiner täglichen Arbeit helfen. Quasi als Programmstart legte dieser ihm einen Zettel mit dem Namen Gottes in den Mund, wonach das Geschöpf voller Tatendrang loslegte und tagein tagaus für seinen sterblichen Schöpfer tätig wurde. Das galt für alle Tage in der Woche mit einer Ausnahme: Am Sabbat durfte nach jüdischem Glauben nicht gearbeitet werden – und das galt genauso für den Golem. An diesem Wochentag entfernte der Rabbi deshalb den Zettel aus dem Mund. Es kam, wie es kommen musste: Eines Tages vergaß der Rabbi, den Zettel herauszunehmen, und der Golem lief Amok, weil er am Sabbat arbeiten musste, und zerstörte wütend das Viertel mitsamt seinen armen, nichtsahnenden Bewohnern.

Der Mensch schafft ein Abbild seiner selbst, einen Doppelgänger. Aus diesem Schöpfungsakt heraus erwächst ein Drama, an dem letztlich der Mensch selbst zugrunde geht. So lautet die vereinfachte Formel dieser Geschichte, und auf ihr basieren unzählige Bücher und Filme vom *Geheimnis des Dorian Gray* über *Dr. Jekyll und Mr.*

Hyde bis hin zu *Terminator* und *Avatar*. Das grundlegende Angstmotiv dieser Storys ist meist der Verlust der menschlichen Identität, das Entgleiten der Macht über das eigene Leben, das man dummerweise einem Doppelgänger in die Hände gegeben hat. Der Zwilling sollte für uns einstehen und uns so doppelt so stark machen, er sollte unsere Schuld auf sich laden oder sich für uns Menschen opfern. Er sollte ein willig gesteuertes Objekt sein, das sich jedoch in ein schreckliches selbstständiges Geschöpf verwandelt. Eine besondere Rolle in diesen Geschichten kommt seit einigen Jahrzehnten den humanoiden Robotern zu. Sie sehen aus wie wir, sie sprechen wie wir und sind doch unser perfektes Werkzeug, weil sie nicht leiden müssen, wenn sie für uns in den Krieg gegen Aliens ziehen oder im luftleeren Raum ein Leck am Raumschiff flicken.

Die US-Serie *Westworld* sowie der gleichnamige Film von 1973 führen uns eine besonders perfide Variante der menschenähnlichen Werkzeuge vor Augen: Dieser Freizeitpark der Zukunft ist als Western-Szenerie gestaltet. Die humanoiden Bewohner des Parks erfüllen dort im Rahmen von gescripteten Storys Funktionen als Bardame, Sheriff oder Bösewicht. Besucher des Parks zahlen Eintritt dafür, um in den vorgeschriebenen Geschichten an der Seite der Figuren in *Westworld* agieren zu können – sie spielen quasi in ihrem eigenen Film mit. Doch ist den meisten Besuchern die Szenerie ziemlich egal, denn sie zahlen primär dafür, die menschenähnlichen Roboter nach Belieben töten oder vergewaltigen zu können. Deren grausam hingerichtete Körper werden dann Nacht für Nacht in den unterirdischen Geheimlabors des Parks wieder zusammengeflickt. Da für die Besucher rein äußerlich keine Unterschiede zwischen den Androiden und echten Menschen bestehen, geht es bei dieser Art der Unterhaltung primär darum, straflos unmenschliche Verbrechen begehen zu können. Aber irgendwann entwickeln die Roboter ein Eigenleben, einen eigenen Willen, sie beginnen, sich an ihre Vergangenheit zu erinnern und entdecken Gefühle und ein Bewusstsein für das eigene Dasein. Als sie zu erkennen glauben, dass sie damit den Menschen ebenbürtig sind, starten sie einen Rachefeldzug gegen ihre Schöpfer. Und so weiter und so fort.

Hinter diesem extrem unterhaltsamen Drama steckt eine grundsätzliche Frage, die diese Serie so einzigartig macht: Was genau macht uns im Angesicht einer Zukunft voller Roboter eigentlich zu Menschen? Aussehen und menschliche Sprache oder Mimik genügen als Unterscheidungsmerkmal nicht mehr, wie wir anhand der perfekt gemachten Figuren schnell begreifen. Intellekt und die Fähigkeit, durch Lernen besser und klüger zu werden, kann es auch nicht sein, wie wir sogar aus der Gegenwart vom maschinellen Lernen wissen. Und selbst Erinnerung, Selbstwahrnehmung und damit die Grundlagen von Bewusstsein, so zeigt das Drama, sind für Roboter ab einer gewissen Ausbaustufe erlernbar, wenn die neuronalen Netzwerke nur komplex genug sind. Als einziges mögliches Unterscheidungsmerkmal lässt uns die Serie am Ende nur die Emotion, das Mitgefühl, die Verantwortung für die Welt und die Mitgeschöpfe übrig. Doch just in diesem Punkt verlieren die Menschen von *Westworld*, da sie dieser höheren Verantwortung nie gerecht werden, sondern sich lieber der Habgier, der Wollust und dem Morden hingeben. Moralisch siegen so am Ende die Humanoiden.

Was mich beim Ansehen der Serie nachdenklich werden ließ, ist die Frage, wie weit wir heute von den Szenarien von *Westworld* entfernt sind. Technisch werden sicherlich noch einige Jahre ins Land gehen, bevor Roboter über eine generelle Künstliche Intelligenz verfügen, die sie völlig autonom in einer Welt überleben lässt. Doch gesellschaftlich und womöglich moralisch sind wir schon näher dran an *Westworld*, als wir uns vielleicht eingestehen wollen.

So haben sich in Israel und den USA Antiterrorcamp-Themenparks als Touristenattraktion etablieren können, in denen man zur Unterhaltung beispielsweise den Anschlag eines Selbstmordattentäters, die Messerattacke eines Terroristen oder ein Turnier von

Scharfschützen erleben kann. Rentner, Bankangestellte und Hausfrauen bezahlen Eintritt für die Attraktion, in lebensecht gestalteten Simulationen zur Waffe greifen und auf potenzielle Gefährder schießen zu können. Sie spielen damit in ihrem eigenen Actionfilm mit, der noch dazu auf aktuellen politischen Ereignissen basiert, was den Schauder und die Authentizität deutlich erhöht. Der Gründer eines der Parks formuliert es sogar gegenüber Touristen aus den USA ganz deutlich: »What you guys do in the movies, we do here for real.« Das Töten-Spielen in diesen Themenparks funktioniert zwar bislang noch ohne die Hilfe von Künstlicher Intelligenz, doch ist der Einsatz humanoider Roboter, um noch authentischere Gegner zu erzeugen, todsicher nur eine Frage der Zeit.

Der Mensch wird zu Software

Kategorien wie »lebendig«, »tot«, »natürlich« oder »virtuell« werden für die menschlichen oder maschinellen Wesen, die uns unterhalten, immer irrelevanter. Die Rolle von Stars – egal ob Sängerin, Dirigent, Schauspielerin oder Tänzer – ändert sich dadurch grundlegend, denn sie wandelt sich vom agierenden Subjekt zum von Software gesteuerten Objekt. Wir werden berückende Szenen erleben, wenn längst verstorbene Künstler wiederauferstehen und uns emotionale Momente bescheren wie zu ihren Lebzeiten. Wir werden sie in Konzerten auf eine Weise erleben, die wir uns kaum hätten ausmalen können. Wir werden einen Elvis erfahren, der exakt genau so ist, wie wir ihn uns kollektiv seit seinem Tode gewünscht haben.

Genau das wird manchen Konzertbesucher letztlich unbefriedigt aus so einem Konzert gehen lassen. Denn das Bedrückende an diesen Erlebnissen wird sein, dass uns nichts mehr überraschen kann. Es wird nicht mehr jene Momente spontan aufblitzender Genialität geben, die Künstler wie Karajan oder Elvis zu Lebzeiten so groß-

gemacht haben. Die Technik wird uns alles liefern, was wir uns gewünscht haben. Und doch werden wir das Gefühl bekommen, dass
wir im Reichtum der Möglichkeiten verarmen, weil es sich eben
doch nur um die leicht steuerbare Nachahmung von Persönlichkeiten handelt.

Berühmte Künstler hatten in unserer Gesellschaft schon immer
eine ganz besondere Rolle und vor allem eine bestimmte Funktion.
Wir brauchen die Erhöhung durch diese Unnahbarkeit, um Stars
überhaupt »anhimmeln« zu wollen. Doch diese Rolle ist nun nicht
mehr exklusiv für Stars aus Fleisch und Blut. Durch die Perfektion
etlicher Technologien werden Künstler immer mehr zu virtuellen
Wesen: als intelligente Nachbildung in Form von neuronalen Netzen, als Apps, als Virtual-Reality-Hologramme oder gar als volldigi-
talisierte Animationsfigur wie die Sängerin Hatsune Miku, die ich
Ihnen gleich vorstellen werde.

Dass der Mensch als Software unsterblich werden soll, war bislang Stoff von Science-Fiction-Filmen. In *Transcendence* etwa spielt
Johnny Depp einen genialen Wissenschaftler, der es schafft, dem
eigenen Tod zu entkommen, indem er den kompletten Inhalt seines Gehirns in ein Netzwerk hochlädt und so als Künstliche Intelligenz wiedergeboren wird. Wissenschaftlich betrachtet ist das zwar
nicht unmöglich, aber wahrscheinlich noch ein paar Jahrzehnte entfernt von der Gegenwart. Unser Gehirn verfügt über 86 Milliarden
Nervenzellen und über Billionen von Synapsen, die sich permanent
verändern und neu bilden. Das »Human Brain Project« des For-
schungszentrums Jülich arbeitet daran, dieses galaktisch komplexe
Nervensystem auf der Molekülebene zu scannen und digitalisieren.
Doch selbst wenn dies den Wissenschaftlern irgendwann gelingt,
hätten sie nur ein momentanes Abbild des Zellgebildes geschaffen.
Es wäre dann aber immer noch völlig unklar, was dieses Gebilde
denkt, wofür oder für wen es sich halten würde.

Es stellt sich sowieso die Frage, warum man etwas so Fehlerhaftes wie den Menschen kopieren sollte, anstatt gleich etwas Neues und Besseres zu schaffen. In der Zukunftsforschung gibt es daher die Theorie der »technologischen Singularität«. Darunter versteht man den Zeitpunkt, ab dem Künstliche Intelligenz klüger sein wird als die Menschen, die sie erschaffen haben. Ist diese Schwelle überschritten, werden die Maschinen den Menschen nicht mehr brauchen, um sich immer weiter und schneller zu verbessern. Unterschiedlichen Schätzungen zufolge wird die Singularität irgendwann zwischen 2020 und 2040 eintreten – das ist hinreichend ungenau, damit sich die meisten Menschen nur ein wenig gruseln. Aber es ist nah genug, um sich genau anzusehen, was heute alles schon möglich ist.

Auf dem Weg zu einer arbeitsfähigen Kopie des menschlichen Gehirns oder gar zu überlegenen Künstlichen Intelligenzen gibt es etliche Etappen, die einzelne Aspekte individueller Eigenarten wie soziales Verhalten, Wissen, Sprachpersönlichkeit, typische Bewegungsmuster oder künstlerische Darbietungsfähigkeiten speicherbar und kopierbar machen. Tatsächlich zeigen derzeit viele technische Entwicklungen, dass es möglich ist, kulturelles oder sexuelles Erleben als perfektes Software-Erlebnis abzubilden. Der Philosoph Thomas Metzinger sagt dazu: »Nun erkennt man, dass die Verbindung von KI, Robotik und virtueller Realität auch unser Menschenbild stärker verändern wird als alle traditionellen geisteswissenschaftlichen Diskurse zuvor.«[1] Er erklärt uns, dass die neuen Techniken nicht nur unsere Umwelt und die sichtbaren Erscheinungsformen von Maschinen und digitalen Programmen verändert haben, sondern bereits von unserem Denken und Fühlen Besitz ergriffen haben. Die Technik hat ja schon verändert, wie wir ganz subjektiv auf sie reagieren.

Unsere Lust am digitalen Doppelgänger bringt einige Herausforderungen für die Gesellschaft aber auch für das Individuum mit sich. Zunächst müssen wir uns bewusstmachen, dass eine virtuelle Persönlichkeit wie etwa ein Entertainer immer einen Eigentümer hat. Ein Rechteinhaber bestimmt darüber, wann und wo eine virtuelle Persönlichkeit auftritt und wie viel Geld man mit ihr verdienen kann. Eine selbstbestimmte Person entwickelt sich mit ihrer Kopie zur Persona, zur manipulierbaren Rolle und zu Geistigem Eigentum, das ebenso eine Handelsware sein kann wie ein Buch, ein Musikstück oder ein Software-Code. Aus einem Menschen wird nach seiner Digitalisierung so ein immaterielles Gut, an dessen Herstellung und Verwendung viele Firmen und Professionen ein Interesse haben.

Sicher, die Fans von Tupac, Erdoğan oder Elvis jubeln ihrem Star zu, selbst wenn er als Hologramm auf der Bühne erscheint. Für sie ist es ein »realer« Auftritt, verbunden mit Emotionen und meist positivem Erleben, das sich aus der Erinnerung an den realen Star speist. Doch was ist, wenn der Rechteinhaber einer solchen Personenmarke beschließt, diese aus wirtschaftlichen Gründen für eine umstrittene Organisation, etwa eine radikale Partei, auftreten zu lassen? In diesem Fall würde nicht nur der kollektive Wert der Marke Schaden nehmen, sondern auch die meisten Fans damit zu kämpfen haben, dass sich für sie die *Idee der Person* von der dargestellten und derart verwendeten Persona entfernt. Das wird bei den Fans – oder sollten wir von Nutzern reden? – von öffentlichen Persönlichkeiten wie Musikern noch keinen größeren Schaden verursachen. Spätestens aber bei menschenähnlichen Puppen, virtuellen Akteuren in einem Virtual-Reality-Spiel oder Robotern, die nach dem Vorbild realer Personen gefertigt sind, sind viele Fragen ungeklärt. Kann ich mich dagegen wehren, dass ein digitales Abbild von mir erstellt und in solch einem Szenario eingesetzt wird? Besitzt jeder das Recht an seinen eigenen Doppelgängern, oder besitzt diese Rechte der Hersteller, der Designer?

Weit voraus denkt hier wieder einmal die Pornobranche. Ihr ist der Siegeszug vieler Technologien von Videorekorder über das Internet bis hin zu Virtual-Reality-Headsets zu verdanken. Und so wird eine der nächsten Stufen gekaufter sexueller Fantasien bestimmt werden von Doppelgängern und Avataren. Schon heute vergeben

Pornostars Lizenzen für die Nutzung ihres Körpers und ihres Namens als Sexspielzeug, lebensechte Puppen oder Computerspiele. Die ersten Studios arbeiten bereits daran, berühmte lebende, aber auch verstorbene Pornodarstellerinnen als Roboter oder virtuelle Programme wiederauferstehen zu lassen. Was die Produzenten und Käufer dann mit diesen Doppelgängern anstellen, bleibt weitestgehend deren Sache.

Man kann sich leicht ausmalen, welche psychischen Probleme es bei einer jungen Frau heute schon hervorrufen kann, die mal bei einem Pornofilm mitgespielt hat, weil sie dringend Geld brauchte. Ihr weiteres Leben wird sie vielleicht darunter leiden, dass ihre Videos unlöschbar über das Internet verstreut sind. »Selber schuld«, könnte man erbarmungslos sagen und darauf verweisen, dass sie anscheinend freiwillig mitgewirkt hat. Wenn dieselbe junge Frau nun aber als digitalisierter Software-Code vorliegt, so hätte sie überhaupt nicht mehr in der Hand, bei welchen menschenverachtenden oder sogar illegalen Praktiken ihre digitale Kopie scheinbar lustvoll mitmacht – sie wäre beliebig oft für alle Zwecke einsetzbar. Für sie wird es sich auch nach Jahrzehnten noch so anfühlen, als ob sie nicht nur das Recht an ihrer digitalen Erscheinung verkauft hat, sondern ihre Persönlichkeit.

Doch nicht nur die digitalisierten Akteure haben mit psychischen Problemen zu kämpfen, sondern auch die Nutzer, Besucher oder Rezipienten. Denn künstliche Doppelgänger bringen unseren Kopf in vielerlei Hinsicht ganz schön durcheinander. Aline de Borst und Beatrice de Gelder, zwei Forscherinnen der Maastrichter Universität, haben untersucht, wie wir auf menschenähnliche Avatare, Roboter oder virtuelle Personen reagieren und wie unser Gehirn diese bewertet. Sie fanden heraus, dass die glaubwürdig gestalteten Figuren von unserem Gehirn auf neuronaler und auf Verhaltensebene ebenso behandelt werden wie echte Menschen. Dieser Effekt tritt besonders dann ein, wenn sich die Figuren bewegen. Und auch die dargestellten emotionalen Ausdrücke verarbeitet unser Gehirn ganz genauso wie die unserer Freunde aus Fleisch und Blut. Unser Gehirn aktiviert also immer dieselben emotionalen Programme, wenn beispielsweise Schmerz dargestellt wird – ob es sich um das programmierte Muskelzucken in einem Robotergesicht oder um den echten Ausdruck bei einem geprügelten Menschen handelt. Die wichtigste Erkenntnis jedoch ist, dass untersuchte Personen bei der sozialen Interaktion mit Humanoiden ebenso handeln, als ob es sich um echte Menschen handelte. Ihre Gehirnaktivitäten fanden in den gleichen Regionen statt, in denen auch Gefühle und zwischenmenschliche Erfahrungen verarbeitet werden.

Dies bedeutet, dass unser Gehirn keine Schutzfunktion davor hat, auch von menschenähnlichen Erscheinungsformen manipuliert zu werden. Ein virtueller Erdoğan reißt seine Fans ebenso mit wie der echte, weil ihr Gehirn auf seine Auftritte identisch reagiert. Selbst wenn die Menschen auf rationaler Ebene natürlich wissen, dass sie es nicht mit einem echten Menschen zu tun haben, verfallen sie in den gleichen Freudentaumel und lassen sich – ganz im Sinne Le Bons – empfänglich für Suggestionen machen. Dieser nannte es: »Die in ihrem Geiste hervorgerufenen Bilder werden als Wirklichkeit angesehen.«[2]

Es graut mir davor, dieses enorme Manipulationspotenzial zukünftig nicht nur bei den menschlichen Vertretern erkennen zu müssen, sondern auch bei beliebig vielen ihrer Doppelgänger. Wir werden uns damit beschäftigen müssen, unsere inneren Schweinehunde so zu trainieren, damit sie nicht blind die bekannten emotionalen Programme starten, sobald uns ein vertrautes Gesicht begegnet. Denn hinter ihm kann eine beliebige steuernde Macht stecken, von der wir – anders als bei realen Personen – in der Regel nicht wissen, was sie von uns will. Denn was für Unterhaltung und Politik effektvolle Möglichkeiten bereithält, wird vor allem in der Werbung einen ersten Massenmarkt finden.

Je mehr Überlagerungen und Ergänzungen durch Technologie es in unserer Welt gibt, desto schwieriger wird es für uns sein, zwischen Wirklichkeit und Virtualität zu unterscheiden. Letztlich werden alle Techniken der Künstlichen Intelligenz, insbesondere aber Roboter und intelligente Augmented Reality unserer Wahrnehmung – Thema in Kapitel 6 – dazu führen, dass wir uns weniger oft in rein realen Situationen aufhalten. Wir werden unseren Alltag als eine Mischform aus realen und digitalen Dingen, Informationen, Emotionen und Beziehungen erleben.

Natürlich ist es ein weiter Weg von den Hologrammen auf den Bühnen von Musikfestivals hin zu willigen Sexrobotern oder manipulativen Despoten. Doch selbst wenn die Technik unterschiedlich ist, so sind doch unsere Reaktionen auf diese Doppelgänger im Grundsatz recht ähnlich. Hinter allen steckt dasselbe Prinzip: Wir erschaffen ein Ebenbild von uns, das uns dienlich ist, von uns programmiert werden kann und beliebig oft einsetzbar wird. Der Hintergrund für die Erschaffung diese Kopien ist grundsätzlich immer der gleiche: Wir wollen mit den maschinellen Doppelgängern so viel Geld wie möglich verdienen.

Virtuelle Goldesel bezirzen uns

Einen Goldesel besonderer Art besitzt das Unternehmen Crypton Future Media seit rund zehn Jahren. Denn es hat einen ganz besonderen Avatar erschaffen: Hatsune Miku ist ein singender Anime-Charakter und japanischer Megastar mit programmierbarer Vocaloid-Stimme. »Vocaloid« ist ein Software-Synthesizer, der mittels Sprachsynthese künstlichen menschlichen Gesang erzeugen kann. Das Programm braucht dazu nur eine Melodie, einen Text und eine ausgewählte Stimme, schon singt die Maschine ganz von selbst.

Hatsune Miku ist der bekannteste dieser Vocaloid-Stars und beginnt, nach Japan nun mit großen Touren durch Nordamerika, Auftritten in London oder Berlin auch den Westen zu erobern. Bei ihren Konzerten mit echter Band erscheint die animierte Kunstfigur mit den türkisfarbenen Haaren per dreidimensionaler Projektion auf der Bühne ganz genauso wie Pepper's Ghost und performt ihre Lieder vor Tausenden von Fans, die selbst in den USA oft die japanischen Texte auswendig kennen. Als Kunstfigur steht ihr natürlich ein Repertoire an Effekten zur Verfügung, das selbst Helene Fischers Bühnenshow lahm aussehen lässt: Sie kann sich auflösen, ihre Gestalt verändern, in Wimpernschlägen die Kostüme wechseln oder über der Bühne schweben. Das Geschäft mit Miku ist milliardenschwer und sprengt vor allem in Japan medial alle Rekorde. Auch für andere Stars gehören Koproduktionen mit ihr mittlerweile zum guten Ton: Lady Gaga war die Erste, es folgten Pharrell Williams und Takashi Murakami.

Für die geschäftliche Seite der Popkultur sind unsterbliche holografische Stars wie Miku ein Jackpot ohnegleichen. Sie versprechen schier unendliche Gewinne, werden nie alt oder rebellisch und machen exakt, was das Publikum von ihnen erwartet. Kulturell betrachtet sind Avatar-Stars die perfekte Verkörperung des Stars zum Anfassen. Früher mussten Stars unerreichbar sein und von der Realität sehr weit entfernte Sehnsuchtsrollen bedienen, um das Versprechen von Glamour, die Illusion von Größe oder den Traum von ewigem Glück aufrechtzuerhalten. Jackie Collins, Greta Garbo, Queen Elizabeth II. oder Arnold Schwarzenegger bestimmten sehr genau das Bild ihrer Rollenpersona in der Öffentlichkeit und gingen mitunter gerichtlich gegen unerlaubte Fotografien ihrer Person oder gegen allzu realistische Berichte aus ihrem Leben vor. Heute schauen wir per App den Kardashians bei den profansten aller Tätigkeiten zu und bangen mit YouTube-Stars in täglichem Kontakt darum, ob sie irgendeine völlig irrelevante »Challenge« in ihrem Wohnzimmer gewinnen, die sie sich selbst ausgedacht haben. Mehr Nähe geht fast nicht. Doch bestimmen die YouTuber und andere vermeintlich extrem nahbare öffentliche Personen immer noch selbst, ob sie die Kamera vor der Toilette absetzen.

Die letzte Grenze zur Verschmelzung mit dem Fan-Ich lassen nur künstliche Wesen wie Miku zu. So entwickeln die Fans das Gefühl, die Figur zu besitzen. Die Machtverhältnisse drehen sich um, der Star wird zum Objekt des Fans, der ihn nach seinem Willen gestaltet und im wahrsten Sinne des Wortes programmiert. Mikus mehr als 2,5 Millionen Facebook-Freunde schrieben für die Vocaloid-Software mehr als hunderttausend Songs und erstellten fast doppelt so viele Videos mit allen Arten von Inhalten, die man sich nur vorstellen kann. Als Gruppe bestimmen die Fans den Star, sie remixen und remaken ihn, laden ihn ins Netz und machen sich dabei noch nicht einmal strafbar, denn in einem unfassbar weitsichtigen Schritt haben die Erfinder die Figur unter eine Creative-Commons-Lizenz gestellt. Damit ist Miku von uns allen für nichtkommerzielle Anwendungen frei nutzbar – wir sind Miku. Die erfolgreichsten Videos und Lieder der Fans stellt das Unternehmen Crypton Future Media in die Online-Stores ein oder lässt sie auf den Konzerten performen. Für echte Fans ist es natürlich ein Ritterschlag, das eigene Lied vom »Star« auf der Bühne gesungen zu bekommen. Um die Verdienstmöglichkeiten des Medienunternehmens brauchen wir uns dennoch keine Sorgen zu machen: Die Firma lizenziert den virtuellen Star vor allem als Werbefigur und als Konzertereignis.

Sieht man sich eines dieser Konzerte live oder auf der Virtual-Reality-Brille an, so erkennt man schnell, dass es unglaublich großen Spaß machen kann, zusammen mit einer virtuellen Figur und Tausenden von Fans ein solches Ereignis zu feiern. Sicher, ein wenig seltsam wirkt es schon, wenn erwachsene Menschen die rhythmischen Bewegungen einer Bildschirmprojektion in Manga-Optik nachahmen. Doch macht es zumindest die Darstellung als gezeichnete Figur etwas leichter, zu ihr emotional Abstand zu halten.

Natürlich entstehen durch die Technologie ganz neue Formen des künstlerischen Ausdrucks, und virtuelle Persönlichkeiten können das Erlebnis auf einer Live-Bühne erweitern und eindrücklichere Erlebnisse schaffen. Gerade dann, wenn es keine Menschenkopien, sondern eher abstrakte Kunstwesen sind, wird es spannend. Mich hat beispielsweise sehr eine Bühnenanimation des Designers Tobias Gremmler aus Hongkong beeindruckt, die er zusammen mit der taiwanesischen GuoGuang Opera Company entwickelt hat.[3] Bei »Chinese Opera Virtual Actors« sehen wir virtuelle Figuren aus der China-Oper in ihren typischen Bewegungen. Doch sind sie völlig körperlos, bestehen quasi nur aus ihren ebenfalls virtuellen Kostümen in ständig fließenden Bewegungen. Bei einer Aufführung werden die Figuren neben echten Schauspielern auf die Bühne projiziert. Das gemeinsame Spiel von abstrakten virtuellen und echten Schauspielern bietet völlig neue Aspekte und ist ein Augenschmaus.

Gerade bei Schauspiel, Tanz, Oper oder Musical sind der Fantasie keine Grenzen mehr gesetzt. Dort können echte und virtuelle Protagonisten frei miteinander agieren. Auch hier werden wir bestimmt erleben, dass bereits gestorbene Schauspieler wieder zum Leben erweckt werden oder die Hauptakteure eines Musicals an mehreren Orten gleichzeitig zu sehen sind. Doch dürfte es uns gut gelingen, zwischen Spiel und Wirklichkeit zu unterscheiden, da es den klaren Rahmen einer Aufführung und eines Aufführungsortes gibt. Vielleicht besteht auch gerade in solchen klaren Rahmen der beste Rat, den wir uns selbst für den Einsatz von Klonen, Doppelgängern und menschlichen Avataren geben können.

Wir wissen, dass uns Maschinen ansprechender vorkommen, wenn sie bekannten Gestalten, Tieren oder Menschen ähneln. Wir geben der Software einen Körper, damit sie uns an der Stelle von Menschen zu Diensten ist. Doch wir geben nicht nur unseren Körper, sondern machen gleichzeitig uns selbst, unsere Persönlichkeit zur Software oder zum Lizenzprodukt, sobald wir Körper und Persönlichkeit voneinander trennen.

Tupac schockierte damals zwar die Konzertbesucher von Coachella – aber nur für einen kurzen Moment entstand für sie eine Verwischung der Wirklichkeit. Schwieriger wird es für unser Gehirn werden, wenn diese Verwischungen per Virtual oder Augmented Reality in unseren Alltag einziehen.

Sinne
Maschinen geben uns neue, verbesserte Sinne – und wir werden zu den Augen und Ohren von KI

Das Tier soll angeblich hier am Brunnen lauern. Ich warte. Drei andere müde Gestalten stehen ebenfalls im Abstand von 20 Metern um den Steinbrunnen in der Frankfurter Innenstadt herum. Eine Frau mittleren Alters – sie scheint sich nur schnell einen Kapuzenpulli angezogen haben – raucht, während sie auf das Display ihres Telefons starrt. Träge steigen die Rauchschwaden in die windstille Nacht. Die anderen beiden Jäger sind deutlich jünger. Sie sitzen auf der Lehne einer Bank und unterhalten sich leise, den Blick fest auf ihre Telefone geheftet.

Ich war schon fast bereit, ins Bett zu gehen: Kurz vor Mitternacht, und mir blieben noch sieben Stunden bis zum Wochenbeginn mit einigen anstrengenden Terminen. Da hatte mein Telefon ein schnarrendes Geräusch von sich gegeben. Ein kurzer Blick aufs Display genügte, und die Sache war klar: Ich musste noch einmal schnell raus und das verdammte Ding jagen, das sich hier anscheinend ganz in meiner Nähe aufhielt.

Nachts ist eine gute Zeit, um sie zu jagen. Vor allem, wenn es sich um ein solches Exemplar handelt. Es ist nicht allzu häufig, und man sollte sich die Chance nicht entgehen lassen, wenn es irgendwo auftaucht. Die drei anderen dachten wohl genauso, und so hatten wir uns alle noch einmal nachts auf die Straße gequält. Plötzlich kommt Bewegung in die Gruppe. Der eine Junge springt aufgeregt von der Bank: »Da ist es! Dort im Brunnen«, ruft er. Er und sein Freund halten die Kameras ihrer Telefone geradeaus gerichtet und machen mit dem rechten Finger schnelle Wischbewegungen nach oben. Auch die Frau ist beim Aufschrei schnell nähergekommen und hält ihr Telefon am ausgestreckten Arm von sich. Ich starrte gebannt auf meinen Bildschirm. Da ist es!

Was ich nur hier im hellen Licht des Displays deutlich erkenne, wäre für meine bloßen Augen unsichtbar. Das Tier sitzt zufrieden grinsend auf dem Brunnen. In der App kann ich hinter ihm die nachtgrauen Steine der Mauer und das Brunnenbecken erkennen. Das fette rosafarbene Tier ist ein Pummeluff. Seine Macht ist es, andere in den Tiefschlaf singen zu können. Es wäre mein Erstes, ich darf es jetzt nicht verpatzen. Mit der linken Hand halte ich die Kamera ruhig auf den Brunnen mit seinem fetten Besucher gerichtet. Mit kreisförmigen Bewegungen meines rechten Zeigefingers bringe ich einen kleinen rotweißen Ball zum Rotieren und lasse ihn dann genau im richtigen Moment in Richtung des Wesens los. Es zuckt kurz, ein lautes Geräusch ertönt, dann zeigt mir ein Funkenregen, dass ich es mit dem Ball getroffen habe. Wow, mein erstes Pummeluff!

Nur um eines klarzustellen: Ich bin ein 47-jähriger Mann mit einem anstrengenden Beruf und einem ausgefüllten Leben. Und dennoch trieb mich die Jagd nach einem Pixelwesen noch nachts auf die Straße? War ich noch ganz gesund? Nun, zumindest war ich nicht alleine mit diesem Zustand im Sommer 2016. Denn so wie mir ging es zu dieser Zeit 65 Millionen anderen Menschen auf dieser Welt jeden Alters, jeden Geschlechts und aus allen sozialen Schichten. Wir alle spielten »Pokémon Go«, ein Handyspiel, bei dem man an realen Orten virtuelle Wesen fangen musste, die dann in Arenen gegeneinander antreten konnten.

Das Spiel ist ziemlich einfach zu begreifen und entwickelte sich bei manchen schnell zur Sucht. Die Spieler bekommen im Display angezeigt, dass sich eines aus Hunderten verschiedenen Fantasiewesen in der Nähe befindet. Dann suchen sie den Ort auf und versuchen, es zu fangen. Das Spiel erkennt dank GPS und Echtzeitlokalisierung den Standort des Spielers und positioniert ihn virtuell auf einer Landkarte. Besondere Orte wie der Brunnen in meiner Nähe, Sehenswürdigkeiten, aber auch ganz normale Straßen, Parks und Seen der realen Welt bilden das Spielfeld für die virtuellen Charaktere. So lernt man seine Umgebung – zumindest das, was man im kleinen Bildschirm sieht – ganz genau kennen.

Denn aufregend und neu sind bei »Pokémon Go« die Vermischung meiner realen Welt mit der virtuellen Spielwelt im Display: Die Kamera zeigt das reale Bild der Umgebung, in das künstliche Inhalte in Echtzeit hineingerechnet werden. Das führt zur Vermischung der Realitäten und manchmal auch zu Problemen. Zum Beispiel, wenn ein seltenes Exemplar mitten auf einer stark befahrenen Autobahn auftaucht und plötzlich Tausende von Spielern anhalten, aussteigen und zu Fuß das Pokémon jagen. Das passierte in Taiwan, einem der Länder mit der größten Begeisterung für das Spiel. Doch auch im Rest der Welt gab es viele Beinahe-Unfälle und seltsame Situationen, die dadurch entstanden, dass sich Menschen durch die Landschaft bewegten und die Augen fest auf ihren Bildschirm gerichtet hatten, in dem sich eine zweite, virtuelle Welt geöffnet hatte.

Diese Vermischung von realer und virtueller Welt bezeichnet man als »Augmented Reality« – also als erweiterte oder ergänzte Realität oder kurz AR. »Pokémon Go« gilt als erste Anwendung, die dieser Technologie weltweit einen ersten Durchbruch verschaffen konnte. Firmen wie Apple, Google, Facebook, aber auch Tausende andere wetten darauf, dass AR zum nächsten großen Geschäft mit Mobilgeräten werden wird. Kameras, Mikrofone und Sensoren vermessen dabei unsere reale Welt und ergänzen oder überlagern sie mittels intelligenter Programme mit Informationen, Bildern und Tönen.

Leben heißt für uns vor allem das Wahrnehmen mit allen Sinnen. Wir sehen, fühlen, riechen die Welt und interagieren mit ihr. Dank unserer Mobiltelefone haben wir in den letzten Jahren ein ausgelagertes Gehirn und diverse Sensoren hinzubekommen. Was mit den Telefonen begann, geht jetzt in die nächste Runde: Wir bekommen über Brillen, Kopfhörer und andere tragbare »Wearables« neue, verbesserte Sinne hinzu. Das wird uns helfen, ganz neue Wahrnehmungen zu entdecken, kann aber auch unsere anderen Sinne verkümmern lassen, wenn wir uns vermehrt auf die augmentierte, die »verbesserte« Wirklichkeit einlassen.

Diese Überlagerungen werden unser Bild auf das echte Leben verändern, denn sie bestimmen auch darüber, was wichtig genug ist, um hervorgehoben zu werden. Doch sind die AR-Geräte keine Einbahnstraßen, die nur Informationen zu uns heranbringen. Für die Technologiefirmen wird dadurch erstmalig ein 360-Grad-Blick auf jeden Winkel unseres Lebens möglich. Denn die Geräte senden das, was sie sehen oder hören zur Analyse in die Neuronennetze der Anbieter.

Eine Suchmaschine für die echte Welt

Anfang der Neunzigerjahre wurde der Begriff »Virtuelle Realität«, kurz VR, geprägt für vom Computer generierte Umgebungen und »Wirklichkeiten« in Echtzeit. An der Perfektionierung arbeiten seit vielen Jahren Unternehmen ebenso wie Universitäten, denn vom Eintauchen in diese virtuellen Welten verspricht man sich schier unendliche Anwendungsgebiete – von der Medizin bis zur Unterhaltung. Während der Arbeit an den Systemen hat sich in den letzten Jahren jedoch immer häufiger gezeigt, dass das komplette Abtauchen in künstliche Welten nicht in allen Fällen gewünscht und sinnvoll ist. Und so hat sich die Idee der Augmented Reality abgespalten, die den Nutzer in seiner normalen Welt belässt und seine bestehenden Sinne ergänzt und erweitert. Obwohl die meisten AR-Anwendungen derzeit für unsere Augen geschaffen werden, können natürlich alle Sinne des Menschen mit computergenerierten Informationen ergänzt werden.

Wenn es um die Manipulation unserer Sinne geht, denken wir zuerst an spezielle Brillen oder Kopfhörer und ähnliche Geräte. Tatsächlich tragen wir alle jedoch mit unseren Smartphones schon einen relativ kostengünstigen und doch leistungsstarken Computer für solche Aufgaben mit uns herum. Dieser ist mit den nötigen Funktionen ausgestattet und überträgt beispielsweise per Kamera das Bild in Echtzeit auf den Bildschirm, das dann um virtuelle Informationen oder Objekte erweitert werden kann.

Diese Erweiterung geschieht einerseits durch Algorithmen, die darauf trainiert wurden, Objekte, Körper oder Gesichter in der realen Welt so zu erkennen, wie wir uns das im zweiten Kapitel bereits angesehen haben. Der Computer wandelt dann die realen Elemente um in virtuelle und kann sie so ergänzen durch zusätzliche Informationen, Veränderungen an den Elementen selbst, oder er kann ganz neue Elemente nahtlos in das Bild einfügen. Das funktioniert in Echtzeit, denn die vielen Sensoren im Smartphone ermöglichen es jederzeit, die Neigung der Kamera oder die Veränderung der Position im Raum zu erkennen und so das dreidimensionale Bild auf dem Monitor anzupassen. So können wir um virtuelle Objekte herumgehen oder von oben auf sie herabsehen.

Vielleicht haben Sie noch die Diskussion um »Google Glass«, die AR-Brille von Google, in Erinnerung. Das Gerät war seiner Zeit etliche Jahre voraus und konnte sich nicht durchsetzen, da ihre Träger als »Glassholes« bezeichnet wurden. Zu groß war die Angst ihrer Mitmenschen, mit der Brille gefilmt oder auf der Straße von der Software »erkannt« zu werden. Doch viele Nachfolger von »Google Glass« stehen in den Startlöchern, denn wir scheinen uns in der Zwischenzeit daran gewöhnt zu haben, permanent aufgenommen und analysiert zu werden. Nicht wenige von uns machen das sogar selbst mit einer der zahlreichen Apps zur Selbstoptimierung. Wir geben bekannten und unbekannten, großen und winzig kleinen Firmen Zugang zu sehr persönlichen Daten wie Gewicht, Aufenthaltsort, Bewegungsmuster, Stimmaufzeichnungen oder helfen bereitwillig bei der automatischen Gesichtserkennung unseres gesammelten Freundes- und Bekanntenkreises.

Sogenannte Datenbrillen werden also mit ziemlicher Sicherheit in großer Auswahl und Funktionsvielfalt Verbreitung finden. Auf der Innenseite des Brillenglases befindet sich eine Projektionsfläche für zusätzliche Informationen über Umgebung, Objekte oder Menschen. Die Erkennung dieser Objekte erfolgt über Künstliche Intelligenz per Internetverbindung, die Bestimmung von Position und Neigung des Kopfes erfolgt durch eingebaute Beschleunigungssensoren wie beim Mobiltelefon. So kann das Bild der Brille in synchroner Bewegung zum Kopf gehalten werden.

Auch fest verbaute AR-Geräte gibt es bereits. In Japan befinden sich in manchen Modegeschäften beispielsweise »Spiegel«, die ihr Gegenüber per Kamera aufnehmen, mit beliebigen Kleidungsstücken aus dem virtuellen Fundus anziehen und dann Mensch und Kleidung in einer Sichtebene darstellen – so kommt man um die lästige Anprobe herum. Ähnlich funktionieren auch diverse Apps und Geräte für den Heimgebrauch wie Amazons »Echo Look«: Eine eingebaute Kamera macht Fotos und Videos von der Besitzerin, in der App zeigt Amazon dann mögliche Outfits und hilft mittels Künstlicher Intelligenz bei der Wahl aktueller und natürlich noch nicht gekaufter Kleidung.

Doch selbst wenn Sie noch nicht in Japan waren, bin ich mir sicher, dass auch Sie schon häufig Erfahrungen mit AR sammeln konnten: Die eingeblendeten virtuellen Markenlogos bei Sportübertragungen, Entfernungsangaben beim Skispringen oder die Ein-

blendungen von Schussbahnen und Rasenmarkierungen bei Fuß-
ballübertragungen sind allesamt Beispiele für Überlagerungen eines
Live-Bildes mit Informationen, die von Algorithmen in Echtzeit
beigesteuert werden.

Das sind jedoch alles eher Spielereien. Denn die größten Firmen
der Welt investieren derzeit in unglaublichen Größenordnungen in
Augmented Reality. Darunter sind Alibaba und Tencent aus China,
die Unterhaltungsgiganten 21st Century Fox und Warner Bros.,
Google, die Investmentbanken J. P. Morgan und Morgan Stanley,
der Chiphersteller Intel, der Versandriese Amazon oder Hardware-
hersteller wie Samsung, Apple und HTC. Innerhalb weniger Jahre
werden laut der Analysten des Marktforschungsunternehmens IDC
bereits Umsätze über 140 Milliarden US-Dollar erwartet[1] – mehr als
das Bruttoinlandsprodukt von Ungarn.

Zukünftige Geschäftsmodelle basieren auf zwei Eigenheiten der
Technologie: Während wir Nutzer bei AR vor allem die zusätzlichen
Informationen und Erweiterungen als wertvoll ansehen und womöglich dafür zahlen, sind die Technologiekonzerne daran interessiert, was unsere neuen Sinnesorgane in Form von Kameras, Sensoren und Mikrofonen aufzeichnen. Denn damit werden alle Ecken
und Winkel unserer Welt, unserer Wohnungen, Städte und Arbeitsstätten vollständig transparent. »Die nächste Herausforderung für
Augmented Reality ist es, die echte Welt zu durchsuchen«, so beschreibt Ambarish Mitra, der Chef der britischen AR-Firma Blippar
die Aufgabe.[2]

Bis zu dem Zeitpunkt, an dem das über Wearables wie Brillen geschieht, übernimmt diese Aufgabe unser Mobiltelefon. Apple, Intel
und andere Hersteller haben es zur Strategie erklärt, mehrdimen-
sionale Wahrnehmungsverarbeitung der Umgebung in ihre Chips
einzubauen: Sie schärfen damit Telefonen und Computern den
Blick für die Tiefe des Raums, schaffen also ein echtes 3-D-Bild der
Umgebung. Es ist dann so, als scanne Ihr Mobiltelefon jederzeit ihre

Umwelt, um in Echtzeit auf Situationen, Objekte und Menschen zu reagieren. Während wir gebannt auf eingeblendete Zusatzinformationen unserer Umgebung starren, wird ein unendlicher Strom an Daten über unsere Welt auf die Server zurückfließen und mehr über uns verraten als je zuvor. Was uns kurzfristig mehr über die Welt verrät, in der wir uns bewegen, könnte zu einem Albtraum für unsere Privatsphäre werden.

Von Sinnen, Synapsen und Systemen

Augmented Reality ruft noch mehr Ängste hervor: Wie wird die Technik unsere Wahrnehmung beeinflussen? Können die neuen Sinneseindrücke dazu führen, dass wir keinen Unterschied mehr machen zwischen der Welt, die uns umgibt, und den virtuellen Ergänzungen?

Die menschliche Wahrnehmung ist ein sehr komplexer Prozess. Jedes unserer Sinnesorgane hat sich dabei auf bestimmte Reize spezialisiert: Die Ohren reagieren auf Schall, die Augen auf Licht, die Haut auf Berührung oder Temperatur. Über Nervenbahnen gelangen diese Reize ins Gehirn und werden dort an verschiedenen Stellen verarbeitet. Da wir in der Regel keine isolierten Reize wahrnehmen, sondern gleichzeitig mehrere im Zusammenklang, muss unser Gehirn Höchstleistungen vollbringen. Die Reize in den unterschiedlichen sensorischen Zentren werden gespeichert, miteinander verglichen und geordnet.

Auch die Zugehörigkeit eines Reizes zu anderen zeitgleichen Reizen wird hergestellt und mit unserem Wissen verglichen. Hören wir beispielsweise in unserem Garten ein lautes Rauschen und verspüren gleichzeitig einen starken Luftzug, so weiß unser Gehirn aus Erfahrung, dass der Wind gerade über die Bäume streicht. Dieselben Sinnesreize eines starken Luftzuges und Rauschens in einer anderen

Situation, zum Beispiel im Flugzeug, versetzen uns hingegen sofort in Alarmbereitschaft, weil wir uns ihre Herkunft nicht ohne das Schreckensszenario eines Lecks erklären können. Unser Gehirn ordnet alle Reize in bereits gewonnene Erkenntnisse ein und entscheidet über eine mögliche Reaktion, zum Beispiel motorische Handlungen wie Wegducken oder eine Kopfdrehung.

Der Wahrnehmungsvorgang ist ein ständiger Kreislauf, dessen Prozesse fließend ineinander übergehen. Wir nehmen über diesen Kreislauf nicht nur unsere Umwelt wahr, sondern beeinflussen sie gleichzeitig durch unsere Reaktionen. Dabei sind sowohl Wahrnehmung als auch Reaktion von Person zu Person unterschiedlich. Zwei Menschen können sich in genau der gleichen Situation befinden, sie allerdings völlig unterschiedlich bewerten. Verantwortlich ist unser Gehirn, das eben ganz subjektiv jeden Reiz vor dem Hintergrund der eigenen Erfahrungen bewertet.

Scherzhaft fragen wir oft, ob jemand seine »fünf Sinne beisammenhat«. Tatsächlich gibt es aber deutlich mehr verschiedene Sinne: Außer dem Tastsinn, Geschmackssinn, Geruchssinn, Hörsinn und Sehsinn beispielsweise auch den Gleichgewichtssinn, die Körperempfindung oder den Temperatursinn. Alle diese Sinne, vor allem aber unsere visuelle und akustische Wahrnehmung, werden immer größeren Herausforderungen ausgesetzt. In der modernen Informationsgesellschaft stürmen unsäglich viele Botschaften auf unsere Augen und Ohren ein. All diese Signale müssen von unserem Gehirn gespeichert, einsortiert und bewertet werden.

Vor allem für Kinder bedeutet dies eine enorme Belastung. Die Ausbildung ihrer Wahrnehmungsfähigkeit basiert nämlich darauf, dass möglichst alle sieben Reize gleichermaßen trainiert und entwickelt werden. Schon in unserem Mutterleib können wir hören, fühlen, Gleichgewicht spüren oder hell und dunkel unterscheiden, damit wir sofort nach der Geburt mit allen Sinnen unser Leben begreifen und so unser Gehirn ausbilden können. Unsere Sinne wollen das ganze Leben lang weiter ausgebildet und angesprochen werden. So bilden sie permanent Synapsen in unserem Gehirn und ermöglichen uns damit überhaupt, hinzuzulernen. Unser Gehirn geht höchst effizient mit seinen Ressourcen um: Wenn Synapsen wenig genutzt werden, bilden sie sich zurück, die Energie für den Aufbau neuer Nervenverbindungen wird dann an anderer Stelle genutzt. So erhalten wir uns das ganze Leben lang die Fähigkeit, neue Dinge hinzuzulernen.

Unsere Lerneffektivität wird noch dadurch gesteigert, wenn wir beim Lernvorgang möglichst viele Sinnesbereiche integrieren und ansprechen. Wir verstehen das Konzept einer Blume am besten, wenn wir sie gleichzeitig sehen, riechen und anfassen können. Am allergrößten ist der Lerneffekt, wenn wir zudem Emotionen mit dem Lernen verbinden und uns diese Blume zum Beispiel von einem lieben Menschen überreicht wurde. Für die Entwicklung von Kindern ist es deshalb wichtig, alle Sinnbereiche gleichermaßen zu stimulieren. Sowohl die dauerhafte Überflutung durch nur einen Reiz als auch die Unterforderung können letztlich zu Verhaltensauffälligkeiten beziehungsweise Problemen bei der Verarbeitung von Wahrnehmungen führen.

Die Erweiterung unserer Sinne durch AR ist ein neues Feld und erst einige Jahre alt. Für die Wissenschaft ist es wichtig herauszufinden, wie die Wahrnehmung verschiedener gleichzeitiger Sinneseindrücke bei uns Menschen funktioniert und ob sie durch technische Systeme ergänzt oder gestört werden kann. Dr. Cesare Parise arbeitet für das Max-Planck-Institut für biologische Kybernetik und als Wissenschaftler für Oculus VR. Er sagt: »Es ist eine grundlegende Fähigkeit unseres Gehirns, Informationen aller Sinneskanäle zu verwerten. So können wir unsere Umwelt möglichst robust und genau wahrnehmen.«[3]

In einer Studie erforschte er, wie unser Gehirn mit der Fülle von multisensorischen Informationen überhaupt fertig wird.[4] Dazu ließ er Versuchspersonen auf optische und akustische Reize reagieren und untersuchte, ob die Schnelligkeit der Reaktion vom zeitlichen Abstand zwischen den verschiedenen Signaltypen abhing. Die Freiwilligen in diesem Experiment beobachteten Abfolgen von zufälligen Geräuschen und Lichtblitzen auf einem Monitor. Dabei mussten sie anschließend angeben, ob Licht und Geräusch zusammengehörten und welches Signal zuerst kam. Bei der Analyse der Versuche fand Parise heraus, dass die Antworten davon abhingen, ob die Signale einen ähnlichen zeitlichen Ablauf hatten. Das Ergebnis erstaunte den Forscher: »Die visuellen und akustischen Informationen kommen zwar vom gleichen Ereignis. Sie werden aber größtenteils in voneinander unabhängigen Nervenbahnen verarbeitet. Trotzdem können wir offensichtlich ohne große Anstrengung sagen, welche Signale zusammengehören.«[5] Es muss also eine Art Vermittler geben, der in unserem Gehirn getrennt bearbeitete Signalarten wie das Blätterrauschen in unseren Ohren oder die Sensation eines Luftzuges auf der Haut am Ende wieder zusammenbringt, damit wir beides zusammen als Windböe wahrnehmen.

Die Wissenschaftler forschten weiter nach diesem Vermittler und fanden einen neuronalen Mechanismus, der wie ein ständig aktiver Detektiv in jeder Sekunde untersucht, ob es Korrelationen zwischen verschiedenen Sinneseindrücken gibt, die gerade auf das Gehirn einströmen. Nachdem dieser Mechanismus nun gefunden und entschlüsselt ist, kann er von den Forschern leicht nachgebaut werden und wird zukünftig zum Beispiel als Künstliche Intelligenz in der Steuerung von Robotern seine Dienste tun. Und das Wissen darum kann genutzt werden, virtuell erzeugte Sinneseindrücke mit denen in der realen Welt zu verschmelzen, um so extrem effektive und für unser Gehirn glaubwürdige Augmented-Reality-Situationen zu schaffen.

Der implantierte Reiseführer

Ich kann mir viele Situationen vorstellen, in denen die Überlagerung unserer Sinneseindrücke mit zusätzlichen Informationen sinnvoll und bereichernd ist. Wer einen Ikea-Schrank zusammenbauen muss, würde sich wünschen, dass eine intelligente Brille die vielen Teile automatisch erkennt und dann per Einblendungen genaue Hinweise darauf gibt, welches Teil man an welche Stelle stecken, schrauben oder bohren muss.

Die Entwickler von Microsoft, die mit der Brille »HoloLens« eines der derzeit leistungsfähigen AR-Systeme vorstellen, haben viele Anwendungsszenarien geplant, die im Prinzip ähnlich sind wie der Aufbau von Möbeln, aber ungleich viel komplexere Schritte beinhalten. Die ersten AR-Anwendungen werden derzeit im professionellen Bereich eingesetzt, vor allem für die Montage und Reparatur von hochkomplizierten Anlagen oder Maschinen. Die Monteure können eine solche Maschine reparieren, auch wenn sie diese noch nie zuvor gesehen haben, indem sie durch die Brille auf das Originalgerät blicken. Eingeblendet werden beispielsweise exakte Zeichnungen als Überlagerungen von Einzelteilen, die deren Funktionen beschreiben oder Hinweise zum Prozedere der Reparatur geben.

Auch der komplizierte menschliche Körper lässt sich so leichter »reparieren«. Mitglieder eines Operationsteams im Krankenhaus bekommen über AR-Systeme überlagernde Informationen zu Organen oder dem Stand der Lebenserhaltungsfunktionen, während sie gemeinsam operieren. Und was mit Maschinen und Körpern funktioniert, klappt auch bei ganzen Gebäuden: Architekten können auf der Baustelle das Modell des fertigen Hauses sehen, welches virtuell über den noch vorbereitenden Arbeiten der Baugrube sichtbar wird. So lassen sich Fassadenvarianten überprüfen oder der Gesamteindruck eines Gebäudes auf seine Umgebung vorab prüfen. Viele Szenarien sind vorstellbar, die – sofern die professionellen Aspekte im Vordergrund stehen – sehr sinnvoll sind und Produktivität und Genauigkeit bestimmter Arbeitsschritte enorm steigern werden.

Am meisten verbreiten wird sich Augmented Reality allerdings nicht im Operationssaal oder auf der Baustelle – eine der bahnbrechenden Anwendungen für AR-Systeme finden wir etwa in Autos. Schon heute blenden einige Hersteller in die Windschutzscheiben Informationen zu Geschwindigkeit, Verkehrszeichen oder Navigationshinweise ein. Je besser die Kameras im Fahrzeug auch dank KI die Umwelt erkennen und analysieren können, desto mehr sinnvolle Zusatzinformationen werden die Scheibendisplays füllen. Dazu gehören Warnungen vor spielenden Kindern, Schlaglöchern oder Geisterfahrern ebenso wie Hinweise zu Tankstellen oder Geldautomaten. Die Sicht des Fahrers auf sein Cockpit wird bald immer mehr dem Bild gleichen, das auch Piloten von Kampfflugzeugen in ihren technisch aufgerüsteten Helmen sehen.

Als neugieriger Mensch finde ich die Idee bestechend, permanent ergänzende Inhalte zu meiner Welt zu erhalten und so neue Kontexte herzustellen. Wie wunderbar wird Reisen in der Zukunft sein, wenn jedes unbekannte Objekt, jeder unbekannte Ort sich sofort selbst erklären kann! Es wird sich anfühlen, als ob man einen Reiseführer oder ein Lexikon in sein Gehirn implantiert hat.

Tatsächlich kann AR immer dann seine Stärken ausspielen, wenn es um die Vermittlung von Wissen geht. Kein Wunder, dass vor allem Museen mit der neuen Technologie experimentieren. Manche nutzen sie, um zusätzliche Ausstellungsstücke virtuell zu zeigen, für die es derzeit keinen Platz gibt. Andere wollen damit das Erlebnis des Besuchers spannender und inhaltsreicher gestalten.

In der chinesischen Provinz Sichuan wurde beispielsweise ein riesiges Ausgrabungsgelände für die Öffentlichkeit freigegeben. Für die meisten von uns ist bei solchen Ausgrabungen schwer nachzuvollziehen, wofür einzelne Objekte in den Vitrinen früher einmal gedacht waren. Auch fehlt uns meist die Vorstellungskraft, um uns nur anhand einiger weniger alter Mauerreste eine dreidimensionale Stadt mit ihrem Leben, ihren Menschen und Tieren und Geräuschen vorzustellen. In Sichuan helfen deshalb zahlreiche AR-Anwendungen dabei, die Artefakte und Mauerreste zum Leben zu erwecken: Man hält sein Smartphone über einen bestimmten Bereich und dieser erwacht und zeigt in bewegten bunten Bildern, wie das Leben dort früher einmal war. Der Besuch dieser Ausstellung ähnelt damit ein bisschen dem Besuch einer Webseite mit ihren Hyperlinks und Verbindungen. Die reale Welt wird anklickbar. Zumindest werden es anfangs bestimmte Orte sein, die als »Trigger« oder Auslösepunkte für die Verbindung der Welt mit dem Netz dienen: Profis und Laien füllen derzeit das Internet mit ergänzenden Informationen zu diesen Orten, indem sie Verknüpfungen schaffen zwischen einem Ort und seinem Wikipedia-Artikel.

Für die Wahrnehmung und damit für das Lernen ist es zuträglich, sich einem Wissensgebiet über möglichst viele Sinne zu nähern. Im Bildungsbereich wissen wir schon lange, dass es hilft, Schülern möglichst viele spannende Zugänge ergänzend zu den Inhalten der Schulbücher zu geben. Entsprechende AR-Konzepte erwecken beispielsweise Bücher und Abbildungen zum Leben, lassen dreidimensionale Modelle komplexer Objekte scheinbar über den Seiten schweben. Oder sie zeigen Zusatzinformationen und weitere Bildebenen, die sich etwa über ein Modell der komplizierten menschlichen Anatomie legen.

Das Studienhospital Münster hat gar einen kompletten Raum in ein AR-Studio verwandelt. »SimuScape« heißt das Projekt. Augmented-Reality-Technik projiziert verschiedene medizinische Situationen in den Raum, die mit Simulationspatienten erprobt werden können. Den Studenten gelingt es so, sich in die übliche ärztliche Umgebung wie eine Praxis oder ein Krankenhaus zu versetzen. Durch die Projektionen, ein Soundsystem und die Verknüpfung von virtuellen mit realen Inhalten, entsteht ein geschütztes Umfeld, um praxisnah zu lernen. So hilft die erweiterte Realität dabei, realitätsnahe Ereignisse in der Zukunft schon einmal durchzuspielen.

Die ersten Anwendungen, die Sie völlig ohne Zubehör und neue Technikbrillen benutzen können, werden als Apps für Mobiltelefone zur Verfügung gestellt. Es handelt sich oft um Werbung, die sich als nützliches Werkzeug tarnt. Die Einrichtungskette Pottery Barn in den USA oder Ikea bieten solche Programme: Man macht Fotos von den Zimmern seiner Wohnung und kann darin virtuelle Einrichtungsgegenstände der Anbieter platzieren. So sieht man gleich, ob die Vase farblich zum Teppich passt. Ein Klick, und das Ding landet im ebenfalls virtuellen Einkaufskorb. Werber haben im Allgemeinen ein großes Interesse daran, ihre Botschaften nahtlos in unseren Alltag zu integrieren. Damit Werbung gut funktioniert, muss sie die Menschen möglichst emotional berühren. Dabei hilft es, die Produkte in das häusliche Umfeld zu bringen und den zukünftigen Käufer mit allen Sinnen anzusprechen. Solche AR bietet den Werbetreibenden gleich zwei Vorteile: Sie erhalten Einblick in unsere Wohnungen, die problemlos von KI hinsichtlich unserer Lieblingsfarben, Einrichtungsstile oder gar Vermögen analysiert werden können. Und sie platziert Produkte schon in unserem Heim, ohne dass wir sie gekauft haben. Wir können uns am Bildschirm so an sie gewöhnen, dass uns ihr Fehlen in der Realität unangenehm auffallen wird.

Denkt man noch einen Schritt weiter, muss es nicht beim Hinzufügen von Objekten bleiben. Was wäre, wenn Augmented Reality Dinge aus der realen Welt überlagern oder ersetzen könnte? Wenn wir per Algorithmus alte Teppiche in neue tauschen könnten? Wenn wir unserem grau gewordenen Kollegen mittels AR ein wenig Farbe auf den Kopf zaubern könnten? Wenn wir die Stimme der spanischen Reiseführerin mit einem deutschen Text ersetzen könnten? Wir könnten hässliche graue Straßen im Navi in einer anderen Farbe anzeigen lassen und Müll am Straßenrand ausblenden. Vielleicht

wird der Hersteller der Brille auch dafür sorgen, dass die Werbe-
plakate von Konkurrenzfirmen mit eigener Werbung überblendet
werden. Oder wir werden einen Extrapreis dafür zahlen, dass Werbung aus unserem Sichtfeld herausgerechnet wird. In dieser Form
wird AR dann eine *individuelle Realität* für uns erschaffen, die nur
wir selbst zum Zeitpunkt des Betrachtens erleben. So könnte intelligente Software in unseren Kopfhörern unliebsame Geräusche ausblenden – Kindergeschrei oder Baustellenlärm würden dank Künstlicher Intelligenz erkannt, die entsprechenden Töne und Frequenzen
leiser übertragen oder ausgeblendet oder durch andere Töne, zum
Beispiel unsere Lieblingsmusik, ersetzt.

Tatsächlich gibt es solche Kopfhörer bereits zu kaufen. Die Hersteller werben damit, dass Sie damit erstmalig Ihr eigenes Hörum-
feld live editieren und gestalten können. Außer der Ausblendung
von unerwünschten Tönen kann jedes Geräusch angepasst werden,
was in Ihr Ohr gelangt. Wenn Sie ein Konzert besuchen, das sich
als Partner des Herstellers Ihrer Kopfhörer registriert hat, können
Sie über eine Smartphone-App wählen, wie sich der Klang anhören
soll. Sie haben nur einen Platz ganz hinten links im Konzerthaus ge-
bucht? Kein Problem: Der App sagen Sie einfach, es solle so klingen
wie vorne in der Mitte. Sie befinden sich auf einem Festival, und
eine Band spielt, bei der sie den Bassisten toll finden? Wunderbar!
Stellen Sie doch einfach seine Tonspur etwas lauter und die anderen
etwas leiser. Doppler Laps heißt eines der Unternehmen, dass sich
auf genau solche Kopfhörer spezialisiert hat. Die Firma geht gerade
viele Kooperationen mit Konzert- und Festivalveranstaltern ein, um
den Kunden ein erweitertes Erlebnis und neue Formen des Hörens
zu bieten.

Das klingt im wahrsten Sinne des Wortes erst einmal richtig
gut. Allerdings mutet es zugleich ein wenig seltsam an, wenn gerade
eine Veranstaltung wie ein Festival oder ein Konzert, das von einer
Vielzahl an Besuchern lebt, derart individualisiert wird. Auch zeigt

es, dass wir auf dem Weg sind in eine Welt, in der Erleben und Wahrnehmen immer subjektiver und unteilbarer werden. Diese individuellen Realitäten sind ein weiterer Schritt in eine Gesellschaft, die vor allem für diejenigen reicher und reichhaltiger wird, die sich den Zugang zur technischen Infrastruktur kaufen können. Wenn sich das für Sie schon ein wenig nach Computerspiel anhört, dann ist das kein Wunder.

Cyborgs leben unter uns

»Deus Ex« heißt eine sehr erfolgreiche Computerspielreihe. In ihr geht es um eine Welt, in der »normale« Menschen mit »augmentierten« Menschen zusammenleben müssen. Letztere besitzen technisch verbesserte Gliedmaßen oder Sinnesorgane. Die erweiterten Menschen haben lange Zeit die Nase vorn, denn sie sind ungleich viel stärker und können viele Aufgaben aufgrund ihrer Ergänzungen besser erfüllen. Doch eines Tages werden durch eine schreckliche Terrorattacke sämtliche technischen Erweiterungen gehackt und die augmentierten Menschen verwandeln sich in ferngesteuerte Waffen, die ein unglaubliches Blutbad unter den Normalen anrichten.

Ein solches Spiel lebt natürlich von maßloser Übertreibung, doch ist selbst dieses, sehr futuristisch klingende Szenario nicht so weit weg von der Realität, wie Sie vielleicht glauben. Neil Harbisson heißt der erste staatlich anerkannte Cyborg. Auf seinem Passbild ist er abgebildet mit einer implantierten Antenne, die wie bei einem Anglerfisch vor seinen Augen baumelt. Die Antenne ist über einen bogenförmigen Stab mit einem Chip verbunden, der an der Rückseite seines Kopfes mit dem Schädelknochen verbunden ist. Die Antenne besitzt am vorderen Ende Sensoren, um Farben wahrnehmen zu können. Diese Farben wandelt der Chip in Audiosignale um, die über den Schädelknochen als hörbare Töne quasi direkt in das Gehirn gespielt werden. Violett klingt für ihn wie der Ton D, grün wie ein A und rosa wie ein E. In Interviews sagt er deshalb ungewöhnliche Sätze wie: »Wir sind nicht schwarz und weiß. Wir sind alle unterschiedliche Arten von Orange.«[6]

Harbisson hat sich diese Antenne vor mehr als zehn Jahren anfertigen lassen, um so endlich Farben wahrnehmen zu können, denn der Künstler und Cyborg-Aktivist ist seit seiner Geburt farbenblind. Für ihn war die Welt immer nur in Grautönen zu sehen. In einem Interview erklärte er, dass er sich sozial häufig ausgeschlossen fühlte, wenn andere über Farben erzählten, deren Konzept er von klein auf nicht verstehen konnte. Und so entwickelte er mit 20 Jahren das Gerät, das er »Eyeborg« nannte und das fest mit seinem Kopf verbunden ist. Diese Verbindung ist es, die dazu geführt hat, dass er es nach mehreren zähen Verhandlungen erreichen konnte, auf seinem Passbild zusammen mit dem Gerät abgebildet zu werden. Für Neil ist es nämlich kein Gerät, sondern ein weiterer Sinn und damit Bestandteil seines Körpers. Der Sohn einer Katalanin und eines Iren hat in seiner Heimat Spanien die Cyborg Foundation gegründet. Ziel der Stiftung ist es, die Rechte für Cyborgs zu gestalten und neue Erweiterungen für den menschlichen Körper zu entwickeln. Das können Armbänder sein, die Erdbeben anzeigen, Ohrringe, die vibrieren, wenn sich außerhalb des Gesichtsfeldes etwas bewegt oder andere Sinneserweiterungen.

Hugh Herr, Leiter des biomechanischen Labors am Massachusetts Institute of Technology (MIT), ist sich sicher, dass Harbisson am Anfang einer ganz neuen Generation von Menschen steht: »In 100 Jahren wird unser Körper nicht wiederzuerkennen sein. Das heutige Körperbild wird uns beschränkt, überholt und dumm vorkommen«, findet der Wissenschaftler.[7] Was er damit meint: dass es uns völlig normal vorkommen wird, die unzureichenden Funktionen unseres Körpers technisch zu erweitern und zu ergänzen. Interessanterweise sind es gerade Unzulänglichkeiten, Krankheiten und »Behinderungen«, die uns wichtige Hinweise darauf geben, wie wir unsere Körper verbessern und unsere Sinne erweitern können.

Etwa dreihunderttausend Menschen weltweit haben ein sogenanntes Cochlea-Implantat. Diese Implantate bestehen aus zwei Bestandteilen: Einer ist fest unter der Haut in die Schädeldecke operiert, besitzt einen Magneten, eine Empfangsspule und Elektroden, die direkt in die Hörschnecke eingeführt werden. Der andere Teil haftet mittels eines weiteren Magneten auf der Kopfhaut und sendet die über ein Mikrofon empfangenen Signale. Derzeit dient das Gerät gehörlosen Menschen, damit für sie ein ähnliches Spektrum an Audiosignalen genauso hörbar wird wie für alle anderen. Doch gibt es Stimmen, auch unter den Implantatträgern, die fordern, das Spektrum der Wahrnehmung zu erweitern – technisch möglich ist ja einiges mehr. Wer legt die Grenzen für »normales« Hören fest, so fragen sie zu Recht. Warum sollte ein solches Implantat nicht auch ermöglichen, ganz andere Frequenzen zu hören, etwa die von Fledermäusen?

Die gleiche Frage stellt sich bei Implantaten von fehlenden Körperteilen. Warum sollte es einem Menschen, der keine Beine mehr hat, nicht ermöglicht werden, mit Prothesen schneller zu laufen als vorher? Warum kann eine Handprothese nicht viel mehr Kraft haben als die verlorene menschliche Hand? Das sind Fragen, denen wir uns stellen müssen, denn auch der Übergang von Prothesen zu bionischen Körperteilen erfolgt immer häufiger. Der schwedische Lkw-Fahrer Magnus Niska etwa hat einen bionischen Arm, der direkt in sein Skelett implantiert wurde. Seine Nerven wurden mit Sensoren im Arm verknüpft, sodass er fühlen und Dinge greifen kann.

Während sich ein Großteil der Menschheit noch mit den moralischen und sozialen Fragen solcher hybriden Körpermodelle beschäftigt, gibt es zwei Gruppen, die sehr intensiv daran arbeiten, unseren menschlichen Körper Geschichte werden zu lassen. Die eine Gruppe ist das Militär: Hier wird schon seit vielen Jahren an Exo-Skeletten geforscht, also tragbaren Apparaten, die unserem Körper ein Außenskelett hinzufügen und ihn auf diese Weise wesentlich stärker und leistungsfähiger machen. Auch die Erweiterung der Sinne, mittels AR-Helmen und -Brillen soll Soldaten gegenüber dem Feind Vorteile verschaffen, indem sie Dinge wahrnehmen können, für die der menschliche Organismus nicht empfänglich ist: Hitzekarten, Strahlungswerte, verfügbare Telekommunikationsnetze oder einfach nur Echtzeitinformationen zu Feindbewegungen. Kalkül des Militärs ist, dass diese augmentierten Übermenschen jedem beliebigen Feind heillos überlegen wären.

Die andere Gruppe nennt sich Transhumanisten oder Biohacker. Tim Cannon ist so einer. Er trägt eine Brille und einen Ziegenbart, meist schlabbrige T-Shirts und etliche Erweiterungen unter seiner Haut, die es ihm ermöglichen, neue Wahrnehmungen auszubilden. Man könnte fast sagen, dass er sich neue Sinne implantieren lässt. In seinem linken Ringfinger etwa steckt ein Magnet, mit dem er elektromagnetische Felder wahrnehmen kann. In seinem Unterarm misst ein implantiertes Thermometer ständig seine Körpertemperatur und sendet sie an sein Smartphone.

Solche Implantate gehen für die meisten von uns vielleicht noch zu weit, und doch haben wir uns alle daran gewöhnt, einen Teil unserer Sinneswahrnehmung auszulagern und zu verbessern. Smartphones mit ihren Sensoren und ihrer Möglichkeit, jederzeit weitere Daten zu empfangen, tragen wir ständig bei uns. Wenn heute jemand sagt: »Mein Akku hat nur noch 5 Prozent«, dann wundert sich niemand mehr darüber, dass er mit dieser Aussage nicht einen körperlichen Akku meint, sondern den seines Telefons. Sprachlich sind wir also bereits mit dem Gerät verschmolzen. Warum sollten wir nicht auch das Display des Mobiltelefons oder andere Geräte wie Brillen oder Kopfhörer als ergänzende Wahrnehmungssensoren unseres Körpers verstehen? Entweder um die Realität zu erweitern und so zum Beispiel produktiver, stärker und besser zu werden oder um die Realität zu erweitern, damit sie unterhaltsamer wird – indem man zum Beispiel Pummeluffs jagt.

Ein Update für Ihre Sinne liegt vor

In Taiwan führte die Begeisterung in der erweiterten Realität mit den kleinen Pokémon fast zum Massenunfall auf der Autobahn, das habe ich eingangs schon erzählt. Viele Menschen haben deshalb nicht zu Unrecht Angst davor, dass mehr Informationen auch mehr Ablenkung bedeuten. Zwar haben alle AR-Systeme den Vorteil, dass die Abbildung der Wirklichkeit Teil des Prinzips ist und somit zumindest niemand gegen einen Baum läuft. Doch wird es sicher Unfälle geben, die darauf zurückzuführen sind, dass ein Nutzer den virtuellen eingeblendeten Informationen mehr Aufmerksamkeit schenkt als den realen, die der Augmented Reality zugrunde liegen.

Das gilt umso mehr, als die meisten Firmen, die derzeit AR weiterentwickeln, ausschließlich durch Werbung reich geworden sind. Ihr erstes Interesse wird es also sein, Werbung mitten in unserem Alltag, mitten in unserem Gesichtsfeld oder in unserem Ohr zu platzieren. Wie nervig wäre es, wenn mein Blick durch die Brille auf ein halbleeres Glas Senf fällt und mir Amazon sofort ein Angebot für eine Senfnachbestellung einblendet! Einen ersten Schritt hat das Unternehmen bereits 2014 mit seiner Anwendung »Firefly« gemacht. Sobald die Künstliche Intelligenz des Versandhändlers im Kamerafeld des Smartphones irgendein Produkt erkannte, schwirrten virtuelle Glühwürmchen um dieses Produkt herum, und die Firma machte aktuelle Angebote, die dazu passten. Ähnliche Mechanismen dürften zukünftig zum Standard vieler AR-Anwendungen werden. Eine Gefahr von Augmented Reality besteht also darin, dass sich unsere private, öffentliche oder berufliche Welt in eine einzige riesengroße Werbeveranstaltung verwandelt und somit auch die bislang privatesten Ecken unseres Lebens dem Kommerz offenstehen.

Selbst wenn es sich um sinnvolle Informationen und nicht um Werbung handelt, könnten die Ergänzungen als problematisch empfunden werden. Reiz- und Informationsflut führen bei Kindern zu Verhaltensauffälligkeiten und bei Erwachsenen zu erhöhtem Stress. Abhilfe verspricht in der Regel, sich aus dem Strom von Informationen herauszuziehen. Sie können Ihren Laptop zuklappen und den Fernseher ausmachen, das hilft schon ein wenig und schadet nicht allzu viel. Doch das Mobiltelefon für mehr als ein paar Stunden wegzulegen, schaffen mittlerweile nur noch die wenigsten Menschen.

Zu sehr sind wir schon eins geworden mit dem Gerät in unserer Tasche. Das liegt auch daran, dass wir es wie eine Prothese, wie eine verlängerte Hand, ständig bei uns tragen. Welche Phantomschmerzen werden wir erst empfinden, wenn das Telefon in wenigen Jahren komplett ersetzt sein wird durch intelligente Brillen, wie es Michael Abrash, Chefentwickler der Facebook-Tochter Oculus, voraussagt? Man könne die Brille doch einfach absetzen, werden Sie jetzt sicherlich sagen. Doch wird uns das ziemlich schwerfallen, wenn wir uns erst einmal an die nützlichen zusätzlichen Informationen gewöhnt haben. Außerdem wird ein Großteil unserer Kommunikation über dieses Gerät laufen. Die Welt selbst, die wir wahrnehmen, wird zur Bedienoberfläche für die uns begleitenden Rechner. Um sich davon fernzuhalten, muss man schon ein Zen-Meister sein.

Ein weiterer negativer Aspekt: Alle großen Technologiefirmen arbeiten daran, AR zu einem essenziellen Bestandteil ihres jeweiligen Ökosystems zu machen, mit allen Nachteilen, die dieses System mit sich bringt. Das bedeutet nämlich, dass wir über die AR-Hardware von Apple nur das angezeigt bekommen, was dieses Unternehmen uns zubilligt. Das könnte womöglich unvollständig sein, denn der Konzern bietet in Europa oft recht mangelhafte Umsetzungen für seine in den USA konzipierten Produkte an. Dafür gilt Apple als vergleichsweise sicher in Bezug auf die Kundendaten. Amazon wiederum will in allererster Linie verkaufen und würde vermutlich alles aus unserem Leben verbannen, was keinen kommerziellen Wert für das Unternehmen hat. Google gilt als sehr innovativ, hat aber auch einen unermesslichen Hunger nach unseren Daten und Informationen. Welchem dieser Drei würden Sie es zukünftig am liebsten überlassen, sämtliche Informationen, die Ihre Augen und Ohren erreichen, zu beeinflussen? Keine einfache Entscheidung, oder?

Zudem wird es eine Frage des Preises sein, welches der Systeme Sie sich leisten können. So ist das beste Navigationssystem für Ihr Auto meist entweder das teuerste oder das, bei dem Sie die meisten Daten preisgeben müssen. Es gibt schon heute enorme Unterschiede in der alltäglichen Lebensqualität von Arm und Reich – diese werden sich vertiefen, wenn teuer zu bezahlender Informationsreichtum, Werbefreiheit und Inhaltstiefe von Augmented-Reality-Anwendungen eine Rolle spielen.

Auch wird es Anbieter geben, mit denen das eine oder andere Unternehmen enger zusammenarbeitet, weil sie dafür Geld bezahlen. Der nächste freie Parkplatz auf Ihrem Bildschirm wird dann also nicht der nächste oder günstigste sein, sondern der des Provision zahlenden Parkhausbetreibers. Vergleichbar ist das mit der Situation des Internets von heute. Wie Sie vielleicht wissen, bezahlen Sie für einen online gebuchten Flug womöglich mehr als Ihre Nachbarin, alleine deshalb, weil der Browser ahnt, dass Sie mehr verdienen. Das kommerzielle Internet von heute ist aufgrund der persönlichen Informationen schon lange nicht mehr fair oder objektiv.

Ihre »Filterblase«, also alle politischen, sozialen, kulturellen und sonstigen Einstellungen, sowie unendlich viele persönliche Informationen begleiten Sie bei jedem Schritt im Netz. Das gleiche Netz wird sich mittels AR-Technologie über Ihr gesamtes Leben spannen – Ihre Filterblase wird es dabei mitnehmen. Welche Informationen für Sie in einem beliebigen Moment als relevant und sinnvoll eingeblendet werden, entscheidet dann die Künstliche Intelligenz des Technologieanbieters, für dessen Ökosystem Sie sich entschieden haben. Diese geschlossenen Systeme werden zu einer möglichen Gefahr für Ihre persönliche Entscheidungsfreiheit.

Nicht zuletzt fühlen sich die meisten Menschen von der totalen Manipulation ihrer Wahrnehmung bedroht. Wenn sich algorithmische Systeme zwischen uns und die Welt schieben, werden diese unsere Wahrnehmung und unser Verhalten auch gegenüber anderen Menschen verändern. Wenn Sie und ich uns auf der Straße begegnen und Ihre smarte Brille Ihnen schon aus 20 Meter Entfernung verrät, dass mein letzter Eintrag bei Twitter sich gegen Ihren Lieblingspolitiker gerichtet hat, werden Sie mir gegenüber in dieser Situation vielleicht nicht mehr freundlich gesonnen sein. Lieber wäre es mir also, dieser Tweet würde Ihnen nicht angezeigt. Aber eigentlich möchte ich überhaupt nicht, dass irgendwelche Informationen zu meiner Person jedem Menschen eingeblendet werden, dessen Wearables die entsprechende Gesichtserkennung haben. Woher weiß ich, dass die Informationen, die von der KI als relevant zu meiner Person gesehen werden, auch die sind, die ich selbst als relevant für andere betrachte? Woher weiß ich, dass aus meinem Gesichtsfeld Informationen nicht überlagert oder entfernt werden, die wichtig für mich sein könnten? Diese Sicherheit wird mir niemand geben.

Klar ist außerdem, dass jedes Bild, jede Aufzeichnung und jeder Ton, welche die Sensoren unserer Geräte verlassen, auf weit entfernte Server fließen. Dort erst werden sie von KI analysiert mit Daten ergänzt und zurückgespielt. Mit Sicherheit bleiben einige der Daten auch auf den Servern liegen – die Bilder und Wahrnehmungen unseres Lebens. Wenn wir den ganzen Tag eine solche Brille tragen, können wir davon ausgehen, dass jeder Schritt, den wir tun, jeder Mensch, dem wir begegnen, und jedes Auto, das auf uns zufährt, von den Ton- und Bilderkennungsalgorithmen entschlüsselt und bewertet werden. Im Laufe der Zeit entstünde so eine extrem aufschlussreiche Sammlung oder, genauer gesagt, Aufzeichnung, unseres Lebens. Wird das der Preis dafür sein, dass Maschinen uns neue und bessere Sinne geben?

Bevor es so weit ist, wird es Zeit, deutlich für unsere Datenrechte als Verbraucher einzutreten und dafür zu sorgen, dass alle von und mit uns erhobenen Daten auch von uns selbst verwaltet und gelöscht werden können. Denn die Aussagekraft der heutigen Datensammlungen von Browserdaten, Einkaufsverhalten oder analysierten E-Mails sind harmlos im Vergleich zu den Daten, die entstehen, wenn unsere realen Sinneswahrnehmungen von vielen Sensoren im Endlosbetrieb abgegriffen werden.

Erlebnisse
Maschinen machen unser Leben zum Game – und unser Gehirn spielt begeistert mit

Es sind nur wenige Meter, die in den Königlichen Museen der Schönen Künste in Brüssel die Vergangenheit von der Zukunft trennen. Die Vergangenheit würde rechts von mir beginnen. Zuerst müsste ich mich in eine Schlange stellen und 13 Euro Eintritt zahlen. Danach ginge ich in eine erste Halle. Der Raum mit seinem glänzenden Marmorboden und der hohen Decke hätte die Wirkung einer Kathedrale auf mich. Hier würde die glorreiche Vergangenheit des Museums noch einmal alles auffahren, was sie zu bieten hat. Hinter der Halle erwarteten mich endlose Säle mit Alten Meistern, die ich aus der sicheren Entfernung der Absperrungen bewundern dürfte. Käme ich einem Bild zu nahe, um ein Detail zu betrachten, würde mich einer der Aufseher sofort zurückpfeifen.

Die Zukunft hingegen beginnt links und ohne Wartezeit an der Kasse, denn dank der Sponsoren ist die Ausstellung frei zugänglich. Ich folge einem kleinen Schild, das mich zu »Bruegel. Unseen Masterpieces« führen soll. Erst geht es quer durch die Halle und dann hinten rechts durch eine niedrige Tür hinein in die sogenannte Bruegel Box. Ich trete hindurch und befinde mich in einem rechteckigen, blaugrau gestrichenen Ausstellungsraum. Ruhig ist es hier im Halbdunkel. An den Wänden sind Bilder von Pieter Bruegel dem Älteren zu sehen. Sie stammen aus verschiedenen Museen der Welt und waren in dieser

Menge und Anordnung noch nie am selben Ort zu betrachten. 450 Jahre sind sie alt und oft überraschend klein im Format. Ich fühle mich hier ein wenig wie im virtuellen Raum des »Holodecks« von *Star Trek*, denn die Wände sind keine normalen Museumswände. Vielmehr sind es riesige Projektionsflächen, die mich übergangslos von oben bis unten und von drei Seiten umgeben. Die Abbildungen der jahrhundertealten Ölbilder wirken etwas ungewohnt in der hohen Qualität des Lichtes, das alle Farben und Bildinhalte gestochen scharf, fast ein wenig übernatürlich erscheinen lässt.

Plötzlich wird eines der Bilder größer. Der ganze Raum wird zur Projektionsfläche für ein einziges Werk, das stark heranzoomt, bis es schließlich alle Wände bedeckt. Bruegels »Die niederländischen Sprichwörter« sind hier zu sehen, eines seiner bekanntesten Ölgemälde aus dem Jahre 1559. Der Maler verewigte darauf über hundert flämische Redewendungen als kleine Bildergeschichten. Es sieht fast ein bisschen aus wie ein Wimmelbild für Erwachsene mit seinen vielen Szenen voller Menschen, Tiere und alltäglichen Gegenständen der damaligen Zeit. Während ich hier durch die Technik in das riesige Bild beinahe hineingehen kann, befindet sich das deutlich kleinere Original 800 Kilometer weiter im Norden in der Gemäldegalerie der Staatlichen Museen zu Berlin.

Das virtuelle Zoom stoppt, und es werden Details sichtbar, die mir vorher nie aufgefallen waren: Ich erkenne deutlich kleine Punkte auf den Würfeln in einer Spielszene. Bruegel hatte mit feinster Pinselspitze die nur wenigen Millimeter großen Quader gemalt, und hier in der »Bruegel Box« erscheinen sogar die winzigen schwarzen Augen darauf noch scharf abgegrenzt. Diese Detailtreue sorgt, in Verbindung mit dem dunklen Raum und den wandfüllenden Projektionen, für ein Gefühl des wohligen Eintauchens.

Ich werde gefangen genommen von diesem komplexen Kunstwerk und versinke tief in der Bruegelschen Bildwelt. Hat das Boot hier nicht gerade gewackelt? Zwinkert mir der Bauer hinter dieser

Ecke etwa zu? Das Bild gleitet nach rechts. Ein Mann wird sichtbar, der mit gierigem Griff einen Fisch direkt aus dem Wasser fasst: »Den Fisch ohne Netz fangen« heißt das von Bruegel hier dargestellte Sprichwort und bedeutet so viel wie »von der Arbeit anderer profitieren«. Fast fühle ich die glitschige Haut des Fisches und die Tropfen von seiner schlagenden Flosse, so lebendig wirkt die Szene vor mir. Mein Kopf spielt mir Streiche und vermittelt mir das Gefühl, mitten im Bild zu sein. Ich würde jetzt am liebsten hinter dieses Haus gehen und sehen, was sich dort versteckt hält. Auch der dunkle Raum bei den beiden Würfelspielern sieht interessant aus. Ob darin gerade etwas Spannendes passiert? Wie es wohl dort riecht? Sicherlich nicht besonders gut mit all diesen Menschen und Tieren auf engem Raum!

Was mir hier passiert, ist eine erste Stufe der sogenannten Immersion. Mein Bewusstsein wird durch die Bildwelt getäuscht, die mich im dunklen Museumsraum so lebhaft von allen Seiten umgibt. Die Ästhetikforscherin Laura Bieger nennt Immersion »ein kalkuliertes Spiel mit der Auflösung von Distanz«.[1] Wobei Distanz nicht nur physische Entfernung beinhaltet, denn das immersive Erlebnis tritt immer dann ein, wenn sich die Grenzen zwischen Bild und realer Welt verwischen. Mein Kopf empfindet also gerade die Bilder Bruegels genauso, als wären sie meine reale Umgebung, und lässt mich denken, ich wäre ein Teil der gemalten künstlichen Welt. Während dieses Zustandes tritt meine tatsächliche gegenwärtige Realität in den Hintergrund, und ich beginne fast zu glauben, dass ich mit der Scheinwelt interagieren könnte, um zum Beispiel hinter Häuser zu laufen oder in Zimmer hineinzugehen.

Die Idee zu diesem Projekt stammte von den Königlichen Museen der Schönen Künste in Belgien, die in Vorbereitung des 450. Todestages Pieter Bruegel des Älteren im Jahre 2019 eine aufsehenerregende Ausstellung planten. Das Projekt besteht aus Werken vor Ort und im Internet, aus Originalen und aus unterhaltsamen modernen Adaptionen wie der Animation einzelner Bildteile. Den Anlass, über eine digital-analoge Mischform nachzudenken, gaben die unglaublich hohen Versicherungskosten und schier unbezahlbaren organisatorischen Maßnahmen, die mit einer Versammlung all der Originalwerke aus zahlreichen Museen weltweit an nur einem Ort für eine große Retrospektive einhergegangen wären. Der flämische Maler nutzte, wie zu seiner Zeit üblich, nämlich Eichentafeln, auf die er mit Ölfarbe malte – ein Materialmix, der empfindlich auf die klimatischen Schwankungen weiter Transporte reagiert.

Das Projekt kommt gut an und zieht viele Besucher in den Bann. Doch bei aller Aufmerksamkeit für einen solchen Blockbuster wie Bruegel stehen für ein Museum natürlich nicht primär die spektakulären Effekte der Technologie im Vordergrund, sondern vielmehr ihr Einsatz für die vermittelnde Aufgabe der Institution. Michel Draguet, Generaldirektor der Königlichen Museen, sagt dazu: »Das Ziel ist es nicht, einfach nur unterhaltsam zu sein. Das ist nicht die Rolle eines Museums. Wir machen aus Bruegels Bildern auch keinen Zeichentrickfilm, das wäre sinnentleert. Wir wollen alle Tools zur Verfügung stellen, die man braucht, um die Ereignisse, Aktivitäten, politischen und religiösen Kontexte zu verstehen, die im Laufe der Zeit ihre Bedeutung verloren haben. Die Technologie eröffnet ein spirituelles, fast anfassbares Tor in das Bild hinein.«[2]

Google, ein Partner dieses Projektes, will nach eigener Aussage mit »Bruegel. Unseen Masterpieces« ein Publikum auf der ganzen Welt mit den »verborgenen Geheimnissen der Werke von Pieter Bruegel dem Älteren vertraut machen«.[3] Obwohl wir alle glauben, den Maler zu kennen, sind uns normalerweise viele Details seiner Bilder verborgen, da wir sie nicht aus allernächster Nähe betrachten können. Dabei hilft uns hier die Technologie vor Ort: Der Saal, den ich in Brüssel besuchte, ist ausgestattet mit Hochleistungsprojektoren, die wandfüllende Videos in HD-Qualität vom Boden bis zur Decke zeigen. Die Projektionen setzen nacheinander die Meisterwerke ins

Bild, deren digitale Scans bereits Teil der Sammlung Google Arts & Culture sind. Denn das Unternehmen digitalisierte sämtliche im Museum vorhandenen Bruegel-Werke in höchster Auflösung.

Diese neue Art der Allianz von Museen und Technologiekonzernen werden wir immer häufiger antreffen, denn außer den gescannten Bilddaten sind auch Metadaten wichtig, sobald ein Werk digitalisiert wird. Das sind weitere Informationen zu den einzelnen Objekten, zu deren Zustand, Material, Künstler, Herstellungsdatum, Dateiformat, Ausstellungshistorie oder Schlagwörtern. Je umfangreicher diese begleitenden Datensätze gepflegt sind, umso besser kann ein Werk wissenschaftlich untersucht, katalogisiert oder von Nutzern gefunden werden.

Es geht bei der Zusammenarbeit von Museen und Technologiefirmen auch um ganz neue Arten der Aufbereitung von Kunst. Einige der Werke wurden beispielsweise als animierte Version oder als Virtual-Reality-Anwendung verfügbar gemacht: Mit geeigneter Hardware kann man so den alten flämischen Maler spielerisch und unterhaltsam entdecken. Selbst wenn die Animationen im Vergleich zum üblichen hochkulturellen Umfeld der Ausstellung von Bruegels Werken ein wenig ungewöhnlich wirken, zeigen sich doch die Möglichkeiten, welche die Technologie insbesondere bei der Kunstvermittlung bereithält. Zudem lässt sich viel lernen in der Online-Ausstellung über Bruegel bei Google Arts & Culture: interaktive Projekte über die Zeit des Malers, über seine beliebten Themen, seine Faszination für Mythen und Sprichwörter und vieles mehr. Am eindrücklichsten bleiben mir aber nicht die Fakten im Gedächtnis, sondern das Gefühl der Nähe und des Hineingleitens in die Kunst.

Mein Besuch im Museum ist nur eines von vielen Beispielen dafür, wie sich Teile unseres Lebens, unserer Freizeit, ja sogar unserer Arbeit in immersive Umgebungen verwandeln, die uns umspülen und all unsere Sinne kitzeln. Diese Erlebnisse können reale Situationen wie Spaziergänge, Meetings, Liebesnächte oder Urlaube ersetzen. Wären wir dumm, wenn wir nicht teure, umständliche, zeitfressende oder umweltschädliche echtweltliche Aktivitätsräume gegen Simulationen austauschten, die viel kontrollierter, günstiger und bequemer sind? Simulationen bieten scheinbar das originale Erleben ohne dessen Nachteile.

Wir haben uns an viele solcher Surrogate längst gewöhnt: Rauchen gibt es jetzt ohne Lungenkrebs als E-Zigarette, Tofu-Würste ersetzen Fleisch, und Südsee-Feeling stellt sich im brandenburgischen Spaßbad Tropical Island ganz ohne nervigen 12-Stunden-Flug und Hautkrebsgefahr ein. Sonnenuntergänge werden mittels Filter besonders emotional aufbereitet, da die Scheinemotion bei Instagram sowieso mit mehr »Likes« belohnt wird als die echten Gefühle am Strand. Simulationen sind jederzeit in gleicher Qualität wiederholbar und bieten uns scheinbar unproblematisch Sicherheit in einer Welt voller hässlicher Brüche und komplizierter Ungereimtheiten.

Das Ersatzerlebnis, die Schaffung von Kulissen und Surrogaten für jeden Teil unseres Lebens, ist ein Zeichen der Zeit und ein großes Geschäft gleichermaßen. Wer es sich leisten kann, flieht am Wochenende aus der rauen Wirklichkeit in die Voralpen und riecht auf dem Berg die frische Luft, während sich sein Kapital auf den virtuellen Finanzmärkten vermehrt. All die anderen fliehen in virtuelle Welten voller Ersatzbefriedigungen oder besteigen per Virtual-Reality-Brille unbekannte Berge im Kletter-Spiel »The Climb«.

Die Technik dazu ist immer günstiger geworden und unsere Bereitschaft immer größer, in neue Welten einzudringen. Technologiefirmen, Werbeagenturen, Universitäten und Architekten arbeiten daran, unsere Welt zu »gamifizieren«, zum Computerspiel zu machen. Warum wird ihnen das gelingen? Einerseits, weil sich die Ästhetik und Logik von Bildschirmspielen mittlerweile überall verbreitet hat – schließlich gehören Spiele zu den erfolgreichsten Anwendungen auf Smartphones überhaupt. Andererseits, weil unsere Welt heute schon viele Elemente aus Spielen beinhaltet: Das

Sammeln von Bonuspunkten gehört ebenso dazu wie der Aufstieg in höhere »Levels« im Sportstudio oder Planspiele im Unternehmen.

Spielerische, raumgreifende Ausstellungen wie in Brüssel sind dabei nur eine Zwischenstufe. Deutlich aufregender werden immersive Erlebnisse in Form von 3-D-Umgebungen, Computerspielen und vor allem der bisher letzten Stufe immersiver Technologie – Virtual Reality, durch die wir mit speziellen Brillen oder Headsets ganz und gar abtauchen können. Erst zum jetzigen Zeitpunkt der Menschheitsgeschichte kommen die nötigen Zutaten zusammen, um diese Entwicklung zu ermöglichen: Erstens hat sich unsere Gesellschaft an Simulationen gewöhnt, wir finden nichts Ehrenrühriges mehr dabei, Ersatzzigaretten zu rauchen, Ersatzurlaube in Innenräumen zu verbringen, Ersatzfleisch zu essen und Ersatzmilch zu trinken.

Zweitens wird in der vernetzten Welt die Idee des Ortes immer irrelevanter. Dadurch verändert sich auch die Wichtigkeit von realen Plätzen wie Arbeitsstätten, Wohnungen, Shops oder Veranstaltungsorten: Wir sind da zuhause, wo unsere Daten sind. Arbeit kann überall stattfinden, Einkauf ebenso.

Drittens erstrecken sich unsere sozialen Beziehungen über die ganze Welt bis an weit entfernte Orte – die Kommunikation mit unseren Freunden findet immer häufiger im virtuellen Raum per Skype, FaceTime oder Chat statt.

Viertens schließlich ist die Darstellungstechnologie per Brille oder Headset mittlerweile so weit, dass für unsere Sinnesorgane keine nennenswerten Unterschiede mehr zwischen der Realität und der Virtualität erkennbar sind. Die Auflösung der VR-Brillen ist hoch genug, um realistische Bilder darzustellen, und auch die Verzögerung zwischen unserer echten Kopfbewegung und dem passend dazu berechneten Schwenk des virtuellen Sichtfelds ist kaum mehr wahrnehmbar. In frühen VR-Versionen brachten solche Verzögerungen noch unser Gehirn durcheinander und sorgten für regelmäßige Übelkeit bei den Benutzern. Selbst wenn unser Verstand weiß, dass eine Situation digital generiert wurde, reagiert unser Gehirn dennoch auf die virtuellen Signale unserer Sinne exakt so, als befänden wir uns in einer realen Situation. Die Unterschiede zwischen realen und computergenerierten Umgebungen werden dadurch irrelevanter für uns: In beiden können wir identische Kommunikationskanäle benutzen, Arbeiten verrichten, Dateien bearbeiten und teilen oder andere Menschen treffen.

Flucht aus der Realität gibt es, seit der Mensch Geschichten erzählt. Mit der Fähigkeit der Gestaltung seiner Umwelt bekamen solche Geschichten Räume und Bühnen. Selbstverständlich hat sich die Qualität von immersiven Simulationen dabei massiv verbessert. Zu Zeiten von raumfüllenden antiken Wandgemälden oder Dioramen beeindruckte die Menschen vor allem die Bewunderung für lebensgetreue umgebende 360-Grad-Darstellungen. Sie waren sich natürlich der Tatsache bewusst, dass es Malereien waren und dennoch hatten diese die gleiche Raumwirkung wie die dargestellten echten Situationen.

Viele hundert Jahre später waren die ersten echten dreidimensionalen, virtuellen Umgebungen am Computerbildschirm aus dem gleichen Grund eine Sensation. Noch später wurden diese dreidimensionalen Welten sogar in alle Richtungen von virtuellen Wesen begehbar, was sich zum Beispiel bei der Entwicklung der unendlich schönen 3-D-Welten vieler Spiele zeigte. Doch selbst bei diesen Simulationen handelte es sich immer noch um vorproduzierte Bilder und Filme. Erst die allerneuesten Virtual-Reality-Systeme – vor allem in Computerspielen – ermöglichen, dass wir mit den künstlichen Welten interagieren und unsere virtuelle Umgebung, Gegenstände und Personen in Echtzeit beeinflussen können. Befinden wir uns dort, so können wir mit virtuellen Versionen unsere Hände nach Dingen oder Gestalten greifen lassen oder Geräte bedienen. Wir können uns frei im Raum bewegen, müssen keinem linearen Skript folgen und interagieren frei mit allen »Lebewesen«, die uns an den virtuellen Orten begegnen. Wir können erstmalig in ihnen *leben*. Jetzt endlich wird der Eindruck des Eintauchens für den Betrachter wirklich vollkommen.

Diese letzte Stufe ist nicht ohne den Einsatz von Künstlicher Intelligenz denkbar. Denn sie macht die Mustererkennung, die Generierung von Sprache oder bewegten Bildern in Echtzeit zum Zeitpunkt des Erlebens möglich. Die Technologie ist also erstmals in der Geschichte der Menschheit reif genug für eine echte Erweiterung unserer Welt hinein in die Virtualität durch perfekte immersive Umgebungen und virtuelle Realitäten.

Wir werden uns alleine deshalb zukünftig vermehrt in spielartigen parallelen Wirklichkeiten herumtreiben, weil es eine große Faszination auf uns ausüben dürfte, in der Virtualität über ungeahnte neue Fähigkeiten zu verfügen. Zudem werden die Anbieter alles dafür tun, uns zu verführen, denn diese Parallelwelten sind ein gutes Geschäft und eine große Chance für alle Firmen, die an einem kompletten Zugang zu unserem Leben interessiert sind. In der Immersion werden alle Technologien und Anwendungsfelder, mit denen wir uns in diesem Buch schon beschäftigt haben, Anwendung finden. Sie ist die Königsdisziplin der Manipulation unseres Gehirns durch Technologie – der ultimative »Mindfuck«, wie es Robert Anton Wilson und Robert Shea in ihrer Roman-Trilogie *Illuminatus* schon 1968 vorhergesehen haben.

Geisterbahnen, Schlachtenszenen und blutrünstige Spektakel

Ich habe das Gefühl der Immersion als Kind erstmals beim Besuch einer Geisterbahn kennengelernt. Es gab auf dem Nürnberger Volksfest immer einige Buden, an deren Außenwände mehr oder weniger fesselnde Gruselgeschichten gemalt waren und bewegliche Puppen eintönige Bewegungen machten. Meist war irgendetwas mit Dracula und Spinnweben dargestellt. Unheimliche Laute wilder Geschöpfe schienen aus dem Inneren zu kommen und entsetzliche Schreie verstörter Menschen. »Wie spannend!«, dachte ich als Kind. Sobald ich, das Ticket fest in der vor Aufregung schwitzenden Kinderhand, im kleinen Wagen saß und durch das erste Tor fuhr, wurde es dunkel und eine andere Welt, eine Erlebniswelt, tat sich vor mir auf.

Geisterbahnen kennen wir alle. Sie leben vor allem von unserer Vorstellungskraft und einigen ziemlich platten Zutaten und Effekten. Das Erlebnis des Eintauchens wird durch die Verwendung von Geräuschen, Gerüchen, lebensechten Figuren oder plötzlich auflodernden Flammen und zischendem Nebel hervorgerufen. Menschen lassen sich unterschiedlich leicht von solchen Reizen verführen. Ich bin recht anfällig für künstliche Welten und werde schnell von den Bildern in meinem Kopf in Angstzustände versetzt. Noch schlimmer als Jahrmarktgrusel sind für mich deshalb Computerspiele. Mein Puls rast, wenn mein Spiele-Ich durch einen dunklen Keller gehen muss, von den Wänden ekliger Schleim tropft und hinter mir plötzlich schnelle Schritte ertönen.

Das ist kein Wunder, denn Spieleentwickler sind Meister der Immersion. Sie sorgen durch die Perfektion ihrer künstlichen Welten, durch die genau einkalkulierten Reaktionen auf sichtbare und hörbare Reize und vor allem durch spannende Geschichten dafür, dass die Spieler lange und intensiv in ein Game eintauchen wollen. Nicht umsonst spielt man die meisten Ballerspiele aus der Sicht eines künstlichen Protagonisten, dessen Waffen wie Verlängerungen der eigenen Hände aussehen. Unser Gehirn verwebt dann den Blick in die künstliche Spielszene mit dem realen Griff unserer Hände an der Spielsteuerung zur neuen Wahrnehmung der Spielwirklichkeit.

Durch technische Erfindungen vergrößern sich derzeit die Möglichkeiten der Spieleentwickler enorm, denn Brillen und Kopfhörer zum Eintauchen in die virtuelle Realität haben gerade den Massenmarkt betreten. Diese Virtual-Reality-Apparate haben vor allem die Aufgabe, die reale Welt möglichst wirkungsvoll auszublenden und durch künstliche Bild- und Tonsignale zu ersetzen. Setzen wir ein solches Headset auf, dann sehen wir einen virtuellen dreidimensionalen Raum, der vollständig vom Rechner erzeugt wird, und hören passend dazu Töne und Geräusche, die wir ebenfalls in diesem Raum verorten können. Bewegen wir den Kopf, wird der Eindruck erweckt, dass sich unser virtuelles Ich ebenfalls im Raum bewegt. Als zusätzliches Hilfsmittel zur Manipulation dieser virtuellen Welt dienen manchmal Eingabegeräte, mit denen die Bewegungen unserer Hände übersetzt werden können in Computerhände, die Werkzeuge oder Waffen halten. Die Angstgefühle, wenn wir mit einem solchen Headset durch eine dunkle Spielwelt laufen und plötzlich schnelle Schritte eines gefährlichen Gegners von hinten hören, sind unglaublich intensiv!

Vorläufer immersiver Kunst gab es schon sehr früh in der Menschheitsgeschichte. Anscheinend hatten auch unsere Vorfahren Spaß daran, sich in Kunstwelten aufzuhalten. Beispiele sind die antike Freskenmalerei oder die illusionistische Trompe-l'œil-Malerei an den Wänden der Villen in Pompeji. Auch detailreich geschnitzte und bemalte dreidimensionale Szenen religiöser Ereignisse in Kirchen und Klöstern sollten möglichst realistische Kopien der Welt darstellen und so die Gläubigen beeindrucken und in die biblischen Geschichten hineinziehen.

Im 19. Jahrhundert wurden unglaubliche Menschenmassen durch Dioramen angelockt. Die spektakulärsten dieser großen Schaukästen waren in den großen Museen der Städte zu finden. Die Besucher fühlten sich als mächtige Weltbürger, die so einen Zugang zu anderen Kulturen, exotischen Tieren und Ländern bekamen. Mitgebracht wurden die Ideen, Objekte und Bilder von diversen Schiffsreisen aus fernen Ländern, die Zeitgenossen unternommen hatten. Es fühlte sich damals wie auch heute faszinierend an, die

Grenzenlosigkeit der Welt und der Geschichte auf einem eng begrenzten Raum zu zeigen und sich vom Spiel zwischen Wirklichkeit und Geschichte verwirren zu lassen.

Als Begründer einer besonderen Art der Immersion gilt der Maler Robert Barker. Er ging eines schönen Tages im Jahr 1787 spazieren, um sich von seiner Arbeit zu erholen. Ein paar Jahre vorher erst war er von Irland nach Edinburgh gezogen, um sich dort ein paar Schilling zu verdienen, indem er mit dem britischen Militär zusammenarbeitete. Die Soldaten interessierte, ob des Malers ausgeprägtes Verständnis von perspektivischer Darstellung für militärische Zwecke verwendet werden könnte. Barker war ein Meister darin, hatte er doch lange die großformatigen Ansichten von Renaissance- und Barocklandschaften studiert.

An diesem schönen Tag also lief er den nahegelegenen Calton Hill hinauf, um von dort einen Blick auf seine neue Heimat zu erhaschen. Schwer atmend oben angekommen blickte er um sich und sah die Schönheit der Umgebung: Vor ihm in der hügeligen Landschaft lag das Städtchen Edinburgh mit seinen Brücken, Türmen und rauchenden Schornsteinen. In der Ferne hockte trutzig Edinburgh Castle auf einer Anhöhe, dazwischen Felder, ein Friedhof und viele kleine Spielzeugmenschen. Er drehte sich langsam um seine Achse und konnte im Dunst noch einige schottische Berge und immer wieder einzelne Gebäude erkennen.

Vom Hügel sah alles aus wie die Spielzeugwelt seines zwölfjährigen Sohnes, friedlich, sonnig und aufgeräumt. »Wie wunderbar«, dachte er sich, »wäre es, diese Rundumsicht malen zu können!« Doch ginge nicht ein Großteil der Faszination verloren, würde man diese großformatige Ansicht in einen kleinen Rahmen sperren? Und wie sollte man sicherstellen, für die Betrachter eine natürliche Perspektive in Miniaturformat umzusetzen? Da kam ihm eine Idee, und er eilte mit wehendem Mantel nach Hause in sein Atelier. Dort tüftelte er an einem kleinen Apparat, der ihm dabei helfen sollte,

Teile einer so großen Ansicht in perspektivisch korrekter Größen darzustellen.

Ein paar Tage später schnappte sich Barker seinen Sohn, den Apparat und die Malutensilien, und zusammen stiegen sie wieder auf den Hügel. Von dort aus begannen die beiden, mithilfe des Gerätes eine perspektivische Ansicht der kompletten Umgebung auf großen Blättern festzuhalten. Zufällige Spaziergänger wunderten sich über die Größe der Zeichnungen, konnten aber noch nicht ahnen, dass sie gerade der Entstehung des weltweit ersten 360-Grad-Gemäldes beiwohnten. Denn Robert Barker hatte soeben das Panorama erfunden.

Die Zeichnungen kolorierte er mit Wasserfarbe, um die prächtigen Farben der englischen Landschaft naturgetreu wirken zu lassen. Dann montierte er die vielen Blätter rundherum in einem Raum, sodass sich die Betrachter umgeben sahen von einem Bild, das keinen Anfang und kein Ende besaß – genauso, als ob sie sich auf der Stelle im Kreis drehten und die Welt anschauen. Barker selbst wie auch das Militär waren beeindruckt vom Ergebnis und ahnten, dass hier etwas Großes entstand. Sie sammelten Geld für eine erste kleine Ausstellung in der örtlichen Archer's Hall. Das Publikum war begeistert, und von nah und fern strömten die Menschen heran, um sich so erstmalig in ein Bild hineinversetzen zu lassen. Der Maler merkte, dass er auf eine neue Geschäftsidee gestoßen war. Das Kunstwerk war ein Spektakel!

Es dauerte nicht lange, und Familie Barker siedelte um nach London, um dort an einem noch größeren Panorama zu arbeiten. Diesmal sollte dafür sogar ein eigenes Gebäude um die großformatigen Bilder herum gebaut werden. Denn es war klar: Nur ein komplett runder Raum würde die perfekte Illusion schaffen. Am Leicester Square bauten die Barkers und ihre Handwerker eine Ausstellungshalle auf.

Die Zuschauer kamen durch einen klassizistischen Säuleneingang und betraten eine runde, von oben beleuchtete Kuppelhalle. Treppauf ging es in der Mitte des Raumes auf die erste Plattform. Und da war sie: die Stadt London im Rundblick, als ob man auf einem Turm in ihrer Mitte stünde. Die Malereien erstreckten sich vom Boden bis zur Decke und waren gespickt mit den kleinsten Details: hier ein Segelschiff mit winzigen Tauen, da eine Brücke, wuselnd voll winziger Menschen und Miniaturpferde, dort ein paar rauchende Schornsteine. Das Londoner Publikum konnte sich gar nicht sattsehen. Noch nie waren die Besucher mitten in einer so großartigen Illusion gewesen. Die Stützen des Daches waren ebenso wie die Ränder der Leinwand geschickt verdeckt, sodass die staunenden Anwesenden einen ungestörten Blick ringsum genießen konnten. So groß war das Panorama von London, dass man zusammen mit dem Eintrittsgeld von 3 Schilling eine Orientierungskarte bekam, die dabei half, die vielen gemalten Gebäude, Sehenswürdigkeiten und dargestellten historischen Ereignisse auf der Leinwand zu lokalisieren und zu erkennen.

Diese erste immersive Unterhaltungsshow sollte den Maler und später dann seinen Sohn zu sehr reichen und einflussreichen Männern machen. Während es am Anfang vor allem Städte und Landschaften waren, die das neue entstandene Genre der Panoramen erfolgreich machten, wurden später blutige und martialische Schlachtenszenen, Kriegsschauplätze und historische Ereignisse gezeigt. Das Medium verlor dabei gleichzeitig seine Unschuld, denn natürlich wurden die Kampfszenen vor allem eingesetzt, um die öffentliche Meinung zu beeinflussen. Die Immersion war nun auch Manipulation geworden.

Ich wäre gerne dabei gewesen und hätte die begeisterten Gesichter der Besucher der damaligen Zeit gesehen. Wie würden diese erst staunen, wenn sie sich heute eine moderne VR-Brille aufsetzen könnten! Auch wenn schon bei diesen frühen Panoramadarstellungen Zeitgenossen schrieben, dass sie eine perfekte Illusion einer künstlichen Realität seien, so wird es erst in letzter Zeit richtig spannend durch das Aufkommen von VR-Helmen oder Head-mounted Displays, also tragbaren visuellen Ausgabegeräten, bei denen Bilder auf einem winzigen Bildschirm direkt vor dem Auge dargestellt oder direkt auf die Netzhaut projiziert werden.

Im Grunde wirken die illusionistischen Darstellungen auf den Bildschirmen von heute nicht anders auf unser Gehirn als die bemalten Leinwände Barkers. Doch kommen bei ihnen Bewegung, Sound und Tiefenbewegung hinzu, welche das Erlebnis der Immersion so weit steigern, dass wir den Blick auf die Wirklichkeit verlieren. Denn tatsächlich schafft es unser Gehirn durch die vollständige Abschirmung der Außenwelt nicht mehr, die virtuellen Bilder, Töne und Bewegungen als »nicht real« zu bewerten. Haben wir die Brille auf, so bildet sie für uns die neue Wirklichkeit.

Die rote oder die blaue Pille?

Der Film *Matrix* beginnt mit einer Szene, in der Hauptdarsteller Neo in ein Buch greift, das er als Versteck für Geld und geheime Software benutzt. Dieses Buch heißt *Simulacra and Simulation* und ist vom französischen Philosophen Jean Baudrillard. Für Neo stellt sich im Film die Wahl, ob er sich mit der blauen Pille dafür entscheidet, weiterhin in der virtuellen Immersion der Matrix festzustecken, oder mit der roten Pille in die grausame, aber echte Realität gelangt.

Im Film gibt es nur das eine oder das andere, Fiktion oder Wirklichkeit. Tatsächlich aber ist unsere Realität heute eher eine Mischform aus beiden. Für Baudrillard, der sehr genau die Unterschiede zwischen der wirklichen Welt und virtuellen Welten untersucht hat, hat sich unsere Wirklichkeit durch den Einzug von Technik nämlich schon längst in eine sogenannte »integrale Wirklichkeit« verwandelt. In einem Interview aus dem Jahr 2003 erklärte er seine Idee: »Darunter verstehe ich eine Wirklichkeit, die sich von der traditionellen Wirklichkeit stark unterscheidet. Die alte Wirklichkeit besaß einen Bezug zur äußeren Welt, zum rationalen Denken und das ermöglichte die Entwicklung einer Geschichte, es ermöglichte Widersprüche und Einwände etc. Die integrale Wirklichkeit entsteht dadurch, dass Realität und Technik aufeinanderprallen und daraus entsteht eine Welt der Formeln, der Netzwerke, die irgendwann einmal alles beherrschen.«[4] Bereits vier Jahre vor Einführung des ersten iPhones ahnte der Philosoph, dass Formeln, also Algorithmen und Netze, die Statik unserer Welt sein werden und zusammen eine neue, erweiterte Realität bilden würden.

Noch einen Schritt weiter geht der Philosoph Tobias Holischka. Für ihn gibt es mittlerweile keinen Unterschied mehr zwischen der realen und der virtuellen Wirklichkeit: »Menschen haben häufig den falschen Eindruck, dass alles, was in einem Computer passiert, nicht wirklich ist.« Holischka erweitert den Begriff der Wirklichkeit: »Man sollte vielmehr alles als wirklich verstehen, was eine Wirkung hat.«[5]

Unser Gehirn gibt ihm recht – es macht wenig Unterschiede in der Behandlung von Objekten, ob diese in der realen oder nur in der virtuellen Welt erscheinen. So forschen zum Beispiel im Deutschen Zentrum für Luft- und Raumfahrt Wissenschaftler daran, dem Gehirn beizubringen, eine Prothese für eine »echte« Hand zu halten. Ihre Versuche zeigen, dass Patienten, denen in der VR-Brille eine virtuelle Hand eingeblendet wird, in der Regel sehr schnell lernen, mit dieser Hand in der virtuellen Umgebung so umzugehen als wäre es ihre eigene echte Hand, die sie etwa bei einem Unfall verloren haben. In der Regel genügt ein kurzes Training in der virtuellen Realität – erst dann wird eine physische Prothese am Arm angebracht. Und siehe da, das Gehirn behandelt die echte Prothese ebenso wie vorher die virtuelle. Es hat wieder gelernt, dass an dieser Stelle eine Hand sitzt.

Die Adaptionsfähigkeit unseres Gehirns konnte auch ohne Technik schon lange nachgewiesen werden. Berühmt ist der Versuch mit einer Gummihand. Wenn man Menschen auf eine realistisch aussehende Gummihand direkt vor sich blicken lässt und dann gleichzeitig diese künstliche Hand und die verdeckt liegende biologische Hand streichelt, so wird bereits nach ganz kurzer Zeit die Gummihand als Teil des eigenen Körpers wahrgenommen.

Diese Adaptionsfähigkeit des Gehirns macht sich die Medizin auch zunutze, um Patienten psychologische Hilfestellungen zu bieten. Dabei fanden die Ärzte heraus, dass die Effekte umso stärker sind, je intensiver die Interaktion zwischen Patienten und virtueller Welt werden. Wenn wir uns in der Virtualität bewegen, machen wir sie damit noch stärker zu einem realen Ort für unser Gehirn. Schmerzpatienten der Cedars-Sinai-Klinik in Los Angeles zum Beispiel nahmen an einer Studie teil, bei der eine Gruppe in der virtuellen Realität durch die ruhige Landschaft Islands lief und dabei Bälle auf animierte Teddybären warf. Bei dieser virtuell aktiven Gruppe ließen die Schmerzen deutlich stärker nach als bei einer Kontrollgruppe, die nur ein Video mit den entspannenden Landschaftsszenen sah und ansonsten teilnahmslos blieb.

Robert Barker gelang es seinerzeit noch mit Leinwand, Pinsel und Farben, die Menschen in andere Welten zu entführen. Später übernahmen diese Aufgabe vor allem technische Verfahren wie das Fernsehen und das Kino. Auch hier wurde immer wieder eine Steigerung der Immersion durch neue Technologien, zum Beispiel 3-D-Brillen, ausprobiert. So richtig überzeugend war das Ergebnis jedoch nie, da es immer einen Abstand zwischen Nutzer und Medium gab.

Erst in den letzten Jahren hat die Technologie einen großen Schritt nach vorne gemacht: Derzeit sind es vor allem die bereits millionenfach verbreiteten VR-Brillen und Headsets von Google, Oculus, Samsung oder Sony, die uns die virtuellen Welten mit dem minimalen Abstand weniger Zentimeter direkt vors Auge bringen.

Für die Zukunft wird selbst an diesen paar Zentimetern gearbeitet. Erste Entwicklungen der Forschungsbehörde des US-Militärs DAR-PA zeigen, dass schon bald Kontaktlinsen die Rolle der heute noch recht umständlichen Brillen übernehmen können. Spätestens dann ist die Technik vollkommen unsichtbar, die sich zwischen uns und die reale Welt schiebt, um diese zu verändern. Auch wird sich die Rechenleistung derart steigern, dass man bereits in wenigen Jahren in VR-Umgebungen keine Unterschiede mehr erkennen wird zwischen Bildern, die aus echten Aufnahmen bestehen, und denen, die in Echtzeit hineingerechnet und simuliert werden.

Kalter Sand in der mexikanischen Wüste

Was bei »Bruegel. Unseen Masterpieces« noch recht dezent, zum großen Teil als Rauminstallation mit Projektoren umgesetzt wurde, ist letztlich auch als reine Virtual-Reality-Anwendung vorstellbar, um das Eintauchen in die Ausstellung und ihre Objekte zu ermöglichen – eine Technik, die sich mit sinkenden Preisen immer mehr Museen zunutze machen werden.

Dabei stellt sich immer mehr die Sinnfrage: Je besser die virtuelle Illusion und je umfangreicher die Inhalte online verfügbar sind, desto fraglicher wird der reale Besuch eines Museums und damit immer auch dessen Daseinsberechtigung. Viele Museen, vor allem aus dem historischen, naturwissenschaftlichen oder archäologischen Bereich, setzen deshalb vor allem auf eine Show vor Ort, ausgefeiltes Storytelling und Technik: Das ist das ganze Programm von 360-Grad-Projektionen, ausgefeilten Sound- und Bewegungseffekten bis hin zu Statisten, Windmaschinen, Regen- und Schneeeffekten oder Gerüchen. Mit echtem Pulverdampf lässt sich so eine historische Schlacht wirklichkeitsgetreu inszenieren. Der Grat zwischen Museums- und Themenparkbesuch wird bei so viel Einsatz schon recht schmal.

Das Illinois Holocaust Museum testete eine Immersionserfahrung, die ebenfalls stark auf Storytelling und neueste Technik setzt. Aufgabe des Hauses ist es, die Erinnerung an den Holocaust wachzuhalten und künftigen Generationen die Lehren der Geschichte zu vermitteln. Dabei greift es auf ein Format namens »New Dimensions in Testimony« zurück, das von der USC Shoah Foundation und dem USC Institute for Creative Technologies entwickelt wurde. Das Verfahren setzt auf eine Technik, die vor allem im Film bei der Digitalisierung von Schauspielern Einsatz findet. Pinchas Gutter, einem der letzten Holocaust-Überlebenden, wurden in aufwendigen Interviews über 20 Stunden lang 1 200 Fragen gestellt zu seinen Erlebnissen und Erinnerungen. Gefilmt wurde er in einem Green-Screen-Studio von sieben Kameras, beleuchtet von Tausenden LED-Lichtern. Seine Antworten und Erzählungen liegen nun in einem Programm als Ausschnitte vor, die mittels Spracherkennung angesteuert werden können. Das Publikum stellt dem alten Herrn, der als Hologramm vor ihnen sitzt, eine Frage. Die Software wählt aus den vielen möglichen Antworten die richtige und zeigt dann den jeweiligen Filmausschnitt mit Pinchas Gutter, der auf diese Weise scheinbar ganz individuell auf die Frage des Besuchers reagiert.

Ein solches interaktives Erlebnis wirkt emotionaler und wird weniger schnell vergessen, als würde man etwa einen konventionellen Film betrachten. Und das ist auch genau das Ziel vieler immersiver Anwendungen: Der Lerneffekt soll durch die Aktivierung möglichst aller Sinne erleichtert und gesteigert werden. Wir lernen etwa mit sechs Jahren, zwischen Fantasiewelten und Wirklichkeit zu unterscheiden. Immersive Medien kann man also durchaus auch als Versuch sehen, diese Entwicklung möglichst effektiv zurückzudrehen. Nicht zuletzt gilt als sehr frühe Umsetzung immersiver Darstellung die Kirchenkunst, die es sehr geschickt vermochte, mit ihren Figuren, ihrer perspektivischen Ausmalung echter und falscher Räume die Grenze zwischen Realität und Fiktion zu verwischen. Das Gebäude wurde so zum emotional gestalteten Portal zwischen Erde und Himmelreich.

Meine persönliche Immersionserfahrung im ehrwürdigen Brüsseler Museum der Schönen Künste ist natürlich noch nicht ganz mit den Erlebnissen in den künstlichen Welten eines Virtual-Reality-Computerspieles zu vergleichen – einmal abgesehen davon, dass auch die Bilder Bruegels vor Mord und Totschlag strotzen. Doch nähern sich die beiden Welten von Hochkultur und Computerspielen sehr schnell einander an. Die »Bruegel Box« ist erst der Anfang dessen, was wir mit digitalisierten kulturellen Inhalten erleben können. Die Möglichkeiten der digitalen Erstellung, Übertragung und Darstellung von bewegten Bildinhalten haben sich in den letzten Jahren rasant verbessert. Es ist kein Problem mehr, alle Bilder eines Museums hochauflösend in künstlichen Umgebungen darzustellen und mit einer Virtual-Reality-Brille hindurchzulaufen, um sich einzelne Werke aus allernächster Nähe anzusehen.

Obwohl die meisten Anwendungen noch ziemlich am Anfang sind, werden wir schnell dafür sorgen, dass Kulturerlebnisse in Museen, Konzerthallen und Galerien immer mehr zu erweiterter Wirklichkeit wie im Computerspiel werden, getrieben durch unseren Hunger nach Information, durch unsere Neugier und durch unsere Lust an der Unterhaltung.

Die psychologische Beeinflussung des Besuchers ist fest einkalkulierter Teil des Werkes. Der mexikanische Filmemacher und Künstler Alejandro Gonzáles Iñárritu untersucht in seiner monumentalen Arbeit »Carne y Arena« (»Fleisch und Sand«) zum Beispiel die Situation von Migranten zwischen mexikanischer und amerikanischer Grenze. Als Besucher der Ausstellung ziehen Sie Ihre Schuhe aus und gehen in einen kalten, sandigen Raum. Sie setzen eine VR-Brille auf und befinden sich mitten in einem 360-Grad-Film, der eine nächtliche Szene an der mexikanischen Grenze zeigt. Wenn Sie sich umsehen, können Sie eine alte Frau beobachten, die mit verletztem Knöchel im Sand sitzt. Doch sobald Sie zu ihr hingehen, kommt von oben das laute Geräusch eines Helikopters, und ein grelles Licht blendet Sie. Bewaffnete Grenzsoldaten mit Hunden brüllen Sie in zwei Sprachen an, und eine Waffe ist direkt auf Ihr Gesicht gerichtet. Die meisten Besucher von »Carne y Arena« heben an dieser Stelle ganz automatisch ihre Hände hoch, auch wenn sie sich nur in einem virtuellen Film befinden – so real wirkt die Situation auf ihr Gehirn. Mich beeindruckte beim Besuch vor allem, dass ich ganz real Angst bekam vor den Grenzsoldaten und ihren Waffen.

Der echte Sand unter den nackten Füßen vermischt sich im Kopf untrennbar mit dem VR-Sand der mexikanischen Wüste ebenso, wie sich im Experiment die Gummihand mit der echten Hand vermischt hat. Dieser Effekt der Verbindung lässt sich für realistische Kunsterlebnisse, aber natürlich auch für psychologische Anwendungen nutzen. VR-Umgebungen können dabei helfen, Phantomschmerzen zu behandeln oder Ängste zu bekämpfen. Wenn Sie etwa vor Menschenmengen oder Spinnen Angst haben, kann eine VR-gestützte Therapie so aussehen, dass Sie bewusst den krabbeligen Stressoren ausgesetzt werden. Das hilft den meisten Patienten recht schnell, denn erstens wissen sie, dass die Tiere nur virtuell sind, und zweitens kann Größe, Zahl und Nähe der stressauslösenden Spinnen jederzeit fein und im überwachten Umfeld geregelt werden. Indem Sie sich immer herausfordernderen Situationen in der virtuellen Welt stellen, werden Sie langsam bereit dafür, auch in der realen Welt den ersten Spinnen zu begegnen. Die suggestiven Kräfte unseres Gehirns gehen sogar so weit, dass VR gegen Schmerzen helfen kann: Opfer von Verbrennungen etwa verspüren deutliche Linderung, wenn sie sich in virtuellen Schnee- und Eislandschaften aufhalten.

Viele weitere Anwendungen sind denkbar oder bereits Realität, die alle mit der suggestiven Kraft unseres Gehirns spielen. Man kann sich vor dem Autokauf in virtuelle Fahrsituationen mit dem Neuwagen begeben, das Einfamilienhaus begehen, bevor der erste Stein gelegt ist, oder verschiedene Konzertsitze ausprobieren, bevor man sich entscheidet, wie viel Geld man ausgibt. VR kann beim Meditieren behilflich sein, und selbstverständlich gibt es mittlerweile sehr viele Anwendungen für sexuelle Aktivitäten in der virtuellen Welt. Die Sexbranche war schon immer voraus, wenn es darum ging, neue Technologien für eine breite Masse zu etablieren. Zu den derzeit erprobten Anwendungen gehören Multiplayer-3-D-Sexspiele, Hentai-, also Manga-Versionen realer Personen, haptische Hologramme, durch KI ferngesteuerte Hilfsmittel und Ganzkörperanzüge für »Fernsex« oder Headsets, die sexuelle Erregung via elektrischer Gehirnstimulation erzeugen.

All diesen Anwendungen, ob künstlerisch, medizinisch oder sexuell, ist gemein, dass sie einen kommerziellen Nutzen haben. Denn auch hierbei dürfen wir nicht vergessen, dass zu den größten Investoren in neue Technologien die Firma Facebook zählt, die ausschließlich mit Werbung Geld verdient.

Der Blick vom Rande des Hochhausdaches

Wenn das berufliche, private und kulturelle Leben allerdings immer mehr zur virtuellen Wirklichkeit wird, werden wir uns möglicherweise mit jedem Übergang in diese Welt den Sinn für feine Töne abtrainieren. Wir werden dann eher die spannenden, raumgreifenden Erlebnisse suchen und zu bequem werden für Inhalte, die nicht so unterhaltsam dargeboten werden. Amerikanische Schulen überlegen bereits, ein Unterrichtsfach namens »Langes Lesen« einzuführen, da viele Kinder einfach nicht mehr in der Lage sind, einem längeren Text aufmerksam zu folgen. Sie halten die Wissensvermittlung durch Texte für endlos viel anstrengender und langweiliger als etwa Videos und haben kein Interesse mehr an der mühsameren Variante. Mit welchen weiteren Kulturtechniken wird uns das ebenso gehen?

Die Geschichte der Smartphones zeigt, dass jeder Anwendungsbereich der Technik ein großer Erfolg wurde, sobald er für uns hinreichend bequem verfügbar war. Dabei nehmen wir auch in Kauf, dass bestimmte kulturelle Fähigkeiten wie das lange Lesen in Vergessenheit geraten. Über 10 Millionen Menschen verfügen weltweit bereits über die nötige VR-Technik und verschwinden damit öfter mal aus der Wirklichkeit. Dieser Boom um Virtual Reality wird sich fortsetzen und zu immer mehr Wirklichkeitsfluchten führen. Werden wir bald alle durch die verstärkte Immersion verlernen, das reale Leben noch interessant zu finden?

Bestimmte Ereignisse unseres Lebens wie Geburt, Krankheit und Tod, körperliche Funktionen wie Hunger, Durst oder Toilettengang bleiben auf absehbare Zeit an das reale Leben gebunden. Dazwischen jedoch gibt es viele Gründe und immer mehr Anlässe, um in die Virtualität zu verschwinden. Realitätsflucht ist kein neues Phänomen – Fernsehen und Kino ermöglichen sie schon lange. Mit den wachsenden technischen Möglichkeiten und einer Welt voller Belastungen dürfte sie aber dennoch zunehmen.

Zur Flucht aus der Realität zählt man auch den steigenden Konsum von Pornografie. Im Jahr 2016 sahen sich alleine die Amerikaner 4,5 Milliarden Stunden Online-Filmchen an. Das dabei am schnellsten wachsende Segment sind derzeit Virtual-Reality-Pornos. Robert Weiss, ein Spezialist für Sexsucht, kann erklären weshalb: »Die angesprochenen Gefühle sind einfach so viel intensiver. Es fühlt sich wirklich emotional und physisch genauso an, als ob du mit einer anderen Person zusammen wärst. Anders als normale Pornografie ist VR-Porno unglaublich immersiv und echt und interaktiv, sodass es ein Geben und Nehmen gibt, das definitiv das Gefühl von Intimität und sexueller Aktivität erzeugen kann.«[7]

Das klingt je nach Betrachtungsweise ziemlich paradiesisch oder höllisch. Wir wissen nämlich nicht, was solche Umgebungen mit Menschen machen, die sowieso schon sex- oder pornosüchtig sind.

Es ist noch völlig unklar, wie viele Menschen VR-Porno deshalb benutzen werden, weil sie dort Handlungen ausführen können, die für sie mit ihren realen Partnern oder in ihrem gesellschaftlichen Umfeld nicht möglich sind. Was passiert mit den männlichen Jugendlichen, die schon heute die Rollen und Geschlechterbilder für real halten, die ihnen durch Pornografie vermittelt werden? Werden sie durch immersive Umgebungen und interaktive »Partnerinnen« noch weiter im Irrglauben bestärkt, dass die meisten Frauen vergewaltigt werden möchten, wenn sie Nein sagen?

Wir müssen davon ausgehen, dass immersive Umgebungen die Kraft haben, Menschen zum Positiven wie zum Negativen zu verändern. Wenn sich die Einstellung gegenüber Spinnen nachhaltig in VR-Anwendungen verändern lässt, wenn Verbrennungsopfer in virtueller Kälte weniger Schmerzen spüren, ist sicher auch eine Manipulation des Gehirns in andere Richtungen möglich. Sie kann für geringere Hemmungen sorgen, andere Menschen zu verletzen. Oder sie vermittelt rassistisches Gedankengut. Oder überzeugt uns einfach nur davon, dass wir dringend bestimmte Produkte zu unserem Glück brauchen.

Studien, bei denen Menschen lange Zeit in der virtuellen Realität verbringen mussten, zeigen außerdem, dass sie sich irgendwann unsicher sind, in welcher der beiden Welten sie sich gerade befinden. So vermischen sich nach einiger Zeit die Wahrnehmungen und Reaktionen des Körpers auf die beiden Welten: Geht in einer virtuellen Welt die Sonne unter oder befindet man sich dort in einer Eislandschaft, beginnt man auch in der realen Welt zu frieren. Unser Gehirn verarbeitet also auch künstliche visuelle und auditive Signale jederzeit so, als wären sie real. Für unseren Kopf gibt es keine unterschiedlichen Wirklichkeiten. Es gibt nur die eine, die mit unseren vielen Sinneseindrücken auf ihn einstürmt – und ihn dabei ganz schön durcheinanderbringen kann.

Die aktuellen Sicherheitshinweise von VR-Brillen warnen deshalb auch vor möglichen Nebeneffekten wie epileptischen Anfällen, Schwindel oder Übelkeit. Bei Kindern wurden nach längerer Anwendung sogar Schwierigkeiten bei der Hand-Augen-Koordination festgestellt. Die meisten dieser Effekte sind nur von kurzer Dauer, doch ist noch unklar, wie sich beispielsweise die häufige Nutzung solcher Hardware auf die Augen auswirken wird. Momentan wird als häufigster Nebeneffekt Übelkeit festgestellt, die durch die minimale Verzögerung zwischen unserer Kopfbewegung und der Anpassung des Bildes in VR-Headsets bewirkt wird. Während unser Kopf nach oben zum Gipfel schauen will, zeigt die Software unseren Augen noch für einen winzigen Moment die soeben bestiegene Felswand. Das verursacht bei vielen Menschen Schwindel oder Erbrechen.

Wenn Probanden in der virtuellen Realität am Rande eines Hochhausdaches stehen, unter sich die Tiefe einer Stadt, so hat auch ihr realer Körper höllische Angst davor, nur einen winzigen Schritt nach vorne zu tun. Selbst wenn sie die VR-Brille abnehmen, hält das Gefühl von Bedrohung und Angst an: Ihr Stresslevel ist weiter hoch und der Körper noch eine ganze Weile im Alarmzustand. Die Fähigkeit, sich ganz auf eine Fiktion einzulassen, wird schon lange auch für harmlose Unterfangen genutzt. Denn nur, weil unser Kopf zu solchen »falschen« Gefühlen in der Lage ist, gibt es überhaupt Unterhaltungsformate wie Theater, Computerspiele oder Fernsehkrimis. Wenn wir eine Geschichte sehen, machen wir sie uns zu eigen, wir fiebern mit, wir bekommen Angst, wir freuen uns mit den Protagonisten. Diese Gefühle können ziemlich intensiv sein und einen direkten Einfluss auf unsere Stimmung haben. Je immersiver ein Erlebnis ist, desto stärker ist die Intensität dieser Schattenwahrnehmungen und desto länger halten sie an.

Doch haben diese Wahrnehmungen nicht nur die Fähigkeit, kurzzeitig unsere Stimmung zu beeinflussen, auch langfristige Änderungen unserer persönlichen Einstellungen können durch immersive Erfahrungen erreicht werden. An unterschiedlichen Universitäten wird dazu derzeit geforscht. Die Ergebnisse zeigen ähnliche Muster: Wer in der virtuellen Realität ein Superheld ist, verhält sich nach diesem Erlebnis auch in der realen Welt sozialer und möchte Menschen helfen. Wer in der virtuellen Realität ein anderes Geschlecht oder eine andere Hautfarbe hat und ganz normale Alltagssituationen durchspielt, wird hinterher weniger sexistisch oder rassistisch sein.

Solche manipulativen Persönlichkeitsveränderungen können verwendet werden, um positive oder negative Einstellungen zu Ideen, Menschengruppen oder Verhaltensweisen zu beeinflussen. Doch stellt sich natürlich sofort die Frage, was in welchem Kontext als positiv oder negativ bewertet wird. Unser Gehirn ist von immersiven Erlebnissen derart leicht manipulierbar, dass viele Experten davor warnen und klare Regeln einfordern. Wissenschaftler der Johannes-Gutenberg-Universität in Mainz befürchten, dass die neuen Möglichkeiten, sich in einer virtuellen Umgebung fast wie in der realen Welt zu bewegen, große Auswirkungen auf die Psyche und die Selbstwahrnehmung der Nutzer haben werden. Die beiden Forscher Michael Madary und Thomas Metzinger bezeichnen es als großes Risiko, dass sowohl der virtuelle Körper als auch die virtuelle Umgebung des Nutzers komplett von einem »Gastgeber«, also Betreiber der virtuellen Welt, bestimmt werden. Dies bezeichnen sie als »Einfallstor für mögliche psychologische Manipulationen«.[8]

Das Manipulationspotenzial immersiver Umgebungen ist groß und immer noch zu großen Teilen unerforscht. Sicher ist allerdings, dass durch hohes emotionales Engagement die kritische Distanz verloren geht. »Ästhetisches Erleben, das sich auf Distanz- beziehungsweise Denkraumkonzepte beruft, wird durch immersive Strategien tendenziell unterlaufen. Gewinn an Suggestionsmacht erweist sich mithin, mediengeschichtlich betrachtet, als ein Motivationskern der Entwicklung neuer Illusionsmedien überhaupt«, so formulierte das Medienkunstnetz schon vor vielen Jahren eine Warnung.[9] Gerade die umfangreichen Möglichkeiten der Manipulation sorgten in der Geschichte für eine permanente technische und inhaltliche Weiterentwicklung von Medien.

In den letzten Jahren haben Schulen vermehrt damit begonnen, Online-Medienkompetenz zu vermitteln. Kinder lernen so, mediale Inhalte ganz objektiv zu beurteilen und sich Manipulationen nicht ungeschützt auszusetzen. Immersive Umgebungen untergraben jedoch diese Fähigkeit zur neutralen Bewertung umso mehr, je realitätsgetreuer sie gestaltet sind. Dazu tragen Bildauflösung, Design der virtuellen Räume und all die Sinne bei, die angesprochen werden. Die Fähigkeit zur kritischen Reflexion wird in der Immersion deutlich erschwert. Theodor W. Adorno hätte an heutiger Technik sicherlich seine wahre Freude! Für ihn war bereits 1939 klar, dass die Kulturindustrie die Menschen manipuliert. Er sah, dass das Individuum durch die Industrie auf die Konsumentenrolle reduziert würde und Konsumenten mit trivialen, oberflächlichen Nichtigkeiten permanent bei Laune, aber dumm gehalten würden. Was würde er wohl zu den heutigen immersiven Spieleumgebungen, großformatigen Installationen wie Bruegel in Brüssel oder zu VR-Fernsehen sagen?

Dank Technik werden immer weitere Bereiche unseres Lebens zum Game – und unser Gehirn spielt begeistert mit, denn es kennt keinen Unterschied zwischen echten und virtuellen Sinneseindrücken. Aufgrund der Raumwirkung wird jeder VR-Inhalt zur interaktiven Performance, die mit größter Vorsicht gestaltet sein will. Denn wenn wir uns in einem Raum – virtuell oder physisch – umsehen, kann unser Gehirn gar nicht anders, als Beziehungen zwischen uns, dem Raum und den Objekten darin herzustellen: Es misst automatisch Entfernungen, will wissen, was hinter uns ist, reagiert auf kleinste Bewegungen und entfernte Geräusche. Zu VR-Inhalten stellen wir deshalb automatisch eine engere Beziehung her als zu zweidimensionalen Bildschirmszenen.

Darin steckt für die Verantwortlichen der Inhalte ein riesiges Potenzial, aber auch ein nicht zu unterschätzendes Problem. Es gibt bereits Stimmen, die allen Kulturorten wie Kinos, Clubs, Konzert- oder Opernhäusern aufgrund der deutlich intensiveren Erlebnisse in der virtuellen Realität einen schleichenden Tod vorhersagen. Sobald die Übertragungsgeschwindigkeiten schnell genug und die Hardware bequem genug sind, wird es womöglich mehr Gründe geben, sich ein Bühnenerlebnis virtuell und damit »enhanced« anzusehen, als an den tatsächlichen physischen Ort zu gehen.

Ich gehe nicht davon aus, dass wir durch Immersion komplett in die Virtualität abgleiten und nur noch durch den nötigen Toilettengang in die Realität geholt werden. Ich glaube auch nicht daran, dass es bald keine Kinos oder Theater mehr gibt, denn bislang hat die Lust am gemeinschaftlichen Erlebnis noch über jede technologische Neuerung gesiegt – und es gibt weiterhin Kinos, obwohl wir ganz wunderbare hochauflösende und riesengroße Fernsehbildschirme zu Hause haben. Doch ich bin mir sicher, dass technisch gestützte Immersion einen immer größeren Anteil in unseren beruflichen und privaten Leben bekommen wird. Immer häufiger werden wir uns in virtuellen Räumen treffen, um dort zu arbeiten oder uns mit anderen Menschen auszutauschen. Es wird definitiv immer mehr virtuelle Umgebungen geben, in denen wir neue Erfahrungen oder neues Wissen lernen können.

Werbetreibende und Werbeplattformen werden selbstverständlich alle Vorteile der Immersion ausnutzen, um uns zu noch mehr Konsum zu bringen. So, wie wir heute schon ganz selbstverständlich durch nicht wahrnehmbare Gerüche in Läden bei unserer Kaufentscheidung beeinflusst werden. So, wie Musik und ganz speziell programmierte akustische Umgebungen dafür sorgen, dass wir uns in manchen Geschäften besonders wohlfühlen und dort länger bleiben. Genauso werden uns immer mehr virtuelle Erlebnisse begegnen, gegen deren Manipulation sich unser Gehirn kaum zu wehren weiß.

Geschichte
Maschinen übernehmen die Archive der Menschheit und finden die letzten Geheimnisse über uns heraus

Das schwere Eisentor des Hôtel Particulier in der Rue de Londres, einem alten Pariser Stadtpalast, ist verschlossen, da hilft kein Rütteln oder Klopfen. Schemenhaft kann ich dahinter einen prächtigen Hof erahnen. Nach einigem Suchen finde ich den Seiteneingang und klingle. Im ehemaligen Portiershäuschen werden mein Personalausweis und mein Name in der Besucherliste überprüft, erst dann werde ich in den Innenhof gelassen. Schön ist es hier – eine Szene, wie sie nur die friedliche Welt der Kultur bieten kann: Die Sonne wärmt alte Pflastersteine, das kleine Stadtpalais strahlt, als ob es wüsste, welchen Schatz es beherbergt. Viele junge Menschen stehen in Gruppen herum, diskutieren oder sitzen mit einem Kaffee auf einer der Steinbänke, den Blick auf das Smartphone gerichtet. Ob sie wohl über die berühmten Kunstwerke recherchieren, die hier zu sehen sind?

Ich durchquere den Hof und öffne die Tür zu meinem Ziel in einem der Seitentrakte. Hier ist es angenehm temperiert, das Licht ein wenig abgedunkelt. Ich treffe einen der Mitarbeiter des Hauses, der mich nach einer kurzen Einführung durch einen kleinen Gang in den hohen Saal führt, damit ich das Kunstwerk sehen kann, das mich hierhergelockt hat. Da ist es endlich: Die blaue Grundfarbe strahlt die Weite des Himmels aus. Fröhliches Gelb, volles Rot, saftiges Grün hat der Maler eingesetzt, um eine Welt zum Leben zu erwecken, die wichtige Komponisten der Oper und berühmte Wahrzeichen Frankreichs zeigt. Dieses Deckengemälde von Marc Chagall in der Oper von Paris zählt zweifelsohne zu seinen Meisterwerken. In geheimen Arbeitsstunden entstanden, damit niemand einen Blick darauf werfen konnte, wurde es 1964 mit einem großen Staatsakt eingeweiht. Für die Bemalung der 220 Quadratmeter Fläche wurden rund 200 Kilogramm Farbe verwendet. Das Gemälde ist in schwindelnder Höhe unter dem Dach der Oper befestigt.

Der Mitarbeiter erzählt mir von der neuesten Entdeckung, die man bei der Untersuchung des Bildes machen konnte, denn anscheinend hat Chagall darin ein kleines Geheimnis versteckt. Ich bitte ihn, mir mehr zu zeigen. Auf seinem Smartphone tippt er kurz auf das Display, und schon zoomt er zu einer Stelle links in der Mitte des Deckengemäldes: Tatsächlich, nach einigem Suchen sehe ich es auch. Kein Wunder, dass es niemandem zuvor aufgefallen war, denn verglichen mit dem riesigen Gemälde ist dieses kleine Geheimnis tatsächlich verschwindend winzig. Erst durch Hochleistungsfotografie und die Darstellung des Bildes auf hochauflösenden Bildschirmen wird es sichtbar.

Ich befinde mich nämlich nicht in der Oper und auch nicht in einem Museum. Ich besuche gerade einen Technologiekonzern, das Google Culture Institute in Paris. Hier residiert die Tochter des amerikanischen Unternehmens, die sich vollständig auf die Digitalisierung und Darstellung von Kunst und Kultur konzentriert. Das berühmte Gemälde Chagalls schauen wir uns auch nicht im Original an der Decke der Oper an. Stattdessen ist es auf einen großen Bildschirm an der Wand projiziert. Der Mitarbeiter erklärt mir, dass mithilfe von leistungsstarker Technik bereits über eine Million Kunstwerke in hoher Auflösung in der Datenbank verfügbar gemacht werden können. Erst dadurch sei es möglich, feinste Details zu untersuchen, denen man ansonsten nie nahe genug käme. Außerdem werde Künstliche Intelligenz eingesetzt, um die eingescannten Bilder zu untersuchen. Die Programme könnten verwendete Farben, Formen, aber auch zunehmend den dargestellten Inhalt der Bilder erkennen.

So ist Google in der Lage, auch inhaltliche Verbindungen in diesem Riesenhaufen an Kunstwerken sichtbar zu machen, die ohne KI gar nicht gefunden werden könnten. Man kann sich beispielsweise alle Werke ansehen, die etwas mit einem Suchbegriff wie »Trauer« oder »Freude« zu tun haben, oder alle Werke, in denen eine Banane vorkommt. Mit mehr als 1300 Museen aus der ganzen Welt hat die Firma Kooperationen geschlossen, damit diese ihre Kunstwerke für die Digitalisierung zur Verfügung stellen. Am Ende können alle diese Werke von jedem Nutzer auf der ganzen Welt kostenlos am heimischen Rechner gesucht und betrachtet werden. Das hört sich erst einmal wundervoll an. Und doch gibt es viele Menschen, die eine solche Entwicklung recht kritisch betrachten oder damit sogar eine große Gefahr für unsere Kulturschätze verbinden.

Die Geschichte der Menschheit – nicht mehr und nicht weniger

Die digitale Organisation unserer Museen und Sammlungen betrifft nicht nur die Kulturinstitutionen selbst. Sie betrifft uns vielmehr alle, denn sie kann unser Leben ungemein bereichern, indem wir uneingeschränkten Zugriff auf Kunstwerke und Ausstellungsstücke vom anderen Ende der Welt haben. Da auch Autoren, Lehrer, Wissenschaftler und Künstler diesen Zugriff für ihre Arbeit nutzen, kann er so langfristig und mittelbar unser kulturelles Leben enorm erweitern und uns neue Erkenntnisse für Wissenschaft, Bildung oder Politik bescheren. Sogar neue Formen der Aufbereitung des Wissens, zum Beispiel als Virtual-Reality-Film, als Animation oder als bildreich aufbereitete Webseite, werden von Google und anderen erstklassig angeboten. Wissenserwerb macht so deutlich mehr Spaß und ist womöglich sogar effizienter als der reine Zugriff auf ein Archivgut. Was will man also mehr?

Besorgt sind viele Kulturexperten über die Frage des Zugriffs auf Kulturgüter. Die Sorge gilt dabei noch nicht einmal dem Hightech-Unternehmen selbst. Es macht das, was es gut kann: Neue hilfreiche Technologien erfinden und daraus ein Geschäftsmodell aufbauen. Vielmehr ist die Sorge, dass wir als Nutzer und die Öffentliche Hand als wichtigster Kulturträger gerade unsere Archive, Museen und damit das Erbe der Menschheit verzocken. Wenn all diese Werke in digitaler Form vorliegen, könnten sie zwar viele neue Geheimnisse enthüllen. Doch sind zu diesen Enthüllungen und Entdeckungen aufgrund der enormen Datenmengen und der immer schlechteren Kulturfinanzierung nur noch Technologiekonzerne mit ausgefeilter Künstlicher Intelligenz imstande. Damit machen wir aber die Bewahrung und Bewertung unserer Kultur abhängig von Wirtschaftsunternehmen, deren Aufgabe eben nicht die neutrale und wissenschaftlich fundierte Aufbereitung von Wissen sein kann, sondern das Geldverdienen.

Was wäre etwa, wenn uns Google einfach den Hahn zu den Inhalten zudrehen würde? Das Unternehmen hat zwar derzeit keinen Grund dazu, weil es ja von uns als Nutzern lebt. Doch stellen Sie sich einfach vor, dass dieser börsennotierte Konzern eines Tages aufgrund eines fallenden Aktienkurses gezwungen wäre, sich auf die profitabelsten Angebote zu beschränken und alles andere abzuschalten – Google Arts & Culture könnte schnell betroffen sein. Anders als bei kulturellen Angeboten, die von der Öffentlichen Hand und damit von unseren Steuergeldern zur Verfügung gestellt werden, gibt es keine gesellschaftliche Verpflichtung für Google, die Angebote auch in der Zukunft in gleichem Umfang bereitzuhalten. Was würde dann mit unseren Kulturgütern passieren? Zwar befinden sich die Originale in den Museen, und auch digitale Kopien dürften wohl überall vorhanden sein. Doch das gesamte Wissen, welches die Google-KI angesammelt hat, alle Ergänzungen durch Nutzer, alle wunderbaren Aufbereitungen – das wäre alles weg! Jeder Wissenschaftler, jeder Lehrer und jeder Künstler, der sich auf ein solches Angebot beruflich verlässt, stünde vor einem großen Problem.

Die Geschichte zeigt uns, dass immer dann, wenn Unternehmen aufgrund überzeugender Produkte erfolgreich in eine Domäne der Öffentlichen Hand eindringen, sich diese langfristig aus dem betroffenen Bereich zurückzieht. Das kann dafür sorgen, dass viele öffentliche Bibliotheken, Museen und Archive schließen müssen, weil die finanzierende Politik nur allzu gerne ihren Daseinszweck infrage stellt, sobald es das Wissen auch digital und scheinbar kostenlos gibt. In vielen Ländern wie den USA findet ein Großteil des kulturellen Lebens nur statt, weil es private Firmen und Förderer gibt, die es finanzieren. Die Nachteile eines solchen Systems sind inhaltliche Abhängigkeit der Kunst von den Förderern und ein Fokus auf die breitenwirksamen und leichtgängigen Themen. Was zu sperrig, zu neu, zu ungewöhnlich oder nur für eine zu kleine Gruppe von Menschen interessant ist, findet dann nicht mehr statt. Die kulturelle Vielfalt leidet enorm in rein privaten Finanzierungssystemen.

Museen werden folglich abhängig von den wenigen Firmen, die ihre Sammlungsdaten digital verarbeiten können. Am Ende würden sie zu reinen Eventorten mutieren, denen die Kulturpolitik die wissenschaftliche Arbeit weggespart hat, weil diese ins Digitale verlagert wurde. Zudem setzen Plattformen die Latte recht hoch, was Wissensvermittlung angeht – öffentlich finanzierte Institutionen können da nicht mithalten. Daraus folgt leider auch, dass ihr Angebot zwangsläufig weniger attraktiv sein wird und langfristig eingespart würde.

Ein schwerwiegendes Problem ist außerdem, dass in den Archiven und Museen die Geschichte unserer Gesellschaft lagert – die Bewertung dieser Geschichte sollten wir nicht ausschließlich in die Hände privater Unternehmen geben. Fraglich ist nämlich, was mit einer der Objektivität verpflichteten Geschichtsschreibung geschieht, wenn zwar potenziell alle Daten überall auf der Welt zur Verfügung stehen, tatsächlich aber bisher noch jedes Wirtschaftsunternehmen den Zugang dazu eingeschränkt hat, sobald eine Regierung dies verlangte. Apple und Google beugen sich der chinesischen Regierung und löschen dort Programme und Informationen von ihren Servern. Ungarn und die Türkei schränken mit technischen Hilfsmitteln die Informationsfreiheit immer weiter ein. Und selbst die USA, immerhin Sitz aller mächtigen Technologieriesen und damit des aktuellen Weltwissens, wurden unter der Regierung Trumps zu einem deutlich unzuverlässigeren politischen Partner, dem mittlerweile Datenmanipulationen und Wissensvernichtung zuzutrauen sind.

Besonders für undemokratische Regime scheint es folglich höchst erstrebenswert, alles Wissen zentral an einem Ort zu speichern und so den Zugriff leichter regulieren zu können. Der Zugriff auf viele dezentrale Archive, Bibliotheken oder Museen war in der Vergangenheit recht mühsam für solche Regierungen und konnte nur mit auffälligen Aktionen zur Kulturvernichtung oder Sammlungszerstörung bewerkstelligt werden. Wie viel praktischer scheint da die einfache Sperrung eines digitalen Zugangs!

Ich persönlich mache mir derzeit die größten Sorgen darum, dass die Sammlung, Speicherung und Bewertung von Inhalten, die nicht nur wissens-, sondern auch gesellschaftsbildende Funktion haben, nicht mehr nach neutralen, wissenschaftlichen Prinzipien erfolgen wird. Stattdessen wird reine Wirtschaftlichkeit das Grundprinzip bei der Auswertung dieser Daten sein. Das ist eigentlich keinem der Unternehmen vorzuwerfen, denn sie sind nicht angetreten, um die Kultur zu retten – sie wurden gegründet, um Geld zu verdienen. Aus genau diesem Grund dürfen wir sie aber auch nicht in die Rolle einer Kulturinstitution bringen. Denn eine Vermischung der Funk-

214 DIE KREATIVE MACHT DER MASCHINEN

tionen kann sich negativ auf viele Fragen auswirken: Welche Sammlungen und Inhalte überhaupt digitalisiert und bearbeitet werden, spielt dann sicherlich eine Rolle, denn es geht ja letztlich darum, eine möglichst große Masse an Menschen zu erreichen. Dabei fallen Nischenthemen schnell unter den Tisch, obwohl sie für die Gesellschaft durchaus eine wichtige Funktion haben können.

Das Training der Künstlichen Intelligenzen, die Inhalte auswerten und bewerten sollen, kann sich ebenfalls kritisch entwickeln. Erinnern Sie sich noch daran, dass ein schwarzes Paar vom Algorithmus fälschlicherweise als »Gorillas« bezeichnet wurde? So etwas kann passieren, wenn jemand, der ein neuronales Netz trainiert, damit es Menschengesichter erkennt, diesem vor allem Bilder von weißen Menschen vorlegt. Was, wenn durch einen solchen Fehler plötzlich die Bilddaten großer Museen falsch ausgewertet würden und es niemandem auffiele? In diesem Fall tauchten beispielsweise Porträts von Menschen mit nichtweißer Haut einfach nicht mehr auf, wenn man nach »Porträt« sucht. Die Kunstgeschichte würde so noch weißer, als sie es sowieso schon ist.

Aufgrund der schieren Masse an Informationen sind wir auf deren Filterung und Klassifizierung durch KI angewiesen. Wenn ich mir aber nicht sicher sein kann, dass beides nach neutralen und nachprüfbaren Prinzipien erfolgt, werden künftige Auswertungen womöglich einseitig und damit so gut wie wertlos für uns sein.

Kritische Begeisterung

Jede kuratierende Filterung und Auswahl von Kulturgütern in Form von Sammlungen, Ausstellungen oder Veröffentlichungen bedeutet immer auch eine mögliche Meinungsmanipulation. Das macht uns normalerweise keine Sorge, denn es gibt ja eine große Vielfalt solcher kuratierten Auswahlen. Wenn aber nicht mehr viele verschiedenen Institutionen und Menschen unendlich viele dieser Auswahlen treffen, sondern ganz zentral nur noch wenige Wirtschaftsunternehmen, dann nimmt die Manipulierbarkeit der Werteentwicklung zu.

Das Gefährliche dabei ist: Je besser ein Service wie Google Arts & Culture funktioniert, desto häufiger werden wir ihn nutzen. Je häufiger die Nutzung, desto größer wird der Druck auf Kulturinstitutionen, ihre Daten ebenfalls einspeisen zu lassen. Je mehr mitmachen, desto schneller wächst die Datenbasis und damit das Wissen der Plattform. Und je besser das Wissen der Plattform, desto schlechter ist dann im Vergleich das Wissen der einzelnen Institutionen und Experten, was diese immer weiter schwächen wird.

Was wir auf solchen Plattformen sehen, halten wir für einen guten Querschnitt unserer Kultur. Wir müssen lernen, das nicht zu tun. Wir müssen ein gesundes Misstrauen entwickeln und uns selbst fehlende Fakten und Inhalte besorgen. Wir sollten solchen Plattformen mit »kritischer Begeisterung« begegnen, die uns den Genuss der Innovationen erlaubt und uns gleichzeitig daran erinnert, dass Wirtschaftsunternehmen immer noch eine Agenda haben, die vor allem dem Shareholder-Value und nicht der Allgemeinheit verpflichtet ist.

Was uns Technologie bietet, ist grandios und es gibt wohl niemanden, der das nicht spannend findet, wenn er es einmal erlebt. Aber wir müssen unseren Blick dafür behalten, aus welchen Gründen eine Auswahl dargeboten wird und auf Basis welcher Kriterien diese getroffen wurde. Bei Google wird eine allererste Auswahl durch die Institutionen getroffen, die dabei mitmachen. Wenn wir dort etwas zum Thema »Picasso« suchen und ausschließlich Gemälde angezeigt bekommen, liegt es nicht daran, dass der Künstler keine Skulpturen angefertigt hat. Vielleicht ist der Grund, dass seine Skulpturen in den Museen weniger aufsehenerregend sind und deshalb zur Zeit der Digitalisierung nicht ausgestellt waren. Oder es liegt daran, dass zu wenige Menschen daran Interesse haben und es deshalb unwirtschaftlich wäre, diese in die Datenbank aufzunehmen. Letztlich können wir nie genau wissen, worauf Auswahl und Bewertung des dargestellten Wissens beruhen – denn nur Google weiß, was Google weiß. Wir dürfen eine solche Plattform nicht mit einem neutralen Archiv unserer Kultur verwechseln!

Ein weiteres Problem kommt erschwerend hinzu: Konkurrenz gibt es kaum, denn niemand kann die riesigen Kosten der Digitalisierung unseres kulturellen Erbes tragen. Zwar versuchte die Europäische Union mit der Plattform »Europeana« die Abwanderung aller Kulturinhalte auf US-Server zu verhindern, doch krankte diese eigentlich gute Idee an chronischer Unterfinanzierung und dem politischen Ränkespiel der höchst unterschiedlichen Kulturpolitik einzelner europäischer Mitgliedsländer. Zum Glück gibt es einige Museen, die es sich nicht aus der Hand nehmen lassen wollen, eigene spannende Einblicke in ihre Archive zu gestalten. Manche gehen sogar ebenso weit wie Google und geben ihre kompletten Archive in hochauflösenden Bildern für alle frei. Diese Kunst wird so für alle Menschen überall erfahrbar und bekommt dadurch einen Demokratisierungsschub.

Besonders eindrücklich zeigt diese Entwicklung das Rijksmuseum Amsterdam. Es hat alle seine Bilder und Objekte digital erfasst, darunter auch das berühmte Gemälde »Die Nachtwache« von Rembrandt. Die hochauflösenden Fotografien wurden ergänzt um all das Wissen, das die Kunsthistoriker zu einem Ausstellungsstück haben: Woher das Werk kommt, wann es geschaffen wurde, wo es schon einmal ausgestellt war und vieles mehr. Alle diese Informationen zusammengenommen ergeben einen digitalen Bruder des originalen Kunstwerkes.

Doch anders als das Original liegt dieser nur virtuell in einer Datenbank vor. Dafür begleiten den digitalen Bruder viele Schichten voller interessanter Informationen, die dabei helfen, ihn auf ganz neue Art zu untersuchen oder in ganz unterschiedlichen Kontexten aufzufinden. Später lässt sich alles Mögliche mit diesem digitalen Bruder anstellen. Das Rijksmuseum ruft seine Nutzer sogar explizit dazu auf, kreativ mit den digitalen Geschwistern der Originale umzugehen. Und die Nutzer lassen ihrer Kreativität freien Lauf: Es gibt Nachthemden mit Nachtwache-Motiv, Schlafbrillen mit den Augen des Porträts eines kleinen Mädchens aus dem 16. Jahrhundert oder Kontaktlinsen mit dem Muster von Delfter Porzellan. Für das Museum sind solche Basteleien sowohl kostenloses Marketing als auch Besucherbindung: Wer einmal mit einem berühmten Gemälde gebastelt hat, entwickelt eine persönliche Bindung zu ihm und will es live sehen.

Die Strategie macht Schule, und so machen sich deshalb gerade viele Institutionen Gedanken darum, wie sie ihre Sammlung digitalisieren und zu »Content«, also Dateninhalt, umwandeln können – manchmal mit Google als Partner, manchmal auf eigene Faust. Wenn aber Kunst zu Content wird, ist dieser plötzlich an jedem Ort und zu jeder Zeit verfügbar.

Was das bedeutet, wissen wir aus anderen Bereichen wie Büchern oder Musik: Sobald etwas digital vorliegt, wird es auch digital weitergegeben und weiterverarbeitet. Neue Handelsformen entstehen dadurch ebenso wie neue Produkte und Erlebnisräume. Doch für Digitales wollen wir weniger zahlen als für Dinge, die wir anfassen können. Digitale Kopien von Kunstwerken sind leicht zu fälschen und noch leichter zu vervielfältigen. Und nicht zuletzt macht sich digitaler Inhalt in jeglicher Hinsicht komplett unabhängig von seiner Ursprungsquelle. Der digitale Bruder von »Die Nachtwache« verlässt also sein Herkunftsmuseum schneller, als ihm dieses zum Abschied zuwinken könnte.

Ebenso wie sich Museen mit ihrer eigenen Verwandlung in digitale Datenbanken beschäftigen, passiert dies derzeit in allen weiteren Kultursparten: klassische und populäre Musik, Mode, Design, Fotografie, Schauspiel, Literatur. Die Kulturgüter dieser Welt werden gerade zu Big Data, mit der nur wenige Firmen umgehen können. Die Digitalisierung macht dabei keinen Unterschied, ob es sich um die »Mona Lisa« von Leonardo da Vinci, Edvard Munchs Gemälde »Der Schrei«, Aufführungen der Oper in Sydney, die gesammelten Schätze des Deutschen Historischen Museums, Skulpturensammlungen oder ein Konzert in der Elbphilharmonie handelt: Was Sie und ich bei einem Besuch dort als großes Kulturerlebnis genießen, wird im Hintergrund gescannt, erfasst oder aufgenommen und zu kulturellem Content verarbeitet – digitalem Rohmaterial, aus dem zukünftig vielerlei Arten von Geschäften entstehen werden.

Klassenkampf im Museum

Der digitale Chagall ist nur ein klitzekleiner Baustein einer Entwicklung, die derzeit nicht nur verstaubte Operndecken erfasst hat. Es ist eine Bewegung, die jedes Museum, jede Sammlung und jede Bibliothek dieser Welt betrifft. Dabei geht es um nichts weniger als um die digitale Erfassung und Katalogisierung unserer menschlichen Geschichte in all ihren Facetten. Es geht um das Erbe der Menschheit, welches dank innovativer Hightech-Konzerne momentan rasend schnell in Daten umgewandelt wird. Unsere Geschichte wird gescannt, bearbeitet, Bildinhalte werden von Künstlicher Intelligenz erfasst und bewertet, Milliarden von Datensätzen werden gespeichert und zu guter Letzt werden neue Zugangswege zu unserem kulturellen Erbe gelegt, damit wir als Nutzer, Wissenschaftlerin, Lehrer oder Studentin wieder darauf zugreifen können. Ein über Jahrhunderte aufgebautes kulturelles System aus Staat, Mäzenen, Institutionen, Künstlern und Konsumenten gerät derzeit an vielen Stellen in Bewegung.

Doch die Sache hat einen Haken. Gesellschaftlich befinden wir uns dabei nämlich in einer Pattsituation: Einerseits wissen wir, dass nur durch die Digitalisierung der Archive und Verarbeitung der Daten mittels Künstlicher Intelligenz das gesamte Wissen zugänglich wird und wir neue Erkenntnisse erzielen. Andererseits sind es nur wenige Unternehmen auf dieser Welt, die sowohl das Kapital als auch die nötige Rechenleistung zur Verfügung haben, um diesen Wissensschatz zu heben: Apple, Amazon, Facebook, Google, Tencent, Microsoft, IBM und eine Handvoll chinesische Firmen kommen dafür infrage. Nehmen wir ihre Hilfe für die Mammutaufgabe in Anspruch, so verschenken wir damit gleichzeitig unsere Kulturgüter und Archivschätze, die sich in Rohmaterial für neue Geschäfte dieser Unternehmen verwandeln. Verzichten wir darauf, bleibt der Wissensschatz ungehoben. Es ist schwer zu begreifen, welche Tragweite diese Entwicklung wirklich hat, so umfassend ist sie: Die Sammlungen, Bibliotheken und Museen dieser Welt horten unsere gesamte Geschichte seit den ersten Höhlenzeichnungen. Sie bergen das Gedächtnis der Menschheit. Und dabei mussten sie sich in den letzten Jahrhunderten ganz schön verändern!

Es gibt eine Szene in James Ivorys Historienfilm *Maurice*, in der ein Spross der englischen Oberschicht, eben jener Maurice, befürchtet, von einem Jungen aus der Arbeiterklasse namens Alec erpresst zu werden. Um die Sache aus der Welt zu schaffen, bestellt Maurice den Jungen zu einem Gespräch ins Britische Museum in London. Die Wahl des Ortes ist kein Zufall, sondern ein Kniff des Regisseurs, um die Klassenunterschiede der beiden mittels des Raumes deutlich zu machen. Das Museum wird als kühler und ruhiger Marmorsaal mit riesigen Kunstwerken aus fernen Ländern gezeigt, in deren Mitte sich der Aristokrat sicher zu bewegen weiß und sogar mit ironischen Bemerkungen über die Objekte seine kulturelle und soziale Überlegenheit beweist. Alec hingegen sieht derartige Kunstwerke zum ersten Mal, macht sich bestenfalls Gedanken um die Art der Werkzeuge der Bildhauer und fühlt sich von diesem ehrwürdigen Ort überfordert und erdrückt.

Im 19. Jahrhundert waren Kunstmuseen noch Orte der Erbauung, des Lernens und des Staunens für diejenigen, die es sich leisten konnten, Zeit für Bildung aufzubringen. Für uns ist das nicht mehr vorstellbar, aber Kunst und Kultur waren im medienarmen Leben der meisten Menschen damals kaum vorhanden – man musste an die wenigen ausgewählten Orte gehen, um sich kulturell zu bilden. Die Architektur der meisten Museen zollte dieser Aufgabe Respekt: Riesige Portale, große Eingangstreppen, klassizistische und einschüchternde Gestaltung prägten das Aussehen der »Musentempel«. Und dennoch waren selbst diese Museen bereits ein Schritt in Richtung einer klassenloseren Gesellschaft, standen sie doch theoretisch jedermann offen und boten Bildungsprogramme. Was sich in den Jahrhunderten zuvor ausschließlich im Privatbesitz des Adels und der Kirche befand, wurde zunehmend von den Bürgerschaften der Städte verwaltet, neu gegründet und zu Bildungseinrichtungen ausgebaut.

Zunächst wurden die Kulturbauten immer zugänglicher. Aus herrischen Tempeln wurden im Laufe der Jahre gesellschaftlich sichtbar integrierte, einladende Gebäude, die den Besucher und sein Erlebnis in den Vordergrund rückten. Mit der Zeit wurden die Bauten selbst zu wichtigen Sehenswürdigkeiten, aufsehenerregende Verpackungen ihrer Sammlungen. Ich habe dabei etwa Mies van der Rohes Neue Nationalgalerie in Berlin vor Augen, Ieoh Ming Peis transparente Glaspyramide des Louvre, die offene Spirale des New Yorker Guggenheim von Lloyd Wright oder Frank Gehrys verspielte Bauten für den Guggenheim-Ableger in Bilbao. Durch die Architektur wurde das neue Selbstverständnis der Museen weithin sichtbar formuliert: »Seht her, ich bin ein begehbares Kunstwerk, das jedermann entdecken soll!«

Mit der Öffnung der Architektur begann auch eine Erweiterung der Programme. Neben Ausstellungen der Sammlung fanden in Museen immer mehr gesellschaftliche Veranstaltungen, Workshops und

Diskussionen statt. Die Museen boten sich in den letzten 50 Jahren zunehmend ihren lokalen und inhaltlichen Communitys als soziale Treffpunkte und Plattformen an. Eine solche Erweiterung der Aufgaben geht natürlich ins Geld. Zum Glück für die Häuser liegt der Museumsbesuch im Trend. Große Blockbuster-Ausstellungen wie »Das MoMA in Berlin« zogen ein Publikum aus vielen Ländern an. Die Berliner Ausstellung war mit unglaublichen 1,2 Millionen Besuchern eines der Highlights der deutschen Hauptstadt und gilt bis heute als Meilenstein im Kulturmarketing. Sogar die bis zu zwölfstündigen Warteschlangen wurden dabei zum Thema der Presse- und Marketingaktivitäten. Anderswo zogen Sonderausstellungen wie »Hidden Talent: Chen Cheng-po«, ein taiwanesischer Maler, in das dortige Palastmuseum über 1,6 Millionen Besucher, mehr als 760.000 kamen nach Tokio, um »Impressionist Masterpieces« zu sehen, und der späte Rembrandt lockte eine halbe Million Menschen ins Amsterdamer Rijksmuseum.

Längst haben Kunstausstellungen und Museen die Anerkennung – und damit auch Verpflichtung – als wichtige Tourismustreiber bekommen. Gab es in den Siebzigerjahren noch weltweit rund 20 Millionen Besucher, waren es im Jahr 2015 über 200 Millionen Besucher in den weltweit 60 Häusern; Tendenz steigend.[1] Wir leben also in einer Welt, die immer hungriger nach Kulturerlebnissen wird – der Besuch von Museen und Ausstellungen ist für viele Menschen nicht mehr nur Nebenaspekt, sondern sogar Hauptgrund einer Urlaubsreise. Werden diese wichtigen Institutionen nun nutzlos, da man sie virtuell besuchen und die Kunstwerke viel besser und genauer außerhalb des räumlichen Kontextes ansehen kann?

Museen und Sammlungen dienen ja nicht nur der Ausstellung von Kunst und Kultur. Sie forschen auch und beschäftigen Wissenschaftlerinnen und Forscher, die seit mehreren Jahrhunderten genau darauf achten, welche Artefakte aus unserer Geschichte es wert sind, aufgehoben, untersucht, restauriert und ausgestellt zu werden. Doch dieser immense Wissensschatz schlummert immer noch zum Großteil ungesehen in irgendwelchen unzugänglichen Archiven. Denn es gibt gar nicht genug Platz, um all die vielen Gegenstände, Kunstwerke und Informationen zu zeigen, und nicht genug Wissenschaftler und Kunsthistoriker, um alle ungelösten Fragen zu erforschen. Und so stecken in den vielen Milliarden Gegenständen, Gemälden, Büchern und Datensätzen noch viele Geheimnisse, welche Wissenschaft und Öffentlichkeit bislang nicht zur Verfügung stehen.

Archive sind das Langzeitgedächtnis der Menschheit. Sie bewahren unsere Geschichte, unsere Erkenntnisse und den steinigen Weg dahin, und sie lassen uns – wenn wir Glück haben – auf vielerlei Weise auf diese Informationen zugreifen. Die Institutionen arbeiten mit unterschiedlichen Arten von Inhalten: mit den originalen Objekten, den sogenannten Archivalien wie etwa Schriftrollen, Filmspulen, Kunstobjekten, Fotografien, aber auch rein digitalen Dateien, die nie eine analoge Urform hatten. All das gilt es zu sammeln, vor Zerstörung und Alterung zu schützen sowie Forschung und Nachwelt zur Verfügung zu stellen. Außerdem erstellen Archive digitale Kopien von Archivalien und sorgen so für sichere Speicherung und den zeitlich und örtlich unbegrenzten Zugriff, beispielsweise für Forscher aus anderen Ländern. Und zu guter Letzt bekommen sowohl Originale als auch Kopien begleitende sogenannte Metadaten, die alle Informationen beinhalten, mittels derer ein Objekt überhaupt gesucht oder auffindbar gemacht wird. Mittels Künstlicher Intelligenz lassen sich diese begleitenden Daten um unzählige Dimensionen wie Bildinhalte, Farbwelten oder die Erfassung von eingebetteten Texten ergänzen.

Ein Archiv kann aufgrund seiner Rolle als wissenschaftlicher Pfleger und Bewerter von Materialien und wegen des begrenzten Platzes immer nur einen kleinen, aber als wichtig erachteten Teil von Zeitdokumenten oder kulturellen Objekten sammeln. Diese Sammlung wird umso wertvoller, je intensiver sie genutzt wird.

Deshalb ist es eine Aufgabe der Sammlungen, immer wieder nach neuen Nutzungsformen und Nutzergruppen zu suchen. Die »Entkörperlichung« der Archive durch ihre Digitalisierung ist somit ein wichtiger Schritt in Richtung inhaltlicher Innovation. Erst aufgrund der räumlichen Unabhängigkeit der Datensätze durch das Internet, durch neuartige Scanmethoden, durch automatisierte Datenbewertung mittels Algorithmen oder Künstlicher Intelligenz, vor allem aber durch sehr große Datenmengen entstehen ungeahnte Möglichkeiten, das Wissen des jeweiligen Fachgebietes eines Archives neu zu verknüpfen und damit zu vergrößern.

Wieso diese Arbeit für uns alle relevant und wichtig ist, sehen wir immer dann, wenn ein Archiv beschädigt oder zerstört wird. Das kann in Kriegen geschehen, wie es uns die entsetzliche Zerstörung von Iraq National Library and Archive zeigt: Hier wurde ein großer Teil des Kollektivgedächtnisses einer fünftausend Jahre alten Zivilisation ausgelöscht, darunter alte Schrifttafeln ebenso wie die Aktenberge, die Saddam Husseins Geheimpolizei zusammengetragen hatte. Oder es geschieht durch Feuer wie bei der Library of Congress in Washington im Jahre 1814. Oder ein großes Archiv in einer modernen deutschen Stadt fällt einem Unglück zum Opfer und stürzt in eine Baugrube: Die Kölner rechnen damit, dass die Restaurierung der Dokumente rund 30 Jahre dauern wird – 2039 werden wir dann spätestens sehen, ob sie recht hatten.

Eines der wichtigsten Kunstarchive ist das Documenta-Archiv in Kassel. Es wurde gegründet, um Wissen und Materialien zur Gegenwartskunst zu sichern. Die »documenta« findet alle fünf Jahre statt und gilt weltweit als wichtigste Ausstellung zur Gegenwartskunst. Während die »documenta« selbst sich jedes Mal eine neue Leitung sucht, die nur für einen Event arbeitet, ist das Archiv der brave Zwilling, der zuhause sitzt und alles sammelt, was sich rund um die Kunstausstellung ansammelt. Dieser Zwilling sammelt extrem emsig, und so erstickt das Archiv fast in seiner Materialfülle, zu der Filme, Fotos, der Nachlass des Gründers Arnold Bode, eine der bedeutendsten Bibliotheken zur Kunst des 20. und 21. Jahrhunderts sowie die künstlerischen Konzepte und der gesamte Schriftwechsel der jeweiligen Documenta-Teams mit den beteiligten Künstlern zählen. Die Materialien in Kassel sind bis unter die Decke gestapelt und jedes ungenutzte Fleckchen ist vollgestellt. Zum Glück findet diese Großveranstaltung der Gegenwartskunst nur alle paar Jahre statt, denn mit jeder der mittlerweile vierzehn Ausstellungen kommen viele neue Archivalien hinzu. Für alle Menschen, die Kunstgeschichte studieren, die im Kulturbetrieb arbeiten, für Kunsthistoriker und für Künstler gibt es kaum ein wichtigeres Archiv in Deutschland.

Doch das Documenta-Archiv ist nur zu einem kleinen Teil digitalisiert, denn aus dem Etat wäre eine Volldigitalisierung nicht zu bezahlen. Manche Fotos und Dokumente sind deshalb auf der Webseite des Archivs zu finden, andere müssen von den Archivaren mühsam herausgesucht werden. So kann die Institution zwar gut die ein oder andere wissenschaftliche Arbeit unterstützen, tut sich jedoch enorm schwer damit, etwas zur generellen Wissensvermittlung zu tun oder Bildungsaufgaben wahrzunehmen. Doch was passiert mit der Digitalisierung? Man wünscht sich natürlich, ein solches Archiv sei virtuell besuchbar, einzelne Dokumente leicht von jedem Menschen im Internet zu finden und frei zu benutzen.

Was sich auf den ersten Blick nach einem ganz selbstverständlichen Wunsch anhört, ignoriert allerdings, dass eine Sammlung mehr ist als ihre Daten. Man kann sich das wie einen Körper und einen Kopf vorstellen, und beide müssen an der Digitalisierung beteiligt sein. Den Körper bilden die Daten und Materialien des Archivs, der Kopf besteht aus dessen Archivexperten, den Sammlungsgrundsätzen und -regeln. Der Kopf entscheidet darüber, was überhaupt Einlass findet, denn ein Zuviel an Informationen ist ebenso wenig hilfreich wie ein Zuwenig. Er bewertet auch die Relevanz einzelner Archivalien und kann Querverbindungen und Kontexte herstellen.

Dieser Kopf wird morgen in immer mehr Fällen eine Künstliche Intelligenz sein. Als ich das Google Arts & Culture Lab in Paris besuchte, griff der Mitarbeiter in den Körper des Archivs hinein und zeigte mir das Deckengemälde von Chagall. Der Kopf hingegen ist beteiligt, wenn ich als Suchbegriff »Komponist« eingebe und das Deckengemälde als Ergebnis ausgespuckt wird, weil in ihm verschiedene Opernkomponisten abgebildet sind.

Bislang verfügen nur wenige Unternehmen über Programme, deren Körper und Köpfe klug genug sind, um mit der inhaltlichen Fülle von Archiven und Museen umgehen können. Aber warum sollten sich die Unternehmen überhaupt für unsere Museen interessieren? Solche Konzerne haben vor allem ein Interesse daran, den gesamten Wissensschatz zu heben. »Das Wissen der Welt zu organisieren«, so beschreiben die Google-Gründer den Geschäftszweck ihres Unternehmens.[2] Wichtig ist hierbei vor allem das Wort »organisieren«.

Viele Kritiker des Unternehmens glauben immer noch, die Speicherung der Daten auf amerikanischen Servern und die kostenlose Bereitstellung seien das Problem – doch sie übersehen dabei, dass die Datensätze allein kaum Wert haben. Es sind die Querverbindungen, die »Organisation« der Daten und der Erkenntnisgewinn, welche aus dem Rohstoff Daten erst »Wissen« werden lassen. Und dieses bedeutete bekanntermaßen schon immer Macht. Denn, wie wir in den Kapiteln zuvor gesehen haben, werden in Zukunft nur die Unternehmen erfolgreich und mächtig sein, die das größte Wissen über unsere hochvernetzte Welt besitzen. Darüber hinaus sind sie die Einzigen, die dazu in der Lage sind, die vielen Milliarden von Datensätzen sinnvoll miteinander zu verknüpfen und daraus sinnvolle Schlüsse zu ziehen.

Bedeutet dies, dass die Menschheit gerade dabei ist, ihr gesamtes Wissen in die Hand von einigen wenigen Firmen zu geben? Schaffen wir gerade eine Abhängigkeit für die Speicherung und Bewertung unseres gesamten kulturellen Erbes? Werden amerikanische Unter-

nehmen am Ende darüber bestimmen, welche Inhalte in den Ge-
schichtsstunden Ihrer Kinder vorkommen oder was Sie bei Ihrem
Museumsbesuch am nächsten Wochenende zu sehen bekommen?

Goldrausch

Nicht, wenn es nach den Hunderten von Menschen geht, die wie
ich früh unterwegs sind, um beim Goldrausch nach kleinen kulturellen Nuggets mitzumachen.

Ich bin nur einer von vielen, meist jungen Leuten, die aus allen Teilen der Stadt zum Tempelhofer Ufer strömen. Doch anders
als die aufstrebende Technologieelite der Hauptstadt will ich nur
Zaungast sein. »Coder« nennen sich diejenigen, die so fließend Programmiersprachen sprechen wie Sie und ich unsere Muttersprache.
Sie werden als Programmierer an diesem Wochenende angesehene
Kulturinstitutionen hacken. »Hacken«, also kriminelles Eindringen
in fremde Computersysteme – dieser Begriff trifft es vielleicht nicht
ganz. Denn zu diesem Treffen im Berliner Frühling haben nicht etwa
finstere Mächte geladen, sondern der Berliner Kulturstaatssekretär
höchstpersönlich: Zusammen mit der Deutschen Digitalen Bibliothek, Wikimedia und anderen Partnern eröffnet er einen »Kultur-
Hackathon.« Dazu treffen sich Hunderte Programmierer, um im
Wettbewerb gegeneinander technische Lösungen für eine gemeinsame Herausforderung zu finden.

Der Veranstaltungssaal ist jetzt mit knapp zweihundert Gästen
übervoll, bis in die Nachbarräume drängeln sich die Teilnehmer, als
Tim Renner zu seiner Rede anhebt. »Beschränkt Euch nicht, denkt
nach vorne!«, ruft der Kulturstaatssekretär den Kulturhackern zu
und fordert sie auf, sich freizügig bei den bereitgestellten Daten zu
bedienen, um damit alten Datenschätzen neue Ideen einzuhauchen.
Daten sind das neue Gold. Sie sind nötig, um Künstliche Intelligenz

zu trainieren und um Anwendungen zu schaffen, für die wir Nutzer bereit sind, Geld zu zahlen.

Daten gibt es bei diesem Hackathon viele. Das Leibniz-Institut für Astrophysik in Potsdam zum Beispiel stellt ganze 17 Terabyte zur Verfügung. Es sind Archivbestände historischer astronomischer Fotoplatten und Daten zu astronomischen Beobachtungen unseres Sternenhimmels. Außerdem gibt es hochauflösende Bilddateien zu Kunstwerken aus der Berlinischen Galerie, Beschreibungen von erhaltungswürdigen Gebäuden in Dänemark oder 26 Millionen Datensätze zu den Titeln der Bibliotheken in Bayern, Berlin und Brandenburg. Es gibt allerlei Kuriositäten wie Bilder von Raubfliegen und getrockneten Pflanzen, Amateurfilme aus dem Jahr 1903, historische Stoffmusterbücher, aber auch recht trockenes Material, etwa die gesammelten Informationen zu den Besucherströmen in Hamburger Museen.

Die Atmosphäre hier im Gebäude von Wikimedia ist aufgeregt und freudig gespannt. Man duzt sich, der Großteil der Programmierer ist jung, die meisten Vertreter der Kulturinstitutionen nicht mehr so ganz, aber dennoch völlig begeistert von diesem gemeinsamen Hackathon. Während der nächsten Stunden stellen sie jeweils in einer kurzen Präsentation ihre Daten vor, damit die jungen Coder entscheiden können, mit welchen sie ein Projekt starten werden. Ein wenig ist es hier wie auf dem Heiratsmarkt, wenn die ehrwürdigen Institutionen die Vorzüge ihrer Daten anpreisen: »Verfügbar in XML! Pralle Metadaten! 17 Terrabyte!«

Später am Nachmittag haben mehr als 30 Institutionen über 50 verschiedene Datensammlungen vorgestellt. Nun gilt es auszuwählen: Welche Daten könnte man zu einer spannenden Anwendung bringen? Wie kann man etwas künstlerisch oder wirtschaftlich Neues entwickeln auf Basis der zur Verfügung stehenden Informationen? Dafür gibt es zehn Wochen Zeit. Bei der abschließenden Preisverleihung im Jüdischen Museum Berlin wollen schließlich alle mit einem der Preise nach Hause gehen. Außerdem winken Ruhm, Ehre und die Aussicht auf einen wirtschaftlichen Erfolg für die Programmierer – und neue Ideen für die Archive und Sammlungen.

Kultur-Hackathons sind derzeit schwer in Mode, bieten sie doch im spannenden Aufeinanderprallen von ungezähmter Technikbegeisterung und sorgsam gehorteten Daten den Kulturinstitutionen hervorragende neue Chancen, in der Öffentlichkeit, aber auch bei Wissenschaftlern und Fachexperten sichtbar zu werden. Für mich erstaunlich ist dabei, wie gering die Hemmschwelle selbst sehr großer und alter Institutionen ist, sich mit der digitalen Avantgarde der Programmierer zusammenzutun. Vielleicht liegt es ein bisschen daran, dass Bibliothekare, Sammlungskuratoren und Informationswissenschaftler angesichts der vermeintlichen Staubwolken ihrer Archivkeller dankbar jede Gelegenheit ergreifen, die Relevanz ihres Tuns an die Öffentlichkeit zu tragen.

Ein weiterer Grund, weshalb die Sammlungen derzeit ein starkes Bedürfnis nach Nähe zu Codern entwickeln, ist die Suche nach einem jüngeren Publikum. Stephan Bartholmei, verantwortlich für den Bereich Innovation bei der Deutschen Digitalen Bibliothek, erklärt das so: »Noch dominiert beim Besuch von Museen und anderen Gedächtnisinstitutionen die Rezeption. Bei ›Coding da Vinci‹ wollten wir erforschen, wie die Interaktion zwischen den Kultureinrichtungen und dem technik- und netzaffinen Teil der Zivilgesellschaft aussehen kann, wenn man die Ausdrucks- und Arbeitsformen der Generation, die mit dem Internet aufgewachsen ist, nutzt.«[3] Denn diese Generation ist laut Bartholmei vor allem dadurch geprägt, dass sie Inhalte selbst produziert und aus vorhandenem Material Mashups und Remixe herstellt.

Für die Goldgräber im Wilden Westen galt es, Goldadern zu entdecken oder aus losem Boden kleine Goldkörnchen herauszuwaschen. Die Adern versprachen die dicksten Gewinne und waren meistens Firmen vorbehalten, die sich Arbeitsmannschaften und Maschinen leisten konnten, um damit in die Berge vordringen zu können. Das mühsame Auswaschen der kleinen Nuggets hingegen war den Einzelkämpfern vorbehalten, die es so aber dennoch zu einigem Reichtum bringen konnten. Nicht viel anders ist es im digitalen Kultur-Goldrausch: Das moderne Gold sind Daten, aus so vielen Quellen wie möglich und auch aus den digitalisierten Beständen von Kulturinstitutionen. Ganz vorne dabei beim Goldrausch sind Firmen aus dem Silicon Valley und aus Shenzhen in China. Aber auch für die vielen kleinen Akteure wie beim Berliner Hackathon bleiben viele Goldadern übrig, damit sich das Schürfen lohnt.

Was sind nun die Ergebnisse aus dieser Verbindung von Code und Kultur? Finden sich glänzende Nuggets? Erstaunliches ist dabei, Niedliches, aber auch Projekte, denen man sofort eine breite Anwendbarkeit ansieht. Eine App macht es sich zunutze, dass der Mensch dank Spiegeltechnik die Menschen sympathisch findet, deren Gestik und Mimik der eigenen ähneln. Was wäre nun, wenn man über diesen psychologischen Effekt Kunst fände, die uns anspricht? Die App analysiert deshalb ein aktuelles Selfie mittels Gesichtserkennung und sucht dann das dem Selfie ähnlichste Porträt aus der Datenbank des offenen Bildarchivs des Museums für Kunst und Gewerbe Hamburg. Ich sehe anscheinend einer Hamburger Dame von 1918 recht ähnlich, auch wenn sie keinen dichten Bart wie ich trägt – sympathisch ist sie mir jedenfalls.

Eine andere Anwendung wandelt die Datenkolonnen und historischen Fotoplatten der Hamburger Sternwarte und des Leibniz-Instituts für Astrophysik in Potsdam in für Laien erfahrbare Empfindungen um. Ein Beispiel: Das Doppelsternsystem V466 im Sternbild Schwan kreist von uns ungestört permanent umeinander. Davon machten die Sternwarten zwischen 1923 und 1981 viele Fotos und analysierten mittels 1 152 Helligkeitsmessungen die jeweilige Stellung der Sterne zueinander. Die langen Datenreihen ergeben jedoch nur für wenige Experten einen Sinn. Das Projekt macht deshalb diese unverständlichen Daten mittels »Sonification« hörbar und so für uns Menschen sehr viel zugänglicher. Das Ergebnis konnte ich auf der Frankfurter Buchmesse 2016 hören und war erstaunt, wie rhythmisch die Himmelskörper umeinanderkreisen und durch die Wiederholungen der gemessenen Helligkeiten melodische Tonfolgen mit Spannungsbögen entstehen. Fast hatte ich Angst, dass sie klanglich aufeinanderprallen.

Kleine und innovative Unternehmen zusammen mit Institutionen haben also auch eine echte Chance beim Goldrausch der kulturellen Daten aus Sammlungen und Archiven. Doch die zentralen Plattformen mit ihren gigantischen Wissensschätzen wie Google Arts & Culture haben weiterhin als Einzige den vollen Durchblick über unsere digitalen Kulturgüter. Sie besitzen die Technik, um kluge Maschinen unser Kulturgut entschlüsseln zu lassen, und sie teilen einen Teil dieses Wissen mit uns auf eine sehr unterhaltsame und zugängliche Weise.

Doch dürfen sie nicht die Einzigen bleiben, die vollen Überblick haben! Über die Monopolstellung und die geschäftlichen Aktivitäten wachen hoffentlich Staat und Kulturpolitik. Die Verführung für die Politik dürfte groß sein, diese kostenlose, wunderbare, technologiegestützte Sammlung von Daten, Fakten und unterhaltsamen Zugängen als Kulturinstitution und Teil des kulturellen Angebotes zu sehen. Dann läge es schnell nahe, weitere Etats im Kulturbereich zu kürzen, Museen und Sammlungen ihrer wissenschaftlichen Arbeit zu berauben und sich komplett auf die Plattform zu verlassen, die praktischerweise völlig ohne staatliche Förderung auskommt. Tatsächlich muss Kulturpolitik das Gegenteil tun: Selbst in innovative Plattformen und technische Erweiterungen der Sammlungen investieren.

Wir sollten nicht vergessen, dass Google, »Europeana« und andere nur Kopien der bestehenden grandiosen Sammlungen nutzen, die im Laufe von Jahrhunderten aufgebaut wurden. Sie schaffen keine neue Kultur. Sie machen lediglich die vorhandene leichter zugänglich – allerdings auf recht unterhaltsame und lehrreiche Weise, wie ich bei meinem Besuch in der Rue de Londres erleben konnte. Denn nach einem tiefen Zoom direkt in das Chagall-Gemälde hinein zeigt sich endlich das Geheimnis des Malers: das Gesicht eines klitzekleinen Kindes auf dem Arm eines Erwachsenen. Chagall hatte hier heimlich seine Familie verewigt. In den letzten 50 Jahren ist diese Figur niemandem aufgefallen, so unerreichbar weit oben hängt das Original in der Pariser Oper.

Es steht viel auf dem Spiel

Fast eineinhalb Jahre ist es nun her, dass ich in der nächtlichen Messehalle den von Künstlicher Intelligenz so perfekt imitierten Rembrandt in der Hand hielt. Damals hatte mich die Furcht vor einer ungewissen Zukunft ergriffen, in der Maschinen uns Menschen sogar die Kreativität abspenstig machen. Durch die intensive Beschäftigung mit den Entwicklungen habe ich gelernt, dass es wenig hilfreich ist, sich generell vor der Technologie der Künstlichen Intelligenz zu fürchten. Denn diese kann uns ebenso als Grundlage einer wunderbaren wie auch einer ziemlich deprimierenden Zukunftsvision dienen. Sie zu bekämpfen wäre unsinnig, denn damit würden wir uns um all die positiven Möglichkeiten bringen.

Und wahrscheinlich wäre das auch ein wenig erfolgreicher Kampf, denn zu viel steht auf dem Spiel. Viele Unternehmen haben mittlerweile Unsummen investiert, um die klügsten und selbstständigsten Künstlichen Intelligenzen zu entwickeln. Der Wettlauf um die intelligenteste maschinelle Spezies hat auch zwischen Staaten längst begonnen – denn mit den Fortschritten in der Erforschung von Künstlicher Intelligenz werden von der Politik Vorsprünge in militärischer, wissenschaftlicher und wirtschaftlicher Sicht erwartet. Die Entwicklung von KI eilt unaufhaltsam voran, Angst hilft da wenig. Und mit jedem Gespräch, das ich führte, mit jeder Studie, die ich las, wurde ich klarer. Allmählich formte sich ein deutliches Bild in mir, die diffuse Angst aus der Messehalle wich einer Erkenntnis: Es wird Zeit!

Wenn KI so weit in unser Leben vordringt, dann müssen wir sie alle begreifen lernen, damit wir weder wichtige Chancen verschlafen noch die Risiken ignorieren, die jede bahnbrechende Technologie mit sich bringt! Wir müssen uns haargenau ansehen, welchen Einflüssen unsere Persönlichkeit und unsere Kultur ausgesetzt werden. Denn sie werden durch die Technologie gerade in einem Maße verändert, wie das in der Geschichte der Menschheit bestenfalls langsam und im Laufe von vielen Jahrzehnten oder gar Jahrhunderten geschehen ist: Elektrizität war beispielsweise erst um 1960 in allen Häusern verfügbar, es dauerte über 50 Jahre, bis Telefone in der Hälfte amerikanischer Haushalte installiert waren, Personal Computer brauchten für die gleiche Verbreitung nur noch fünfzehn Jahre und das Internet schaffte es in zehn.

In der Vergangenheit war Technologie immer ein Werkzeug gewesen. Wir nutzten es zum Guten, um beispielsweise mit Röntgenstrahlen Krankheiten aufzuspüren, und zum Bösen, um mit Atomwaffen Hunderttausende in den Tod zu schicken. Maschinen waren Objekte, die wir so programmierten, dass sie uns praktische Dienste erweisen konnten. Die heutigen Künstlichen Intelligenzen unterscheiden sich von allen Maschinenobjekten der Vergangenheit jedoch in zwei entscheidenden Punkten: Wir bringen ihnen bei, autonome Entscheidungen zu treffen, und machen sie damit zu handelnden Subjekten. Und wir lassen sie in immer weitere Felder unserer menschlichen Kultur wie Sprache, Kunst, Beziehungen oder Sexualität vordringen und bewirken damit, dass sie uns Menschen auf emotionaler Ebene immer ähnlicher werden. Diese beiden Tatsachen ändern alles. Sie können für uns den Unterschied machen zwischen *selbst gestalten* und *gestaltet werden*. Das sollte uns endlich aufwecken!

Doch während gerade eine Kreative Künstliche Intelligenz nach der anderen zum Leben erweckt wird, verschließen wir die Augen aus Angst, Ignoranz oder Unkenntnis. Viele glauben immer noch, dass smarte Maschinen kontrollierbare Helfer sind, über deren Verwendung jeder Mensch selbstständig entscheiden kann. Maschinen sind aber heute in den allermeisten Fällen keine Kästen mehr, denen wir einfach das Stromkabel ziehen könnten, wenn etwas schiefgeht. In unserem Leben wird fast alles über ein Netz von miteinander verbundenen Maschinen gesteuert. Sie sorgen für den Datenabgleich bei einer Passkontrolle, ordern unsere Lebensmittel und steuern die Produktion von Milch oder Möbeln. Sie erwirtschaften in Banken und Konzernen unvorstellbare Umsätze, verwalten unsere Renten oder handeln mit fiktiven Währungen. Bald schon werden sie auch unsere individuellen Gesundheitsdaten verwalten, wissen jederzeit um unseren Geisteszustand und verschreiben uns individuelle Medikamente gegen Krankheiten. Durch die sozialen Medien und durch Technologien wie Virtual und Augmented Reality kommt dieses Netz von Maschinen immer dichter an uns heran. Es nähert sich jedem von uns bis auf die wenigen Millimeter zwischen unseren Sinnesorganen und dem technischen Interface. Und dank Künstlicher Intelligenz weiß das Maschinennetz jede unserer Regungen zu entschlüsseln, jede Stimme zu identifizieren und jedes Bild vor unseren Augen zu analysieren. Dieses Maschinennetz hat keinen Stecker, den wir ziehen können.

Es wird also höchste Zeit, sich damit auseinanderzusetzen, dass autonome Maschinen und die vielen Anwendungen von Künstlicher Intelligenz schon bald überall verbreitet sein werden – und von einem einzelnen Menschen weder kontrolliert noch abgeschaltet werden könnten. Wir brauchen einen Weckruf, denn jeder Einzelne von uns muss lernen, diese Technologien und ihre Anwendungsfelder zu begreifen.

Wir sind nicht die Einzigen

Vor knapp fünfhundert Jahren erklärte Nikolaus Kopernikus in *De revolutionibus orbium coelestium* (»Über die Umschwünge der himmlischen Kreise«) das Funktionieren eines Weltbildes, das die Erde um die Sonne kreisen lässt, und nicht andersherum, wie man bis dato angenommen hatte. Heute steht vielleicht eine zweite Kopernikanische Wende durch das Anbrechen des Maschinenzeitalters bevor: Wir erkennen, dass wir nicht ewig diejenigen Wesen sein werden, die über die größte schöpferische Intelligenz verfügen.

Kreativität und künstlerisches Handeln haben die Menschheit dahin gebracht, wo sie heute steht. Ohne unsere kreative Vorstellungskraft wäre kein Rad entstanden und keine Dampfmaschine entwickelt worden. Wie wir gesehen haben, hilft uns Kreativität generell bei allen Problemlösungen im Leben, erst durch sie entwickeln wir uns als Individuen weiter. Ohne Lieder, ohne Sprache, ohne die Fähigkeit, Geschichten zu erfinden, Bilder zu malen oder komplexe Sachverhalte zu durchdenken und zu diskutieren, hätten wir keine stabilen Gemeinschaften gründen und uns nicht auf die Erfahrungen anderer stützen können. Geschichte, Literatur, Kunst verhelfen uns zur Reflexion und machen uns dadurch besser. Kreativität ist also eine treibende Kraft in der Persönlichkeitsentwicklung jedes Einzelnen.

Kultur wiederum bildet die DNA der Gesellschaft, sie ist unser gemeinschaftlicher Entwicklungscode. Wir können heute noch nicht absehen, was aus diesem genetischen Code wird, wenn Maschinen den gleichen Schöpfergeist entwickeln wie wir. Wir ahnen nur, dass unsere persönliche Kreativität darunter leiden wird, wenn viele Aufgaben künftig von Algorithmen übernommen werden. Unser Denken und Fühlen wird schon heute in vielen Bereichen durch Algorithmen beeinflusst oder sogar verändert, wie wir in den vielen Beispielen dieses Buches gesehen haben.

Das bereitet uns verständlicherweise Sorgen: »Die Menschen haben Angst, dass Computer zu schlau werden und unsere Welt übernehmen könnten. Das eigentliche Problem ist aber doch, dass sie dumm sind und die Welt bereits übernommen haben«, formulierte es der Computerwissenschaftler Pedro Domingos vor wenigen Jahren als Bonmot.[1] Und vielleicht ist momentan die größte Gefahr beim Einsatz Künstlicher Intelligenz tatsächlich der Mensch, der es sich zu einfach macht oder aus Gewinnstreben Schaden für die Gesellschaft in Kauf nimmt. Denn noch gibt es keine generell intelligente Künstliche Intelligenz, die uns in allen Lebenslagen überlegen wäre.

Schon beim Menschen sind wir uns nicht ganz sicher, was wir darunter verstehen. »Intelligenz« – damit meinen wir oft nur eine ganz besondere Form von Intelligenz, die wir glauben, mit irgendwelchen Tests messen zu können. Dabei sagt der sogenannte Intelligenzquotient nicht wirklich viel über die Bandbreite menschlicher Intelligenz aus – wie es auch keinen generellen »Arbeitsquotienten« gibt, der eine genaue Aussage darüber geben könnte, wie arbeitsfähig jemand ist. Die eine ist gut als Ingenieurin, der nächste als Bäcker oder Maler, jemand anderes als Finanzvorstand. Sie alle machen vielleicht gute Jobs, aber wehe, wenn sie tauschen müssten!

Mit Intelligenz verhält es sich genauso: Menschen verfügen über so viele intelligente Fähigkeiten gleichzeitig, dass bislang keine Maschine dieselbe Bandbreite erreicht hat. Ein einzelner Mensch schafft es, in der Regel ohne Unfälle, sein Auto auf viel befahrenen Straßen unter verschiedenen Witterungsbedingungen, Tages- und Nachtzeiten unfallfrei zu lenken. Er kann im Chor komplexe, vielstimmige Lieder singen. Sein Gehirn schafft es, die Bewegungsmuster von vielen Tänzen zu speichern – und kann diese im Club oder auf einem Ball sogar mit den Bewegungsmustern seiner Tanzpartnerin und allen anderen, ebenfalls tanzenden Menschen im Raum koordinieren. Er spricht womöglich mehrere Sprachen und geht einer Arbeit nach, für die er viele unterschiedliche Arten von intelligenten Fähigkeiten braucht. Die Intelligenztheorie unterscheidet daher viele Arten – von räumlicher über sprachliche, logische bis hin zu interpersoneller oder emotionaler Intelligenz. Man kann also mit gutem Gewissen sagen, dass jeder Mensch ein ziemlich intelligentes Wesen ist.

Selbstverständlich gibt es viele kluge Maschinen, die sogar in einzelnen Disziplinen deutlich besser sind als wir. Ein Taschenrechner kann besser rechnen als wir, ein Industrieroboter kann schwerere Lasten tragen und ein Übersetzungsprogramm kann alle Sprachen dieser Welt übersetzen. Noch sind wir Menschen allen existierenden Künstlichen Intelligenzen darin überlegen, dass wir eine große Bandbreite an Aufgaben in unserem Leben gut oder sogar sehr gut meistern können. Aber das maschinelle Lernen, die Vernetzung unterschiedlicher Systeme miteinander und die vielen neuen Anwendungsgebiete von Kreativer Künstlicher Intelligenz sorgen dafür, dass wir einer generellen oder einer »starken« KI immer näherkommen.

Mit zunehmenden Fähigkeiten steigen zugleich die Gefahren, vor allem durch Missbrauch der neuen Technologie. Führende Forscher und Unternehmer aus Hightech-Unternehmen haben deshalb einen Offenen Brief an die Vereinten Nationen geschrieben, in dem sie davor eindringlich warnen, dass Künstliche Intelligenz in Form von autonomen Waffen zu einer großen Gefahr für die Menschheit werden könne.[2] Die Unterzeichner sind keine Unbekannten: Mustafa Suleyman als Chef der Google-Tochter DeepMind gehört dazu, Elon Musk als Gründer von Tesla und SpaceX, der führende KI-Forscher Yoshua Bengio von der Universität Montreal oder der deutsche KI-Experte Jürgen Schmidhuber. Sie haben ihre Furcht ausgedrückt, dass Killerroboter in bewaffneten Konflikten schneller massive Schäden anrichten können, als die Menschheit das begreifen könnte. Auch könnten Terroristen unzählige kleinste, aber dennoch tödliche autonome Waffen benutzen, um unbemerkt schwere Attentate vorzubereiten. Den Experten geht es natürlich nicht darum, die

Technologie generell zu verdammen – schließlich haben sie in ihre Unternehmen viel Geld investiert. Sie rufen aber dazu auf, sich jetzt sofort und intensiv mit möglichen Gefahren und Einsatzmöglichkeiten von maschineller Intelligenz auseinanderzusetzen.

Was für die Vereinten Nationen gilt, ist ebenso wichtig und richtig für alle Regierungen, Universitäten, Schulen – und letztlich jeden Einzelnen von uns. Denn eines steht fest: Wir werden in Zukunft lernen müssen, mit Künstlicher Intelligenz umzugehen, da wir die Komplexität der Welt ohne deren Hilfe nicht mehr bewältigen könnten.

In dieser Welt sind Daten das neue Gold. Jedes Auto, das über Sensoren, Kameras oder Radar verfügt, wird zu einem mobilen Datensammler und generiert Unmengen an Informationen über sich selbst, den Fahrer und die Umwelt, durch die es fährt. Jedes Handy, jede AR-Brille, jedes kluge kleine Gerät, das wir bei uns tragen, sammelt ebenfalls unendliche Mengen an Daten – ganz zu schweigen von den Milliarden installierten Kameras und anderen Sensoren überall auf der Welt in Flughäfen, Bahnhöfen, Bürogebäuden, auf Straßen, in Leitungen oder in der Luft. Mit diesen Datenmengen kann kein Mensch allein mehr umgehen, dafür brauchen wir Künstliche Intelligenz, die analysiert, bewertet, entscheidet und steuert. Sie wird schon in naher Zukunft ein wichtiger Teil unseres Alltags sein. Was viele Jahre lang nur hinter den verschlossenen Türen von Forschungslaboren und Universitäten untersucht wurde, wird nun auf die Menschheit losgelassen in Form von Dienstleistungen, Smartphone-Apps, professionellen Anwendungen oder medialen Angeboten.

Die meisten der Innovationen kommen aus den USA und aus China, wo der Goldrausch der neuen Möglichkeiten schon früh begonnen hat und immense Geldmengen für Forschung mobilisiert wurden. Heute werden die Gebiete abgesteckt, über die Nationen zukünftig die Hoheit besitzen möchten. In Deutschland stehen wir technischen Innovationen sehr viel kritischer gegenüber. Leider besteht dadurch aber auch die Gefahr, wichtige Entwicklungen zu verschlafen und von den großen Akteuren abgehängt zu werden. Damit stellen wir uns ins Abseits. Solange wir die Augen nicht geschlossen halten, können wir diese Zukunft beeinflussen und gestalten.

Wer wir Menschen sind und wie wir uns sehen, was unsere Gesellschaft zusammenhält und was uns wichtig ist – diese Fragen werden durch die technischen Innovationen neu zu beantworten sein. Wenn wir wachsam und neugierig sind, dann werden am Ende wir es sein, die darüber entscheiden – kein Algorithmus und kein Konzern. Künstliche Intelligenz wird uns helfen zu leben, nicht unser Leben bestimmen. Das ist die Chance, die wir haben, wenn wir sie jetzt ergreifen.

KI inside

Was können wir tun, um vorbereitet zu sein auf diese Veränderungen? Wie können wir unsere Eigenständigkeit bewahren und uns die technische Entwicklung dennoch zunutze machen?

Auch wenn ich davon ausgehe, dass weder Sie noch ich in absehbarer Zeit eine eigene Künstliche Intelligenz programmieren, so bin ich mir dennoch sicher, dass wir alle noch ganz selbstverständlich zu Anwendern werden. Wir werden höchstwahrscheinlich in selbstfahrende Autos steigen. Auch werden wir Diagnosen von Ärzten mitgeteilt bekommen, die vorher von einer Künstlichen Intelligenz gestellt wurden. Und wir werden erleben, dass mithilfe von KI Krankheiten ganz und gar besiegt werden. Im privaten Bereich werden persönliche Assistenzen viele Aufgaben unseres Lebens koordinieren und übernehmen. Die Maschinen werden mit uns dabei auf vielfältige Art und Weise in Kontakt stehen: über unsere Mobiltelefone, Lautsprecher oder Fernseher. Weil das, was wir bemerken, immer nur ein schon bekanntes Interface sein wird und nie die Intelligenz dahinter, wird uns das wahrscheinlich nicht einmal auffallen.

Genau darin liegt sowohl eine Gefahr als auch eine Herausforderung für uns alle: Wir müssen lernen, die unsichtbaren Maschinen zu begreifen. Das gilt für jeden einzelnen von uns, und erst recht für Politiker, Daten- und Verbraucherschützer und die Gesellschaft insgesamt. In erster Linie müssen wir dazu weiterdenken als bisher, denn KI ist nicht etwas, mit dem sich nur Hightech-Firmen und Wissenschaftler auseinandersetzen sollten. Diese Technologie, die über unser Leben bestimmen wird, müssen wir alle zumindest in Ansätzen verstehen. Sonst können wir nicht mitbestimmen, welche Anwendungen, Vorteile und Risiken wir wollen und welche nicht.

In den Schulen können wir nicht mehr so tun, als wären wir noch im 19. Jahrhundert. Es muss eine intensive technologische Bildung, eine Technikaufklärung schon für die Kleinsten geben, damit diese ihre Hightech-Welt später einmal mitgestalten können. Nur wer selbst ein wenig programmieren kann, kann Computer richtig verstehen. Ein wunderbares Beispiel dafür, was daraus erwachsen kann, ist Anna Nixon, eine siebzehnjährige »Roboter-Pionierin« und Schülerin aus Oregon. Sie ist auf der ganzen Welt unterwegs, hat ihre eigene Stiftung gegründet und wirbt dafür, dass Kinder sehr früh anfangen, sich mit Technik auseinanderzusetzen und programmieren zu lernen. Verglichen mit solchen Beispielen ist es eine Schande, dass in Deutschland das Erlernen von Programmiersprachen immer noch als eine überflüssige Nerd-Disziplin angesehen wird. Damit berauben wir unsere Kinder nicht nur einer wichtigen beruflichen Ressource, sondern wir halten sie auch davon ab, das nötige Wissen zu erwerben, um eine technologisch komplexe Zukunft verstehen zu können.

Zudem müssen wir uns bewusstwerden, welche Daten wir von uns selbst preisgeben. Denn letztlich werden diese dafür sorgen, dass uns ein Unternehmen eine sehr passgenaue individuelle Dienstleistung anbieten kann. Gleichzeitig werden Daten die größten Verletzlichkeiten von Individuen sein. Bevor wir also bequeme und personalisierte Dienstleistungen in Anspruch nehmen, sollten wir uns sehr genau fragen, warum ein Unternehmen sie uns anbietet. Es wird solche geben, die uns diese Dienstleistungen verkaufen, und andere, die sich mit unseren Daten bezahlen lassen. Ich persönlich würde lieber Geld dafür zahlen, wenn mir eine Firma dafür eine höhere Datensicherheit versprechen kann.

Als Verbraucher müssen wir massiv darauf drängen, dass alle Stellen, die unsere persönlichen Daten erfassen und verarbeiten, dies für uns transparent machen. Der Schutz unserer Daten muss höchste Priorität haben. Niemand außer uns sollte darüber bestimmen, an wen unsere Daten weitergegeben werden dürfen. Wir brauchen ein regulatorisches Sicherheitsnetz, das bei Missbrauch eingreift. Auch müssen wir darauf bestehen, dass alle, auch die von Sensoren erhobenen persönlichen Daten ganz alleine uns gehören und wir jederzeit über ihre Löschung oder Anonymisierung entscheiden können. Wenn wir nicht wollen, dass unsere Fotos, Texte, Videos das Trainingsmaterial für Künstliche Intelligenzen werden, die aus deren Analyse mannigfache und sehr persönliche Erkenntnisse über uns gewinnen könnten, müssen wir womöglich die vielen Bilder und Profile löschen oder unsere Social-Media-Accounts entschlacken.

Unternehmen, die mithilfe Künstlicher Intelligenz Geschäfte machen wollen, tun sich einen großen Gefallen damit, dies für uns transparent zu gestalten. Ich wünsche mir ein Siegel »KI inside«, ein registriertes Nummernschild für alle Anwendungen, in denen die KI-Technologie zur Anwendung kommt. Wenn ein Algorithmus meinen Kreditantrag ablehnt, dann hätte ich als Verbraucher ein Recht darauf zu erfahren, wie diese Ablehnung zustande kam. Wenn eine Künstliche Intelligenz mir bestimmte Produkte zum Kauf anbietet, würde ich erfahren, auf welchen Daten diese Empfehlung basiert. So könnten die Unternehmen dafür sorgen, dass sich die von den Blackboxes der Algorithmen getroffenen Entscheidungen zumindest teilweise nachvollziehen lassen. Fehler würden so schneller sichtbar und damit gleichzeitig die Qualität Künstlicher Intelligenzen gesteigert. Letztlich könnte genau diese Transparenz darüber entscheiden, ob Nutzer und regulierende Politik solche Dienste zum Erfolg machen oder ihnen mit größter Skepsis begegnen und sie mehrheitlich ablehnen.

Die persönliche Datenwolke, die jeden einzelnen Menschen in der Zukunft begleitet, wird unermesslich groß sein. Sie wird Daten zu unserem vollständigen Leben, unserem alltäglichen Verhalten, unserer persönlichen Umgebung, unseren Einstellungen, Wünschen und unsere gesamten Kommunikationsdaten beinhalten. Es werden vor allem Wirtschafts- und Technologieunternehmen sein, die diese Datenwolke aufbauen und beherrschen können und wollen. Und es werden vor allem Anwendungen der Künstlichem Intelligenz sein, die permanent auf sie zugreifen und sie nach immer wieder neuen Kriterien analysieren.

Diese Datensätze sind ein gigantischer Schatz. Doch sie sind auch Ihr und mein persönlicher Besitz. Noch gelingt es den meisten Unternehmen, dies zu verschweigen und die Daten mit niemandem zu teilen, am allerwenigsten den Nutzern, von denen sie stammen. Sie stellen stattdessen die Nützlichkeit der Apps und Werkzeuge in den Vordergrund, die ihnen dabei helfen, diese Daten zu erheben. Eine solche Haltung macht uns und unsere Daten zum eigentlichen Produkt, mit dem sich viel Geld verdienen lässt. Daten werden unsere Welt in allen Bereichen beherrschen.

Die Verantwortung liegt bei uns

Doch noch haben wir Zeit zu entscheiden, in welcher Art von Zukunft wir leben möchten. Wir selbst stehen in der Verantwortung: Wir müssen wieder lernen, Geld dafür zu bezahlen, dass jemand eine Dienstleistung für uns erbringt. Nur so zwingen wir Unternehmen dazu, uns als ihre Kunden zu betrachten – und nicht als ihr Produkt.

Keine einzelne Regierung der Welt kann multinationale Unternehmen wie Google, Apple, Facebook oder Amazon vollständig kontrollieren oder deren Anwendungen in jedem Detail reglementieren. Doch können Staaten dafür sorgen, dass die Wirkungsweise und die Grundlagen der verwendeten Technologien transparent gemacht werden. Die Politik kann ermöglichen, dass wir als Nutzer das nötige Wissen und die nötige Einsicht haben, um nicht dem Missbrauch unserer Daten schutzlos ausgeliefert zu sein. Sie muss dafür sorgen, dass der wirtschaftliche Erfolg von Unternehmen und die faire Nutzung ihrer Technologien zum Wohle der Gesellschaft und des Einzelnen kein Widerspruch werden. Denn es kann auch nicht in unserem Interesse sein, diesen Unternehmen ihre Geschäftstätigkeit zu vermiesen. Schließlich sind vor allem sie es, die in den vergangenen Jahren nennenswerte Erfolge bei der Entwicklung von Künstlichen Intelligenz erzielt haben. Doch nicht alles, was technisch machbar ist, sollte einfach umgesetzt werden dürfen von den Unternehmen.

Auf die Politik kommt deshalb keine leichte Aufgabe zu. Sie muss einerseits dringend die Innovationsfähigkeit unseres Landes verbessern und den Rahmen dafür schaffen, dass neue Technologien rund um Künstliche Intelligenz auch hier entwickelt und zur Marktreife gebracht werden können. Sie muss wichtige Anwendungsfelder in der Medizin, der Verkehrsplanung oder dem Umweltschutz fördern und so dafür sorgen, dass KI zur positiven Entwicklung der Gesellschaft beiträgt. Die Politik braucht einen Masterplan, der Forschung und Wirtschaft zusammenbringt und die Anforderungen an staatliche Regelungen und vor allem den Verbraucherschutz definiert. Und als Investition in die Zukunft muss sich hierzulande auch die Bildungspolitik ändern. Ausstattung der Schulen, Lehrpläne und die Ausbildung der Lehrkräfte sind weit davon entfernt, mündige Nutzer von Künstlicher Intelligenz, geschweige denn ihre zukünftigen Programmierer hervorzubringen.

Bislang sind es in erster Linie Unternehmen aus den USA, China, Israel, Japan und Russland, die in nennenswerter Größe in Künstliche Intelligenz investieren. Viele Wissenschaftler gehen davon aus, dass das Rennen um die fähigste KI massiv von genau diesen Staaten vorangetrieben wird, weil sie sich damit eine Führungsrolle in der Welt versprechen. Nicht alle Länder dürften dabei mit sauberen Karten spielen. Bei solch einer Zielvorstellung liegt es nahe, Spionage und Datenschnüffelei auch für diese wichtigen nationalen Wirtschaftsinteressen einzusetzen. Hierfür müssen wir gewappnet sein.

Bei aller notwendigen Orientierung auf eine Zukunft voller smarter Technologien, dürfen wir jedoch eines nicht vergessen: Wir haben es als Menschen nicht nur soweit gebracht, weil wir über genügend Intelligenz verfügen. Bahnbrechende Veränderungen wurden oft ausgelöst durch Nonkonformisten und Menschen, die um die Ecke gedacht haben. Leute also, die Erfahrungen und Wahrscheinlichkeiten bewusst ignoriert und stattdessen auf ihre Intuition und ihren Bauch gehört haben. Selbst die klügsten Algorithmen werden vermutlich nie solche weltbewegenden kreativen Ideen hervorbringen wie Pablo Picasso, Steve Jobs, Björk oder der unvergleichliche Beethoven.

Danksagung

Meinen Eltern Hannelore und Werner danke ich dafür, dass sie mir zu gleichen Teilen die Liebe zur Kultur und die Faszination für Technik nahegebracht haben. Bis heute sind sie sich nicht einig darüber, was wichtiger ist. Meine leider verstorbene Oma Erna hat mich von klein auf zur Neugier angestiftet und löste jedes Problem durch gnadenlosen Pragmatismus oder leckeres Essen. Ich hätte beim Schreiben dieses Buchs beides manchmal gut gebrauchen können! Meiner Schwester Kristina und meinem Neffen Erik danke ich dafür, dass sie mich auf unterhaltsame Weise oft vom Schreibtisch weggelockt haben. Bei vielen der beschriebenen technischen Entwicklungen habe ich mich gefragt, wie sie wohl Eriks Leben verändern werden. Das hat mich oft kritischer gemacht, als ich es bisher war.

Svenja lieh mir ihr kleines Dorfhaus in den Bergen, in das ich mich einen kalten mallorquinischen Winter lang zum Schreiben zurückziehen konnte. Mit Internet und Essen versorgten mich in dieser Zeit die Biblioteca Can Llobera und der wunderbar altmodische Club Pollença. Den nötigen Perspektivenwechsel für mein Gehirn steuerte die grandiose Kulisse der Serra de Tramuntana bei. Sascha holte mich zurück in die Zivilisation, half mir mit psychologischem Fachwissen und führte mich pragmatisch durch kleine und mittlere Schreibkrisen. Ohne den Rat meiner Freunde hätte ich zu oft im eigenen Sud geschmort. Danke deshalb an Nina, Erdmann, Ingrid und Alessandra für ihre Lesefreude selbst an den sehr frühen Versionen dieses Buchs und Manu für seine unerschöpfliche kreative Unterstützung von Anfang an.

Meiner Agentin Michaela Röll danke ich besonders dafür, dass sie mich überzeugt hat, ein ganz anderes Buch zu schreiben als ursprünglich vorgesehen. Niemand übt so feinfühlig und dennoch gnadenlos Kritik wie sie. Carmen Kölz schulde ich großen Dank dafür, dass sie für das Thema schnell Feuer und Flamme war und mir in unseren Gesprächen eine weitsichtige und kluge Lektorin wurde. Außerdem beneide ich sie um ihren Highscore bei Pokémon Go. Dank auch an Michael Schickerling für sein großes Fachwissen und seine Akribie beim Fachlektorat.

Christiane zu Salm, Elisabeth Stangl, Seda und Matthias Röder, Harald Neidhardt und Britta Friedrich danke ich für die vielen Denkanstöße und die Vorstellung ganz besonderer Menschen und Maschinen. Und nicht zuletzt gilt mein Dank Juergen für sein Vertrauen, seinen Rat und seine Unterstützung.

Anmerkungen

1 Siehe https://www.theguardian.com/artanddesign/2016/apr/05/new-rembrandt-to-be-unveiled-in-amsterdam, 22.10.2017.

Sprache

1 Marie von Ebner-Eschenbach: *Schriften* 1, Paetel, 1893, S. 22.
2 Siehe https://www.wired.de/collection/life/schlaue-neue-welt-wie-kuenstliche-intelligenz-unser-leben-veraendert, 19.10.2017.
3 Jorge Luis Borges, Osvaldo Ferrari: *Lesen ist Denken mit fremdem Gehirn. Gespräche über Bücher & Borges*, Arche 1990, S. 84.
4 Siehe http://www.spektrum.de/lexikon/neurowissenschaft/sprache/12159, 19.10.2017.
5 Werner A. Müller, Stephan Frings: »Das Gehör«, Tier- und Humanphysiologie, Springer, 2009, S. 443–472.
6 Siehe https://www.dasgehirn.info/wahrnehmen/hoeren/vom-laut-zum-wort, 19.10.2017.
7 Hans-Dieter Fischer, Horst Uerpmann: *Einführung in die deutsche Sprachwissenschaft*, Ehrenwirt, 1996, S. 186 ff.
8 Siehe http://www.deutschlandfunk.de/die-sprache-macht-den-mensch.700.de.html?dram:article_id=83906, 19.10.2017.
9 Reuters Institute: Digital News Report 2017, S. 104, http://www.digitalnewsreport.org, 20.10.2017.
10 Maksym Gabielkov, Arthi Ramachandran, Augustin Chaintreau, Arnaud Legout: Social Clicks: »What and Who Gets Read on Twitter?«, ACM Sigmetrics / IFIP Performance 2016.

Bilder

1 Siehe http://achtzig.com/2016/11/wolfgang-beltracchi-ein-rembrandt-geht-nicht-in-zwei-stunden, 19.10.2017.
2 Siehe auch http://www.hgb-leipzig.de/klasseblank/?cat=253, 19.10.2017.
3 Alexander Mordvintsev, Christopher Olah, Mike Tyka: »Inceptionism. Going Deeper into Neural Networks«, Google Research Blog, 17.6.2015.

4   Ahmed Elgammal, Bingchen Liu, Mohamed Elhoseiny, Marian Mazzone: »CAN: Creative Adversarial Networks, Generating ›Art‹ by Learning About Styles and Deviating from Style Norms«, 23.6.2017, https://arxiv. org/abs/1706.07068.

5   Siehe https://hyperallergic.com/391059/humans-prefer-computer-generated-paintings-to-those-at-art-basel, 22.10.2017.

6   Siehe https://www.theguardian.com/artanddesign/2016/mar/28/google-deep-dream-art, 19.10.2017.

7   Blaise Agüera y Arcas, »How computers are learning to be creative«, TED Talk 2016, https://www.ted.com/talks/blaise_aguera_y_arcas_how_computers_are_learning_to_be_creative/transcript?language=en#t-11439, 19.10.2017.

8   Siehe https://www.youtube.com/watch?v=gJEzuYynaiw, 21.10.2017.

9   Siehe https://www.creativereview.co.uk/ikea-successful-catalogue-design/, 21.10.2017.

10 Emily Denton, Soumith Chintala, Arthur Szlam, Rob Fergus: »Deep Generative Image Models using a Laplacian Pyramid of Adversarial Networks«, 18.6.2015. https://arxiv.org/pdf/1506.05751v1.pdf.

11 Siehe https://iq.intel.de/kuenstliche-intelligenz-die-kreative-ader-der-maschinen, 21.10.2017.

12 Siehe »Face2Face: Real-time Face Capture and Reenactment of RGB Videos«, https://youtu.be/ohmajJTcpNk, 22.10.2017.

13 Siehe https://osf.io/zn79k, 22.10.2017.

14 Siehe https://de.firstdraftnews.com/fake-news-es-ist-kompliziert, 21.10.2017.

Kreativität

1   Siehe Mihály Csíkszentmihályi, Rustin Wolfe: »New Conceptions and Research Approaches to Creativity: Implications of a Systems Perspective for Creativity in Education«, The Systems Model of Creativity, Springer, 2014.

2   Howard Gardner, Katie Davis: *The App Generation. How Today's Youth Navigate Identity, Intimacy, and Imagination in a Digital World*, Yale University Press, 2013, S. 146 (eigene Übersetzung).

3   Siehe https://www.rsph.org.uk/about-us/news/instagram-ranked-worst-for-young-people-s-mental-health.html, 22.10.2017.

4   Howard Gardner, Katie Davis. *The App Generation. How Today's Youth Navigate Identity, Intimacy, and Imagination in a Digital World*, Yale University Press, 2013, S. 140 f.

5   Kyung Hee Kim: »The Creativity Crisis. The Decrease in Creative Thinking Scores on the Torrance Tests of Creative Thinking«, Creativity Research Journal 4/2011, S. 285–295.

6   Patricia Greenfield, Jessica Beagles-Roos: »Radio vs. Television. Their Cognitive Impact on Children of Different Socio-economic and Ethnic Groups«, Journal of Communication 2/1988, S. 71–92.

7   Siehe http://www.creativebloq.com/computer-arts/stopped-dreaming-41411268, 21.10.2017.

8   Jaron Lanier: *Gadget. Warum die Zukunft uns noch braucht*, Suhrkamp, 2010, S. 120.

Emotion

1   Siehe https://www.inc.com/lisa-calhoun/meet-the-agency-that-designs-artificial-intelligence-personalities.html.

2   Siehe https://arxiv.org/pdf/1608.03282v2.pdf, 22.10.2017.

3   Siehe https://singularityhub.com/2016/08/05/how-ai-will-redefine-love, 22.10.2017.

4   Antonio Damasio: *Selbst ist der Mensch. Körper, Geist und die Entstehung des menschlichen Bewusstseins*, Pantheon, 2013, S. 169.

5   Kimberly Meyer: »Remote Control to People's Lives with Emotional Attachment: Global Study Provides New Insights into Smartphone Obsession«, B2X, 17. Mai 2017, https://www.b2x.com/de/remote-control-people%E2%80%99s-lives-emotional-attachment-global-study-provides-new-insights-smartphone.

6   Siehe https://de.statista.com/statistik/daten/studie/156951/umfrage/anzahl-der-einpersonenhaushalte-in-deutschland-seit-1991, 23.10.2017.

7   Klaus Jonas, Wolfgang Stroebe, Miles Hewstone (Hg.): *Sozial-Psychologie*, Springer, 2014, S. 401 ff.

8   Judith H. Langlois, Jean M. Ritter, Rita J. Casey, Douglas B. Sawin: »Infant Attractiveness Predicts Maternal Behaviors and Attitudes«, Developmental Psychology 3/1995, S. 464–472.

9   Siehe https://www.fastcompany.com/3062995/how-ai-is-changing-human-resource, 23.10.2017.

10 Kazuo Yano: »How Artificial Intelligence Will Change HR«, People + Strategy 3/2017, S. 42–46.

11 Siehe https://www.samharris.org/podcast/item/persuasion-and-control, 23.10.2107.

12 Arthur C. Clarke: *2001. Odyssee im Weltraum – Die Saga*. Vier Romane in einem Band, Heyne, 2016.

13 Siehe http://theconversation.com/in-defence-of-sex-machines-why-trying-to-ban-sex-robots-is-wrong-47641, 21.10.17 (eigene Übersetzung).

14 Siehe http://responsiblerobotics.org/wp-content/uploads/2017/07/FRR-Consultation-Report-Our-Sexual-Future-with-robots_Final.pdf, 23.10.2017.

Gestalt

1 Siehe http://www.zeit.de/2017/13/kuenstliche-intelligenz-roboter-technik-politik-digitalisierung, 23.10.2017.
2 Gustave Le Bon, *Psychologie der Massen*, S. 11, BOD, 2017.
3 Siehe https://vimeo.com/173139879, 21.10.2017.

Sinne

1 Siehe http://www.idc.com/getdoc.jsp?containerId=prUS42331217, 23.10.2017.
2 Siehe https://www.wired.com/2014/06/well-soon-be-researching-3-d-objects-just-by-looking-at-them, 21.10.2017.
3 Siehe http://ekvv.uni-biele-feld.de/blog/uniaktuell/entry/das_zusammenspiel_der_sinne, 23.10.2017.
4 Siehe http://dx.doi.org/10.1038/NCOMMS11543, 23.10.2017.
5 Siehe http://ekvv.uni-biele-feld.de/blog/uniaktuell/entry/das_zusammenspiel_der_sinne, 23.10.2017.
6 Siehe http://www.stuttgarter-zeitung.de/inhalt.cyborg-neil-harbisson-erhoert-die-farben-im-kopf, 23.10.2017.
7 Cyborg Foundation, USA 2013, http://www.imdb.com/title/tt2928914, 23.10.2017.

Erlebnisse

1 Laura Bieger: *Ästhetik der Immersion. Raum-Erleben zwischen Welt und Bild*. Las Vegas, Washington und die White City, Transcript 2007, S. 9.
2 Interview Michel Draguet: »Why show Bruegel by means of technology?«, Royal Museums of Fine Arts of Belgium Brussels, https://www.youtube.com/watch?v=OHgKU1a3WN4, 12.10.2017.
3 Siehe http://www.google.com/culturalinstitute/bruegel, 12.10.2017.
4 Siehe https://www.swr.de/-/id=13290208/property=download/nid=-660374/113uvhp/swr2-wissen-20140606.pdf, 23.10.2017.
5 Siehe http://www.sueddeutsche.de/wissen/virtual-reality-ich-war-so-erschoepft-wie-nach-einem-langstreckenflug-1.3361858-2, 23.10.2017.
6 Siehe https://www.google.com/culturalinstitute/beta/exhibit/bruegel-unseen-masterpieces/aQISPDLEJx7_Kw?hl=de, 23.10.2017.
7 Siehe https://futureofsex.net/immersive-entertainment/vr-porn/vr-porn-afraid, 23.10.2017.
8 Michael Madary, Thomas Metzinger:»Real Virtuality: A Code of Ethical Conduct. Recommendations for Good Scientific Practice and the Consumers of VR-Technology«, Frontiers in Robotics and AI, 19.2.2016,

https://www.frontiersin.org/articles/10.3389/frobt.2016.00003/full,
23.10.2017.

9   Siehe http://www.medienkunstnetz.de/themen/medienkunst_im_ueber-
blick/immersion/print/, 23.10.2017.

Geschichte

1   Siehe http://www.teaconnect.org/images/files/
TEA_160_611852_160525.pdf, 23.10.2018.

2   Siehe https://www.ft.com/content/3173f19e-5fbc-11e4-8c27-00144fe-
abdc0#axzz3I5GhOSvi, 21.10.2017.

3   Siehe https://www.deutsche-digitale-bibliothek.de/content/ueber-uns/ak-
tuelles/wenn-kultureinrichtungen-und-entwickler-zusammenfinden-
coding-da-vinci-der-workshop-bei-zugang-gestalten, 23.10.2017.

Es steht viel auf dem Spiel

1   Siehe http://scilogs.spektrum.de/fischblog/kuenstliche-intelligenz-und-
das-ende-der-menschheit, 23.10.2017.

2   Siehe https://futureoflife.org/autonomous-weapons-open-letter-2017,
23.10.2017.

Literaturempfehlungen

Nick Bostrom: *Superintelligenz: Szenarien einer kommenden Revolution,* Suhrkamp, Berlin 2016

John Brockman: *Was sollen wir von Künstlicher Intelligenz halten?: Die führenden Wissenschaftler unserer Zeit über intelligente Maschinen*, S. Fischer, Frankfurt 2017

Sarah Diefenbach, Daniel Ullrich: *Digitale Depression: Wie die neuen Medien unser Glücksempfinden verändern,* mvg, München 2016

Ulrich Eberl: *Smarte Maschinen. Wie Künstliche Intelligenz unser Leben verändert*, Carl Hanser, München 2016

Martin Ford: *Aufstieg der Roboter – Wie unsere Arbeitswelt gerade auf den Kopf gestellt wird – und wie wir darauf reagieren müssen*, Plassen, Kulmbach 2016

Simon A. Frank: *Kulturmanagement und Social Media. Neue interdisziplinäre Perspektiven auf eine User-generated Culture im Kulturbetrieb,* Transcript, Bielefeld 2015

Hazel Gardiner (Herausgeber), Charlie Gere (Herausgeber): *Art Practice in a Digital Culture,* Routledge, London 2017

Howard Gardner, Katie Davis: *The App Generation. How Today's Youth Navigate Identity, Intimacy, and Imagination in a Digital World*, Yale University Press, New Haven 2013

Byung-Chul Han: *Die Austreibung des Anderen: Gesellschaft, Wahrnehmung und Kommunikation*, Fischer Verlag, Frankfurt 2016

Lars Jaeger: *Supermacht Wissenschaft: Unsere Zukunft zwischen Himmel und Hölle*, Gütersloher Verlagshaus, Gütersloh 2017

Paul Klimpel, Ellen Euler: *Der Vergangenheit eine Zukunft: Kulturelles Erbe in der digitalen Welt*, Deutsche Digitale Bibliothek, Berlin 2015

Jaron Lanier, *Wem gehört die Zukunft?,* Hoffmann und Campe, Hamburg 2014

Gustave Le Bon: *Psychologie der Massen*, BOD, Hamburg 2017

Susan Legene: *Museums in a Digital Culture: How Art and Heritage Became Meaningful*, Amsterdam University Press, Amsterdam 2017

Klaus Mainzer, *Künstliche Intelligenz – Wann übernehmen die Maschinen?*, Springer, Heidelberg 2016

Cathy O'Neil: *Angriff der Algorithmen: Wie sie Wahlen manipulieren, Berufschancen zerstören und unsere Gesundheit gefährden*, Carl Hanser, München 2017

Peter Norvig, Stuart J. Russell: *Artificial Intelligence: A Modern Approach*, Pearson, London 2017

Andreas Reckwitz: *Die Gesellschaft der Singularitäten: Zum Strukturwandel der Moderne*, Suhrkamp, Berlin 2017

Andreas Reckwitz: *Die Erfindung der Kreativität: Zum Prozess gesellschaftlicher Ästhetisierung,* Suhrkamp, Berlin 2012

Jeremy Rifkin: *Access – Das Verschwinden des Eigentums,* Campus, Frankfurt/New York 2000

Manfred Spitzer: *Cyberkrank! Wie das digitalisierte Leben unsere Gesundheit ruiniert*, Droemer, München 2015

Die Stille in dir

Was passiert im Gehirn, wenn die Gedanken aufhören zu kreisen? Neurologen können heute nachweisen, in welchen Hirnregionen Entspannung stattfindet und wie Meditation und Gesundheit zusammenhängen. Medizinische Studien belegen: Wem es gelingt, vom Zerstreuungsmodus in den Achtsamkeitsmodus zu wechseln, lebt stress- und angstfreier und kann sich besser konzentrieren. Depressionen, Schlafstörungen und chronische Schmerzen können gelindert werden. Der britische Wissenschaftsjournalist James Kingsland zeigt, dass die ärztlichen Empfehlungen von heute mit jahrtausendealten buddhistischen Lehren übereinstimmen, und bietet neben neuesten Studien auch Entspannungs- und Bewusstseinsübungen, die sofort umsetzbar sind.

»Ein Muss für alle, die besser verstehen wollen, wie und warum Meditation wirkt.« Philipp Strohm, yogamehome.de

James Kingsland
Die Hirnforschung auf Buddhas Spuren
Wie Meditation das Gehirn und das Leben verändert
gebunden, 331 Seiten
ISBN 978-3-407-86444-4

www.beltz.de

Die große Analyse des heutigen Lebensgefühls

Wo bleibe ICH? Diese Frage stellen sich Millionen Menschen, die sich in der Hetze und den Leistungsansprüchen unserer Zeit selbst verlieren. Für den Therapeuten Georg Milzner ist Selbstverlust das seelische Störungsbild unserer Zeit.

Doch wie können wir uns z.B. gegen Informations- oder Reizüberflutung wehren? Wie schützen wir unser Inneres? Was tun, wenn innere Unruhe und Getriebenheit uns das Gefühl vermitteln, niemals irgendwo anzukommen? Georg Milzner zeigt, wie wir unsere emotionale Gesundheit wiedererlangen. Er beantwortet die großen Fragen nach Identität und Selbstfindung und zeigt individuelle und gesellschaftliche Auswege.

Georg Milzner
**Wir sind überall,
nur nicht bei uns**
Leben im Zeitalter des
Selbstverlusts
gebunden, 265 Seiten
ISBN 978-3-407-86449-9

www.beltz.de